KB073278

지금은 당연한 것들의 흑역사

THEY LAUGHED AT GALILEO

온갖 혹평과 조롱을 받았던 혁신에 얽힌 뒷이야기

지금은 당연한 것들의
흑역사

앨버트 잭 지음 김아림 옮김

리얼
부커스

이 책을 영국 워킹에 사는 콜린 윌모트에게 바친다.

그는 내게 무엇이든 가능하다는 사실을 가르쳐 주었고,

내가 스스로 충분히 해낼 수 있다고 믿어 주었다.

이 책은 (심지어는 내가 해온 일까지) 그런 믿음에 관한 내용이다.

아버지, 고맙습니다.

감사의 글

이 프로젝트를 이끌어 가도록 도와 준 로버트 스미스와 휴 바커, 그리고 프로젝트를 현실로 옮겨 준 컨스터블&로빈슨 출판사의 로드 그린, 도미닉 웨이크포드, 하워드 왓슨, 클리브 헤버드에게 감사한다.

마지막으로, 실은 제일 처음 언급했어야 하는 사람은 조디 와이스너이다. 그는 나와 대화를 나누던 도중에 자기도 모르게 이 책에 대한 아이디어를 제공해 주었다. 그러니 여러분이 이 책이 마음에 들지 않는다면 그것은 조디의 탓이다.

만약 세상이 폭발해 사라진다면,
최후로 들리는 목소리는 한 전문가의 중얼거림일 것이다.
"아차, 실패했군."

– 피터 유스티노프

호기심은 결국 혁신을 이끈다. 운 좋게도 인간은 호기심이
아주 많고 상상력도 넘치는 종이다. 인간이 처음으로 똑바로
일어서서 서로를 가리켜 고래고래 소리를 지르며 의사소통하기
시작할 무렵부터 이런 사례를 찾을 수 있다. 누군가는 이렇게
생각했으리라. '통나무 위에 물건을 올려놓고 통나무를 굴리면,
저 무거운 바위나 버펄로 시체도 쉽게 옮길 수 있을 거야. 그러면
땅에서 질질 끄는 것보다 훨씬 쉽겠지.' 짐작했겠지만, 이것이
바퀴의 시작이다. 또 다른 똑똑한 사람이 고깃덩이를 뜨거운 불
위에 올리면 맛이 좋아진다는 사실을 알아낸 것도 이 무렵이었을
것이다. 간단하지만 대단한 혁신이었다. 어딘가의 누군가는 맛이
좋아지는지 알아보려고 불타는 장작처럼 재 밑에 음식을 파묻기도
했을 것이다. 하지만 그러면 옆에 있던 누군가가 큰 소리로
비웃으며 이렇게 말했으리라. "그만둬. 그건 멍청한 짓이야."(이런
말은 아니더라도 어쨌든 뭐라고 핀잔을 주었을 것이다.) 하지만 이것 역시

혁신이다. 발견이자 발명이다.

인류는 그동안 어떤 형태로든 이런 일을 해왔고, 위험을 무릅쓰고 현명한 사람의 충고를 무시했던 사람들 덕에 하나의 종으로 먼 여정을 걸어왔다. 그리고 바로 이것이 간단하게 말해 이 책에서 전하려는 모든 내용이다. 여러분도 알겠지만 지난 6,000년 동안의 발명과 발견이 이루어지는 과정에서, 단 하나 전혀 변하지 않은 게 있다면 바로 인간의 두뇌다. 곱씹어 보면 정말 놀랍다.

쉽게 믿기 힘든 사실이지만 선사시대 인간의 두뇌는 윈도우 8.1을 이해할 수 있을 정도로 완벽한 능력을 갖추고 있었다. 당시에 제대로 된 정보만 주어졌다면 달까지 로켓을 발사할 수도 있었을 것이다. 두뇌 자체는 이미 정교했고 단지 프로그래밍만이 필요했다. 바로 이것이 그동안 벌어졌던 일이다. 인간은 항상 새롭고 더 나은 방법을 배우기 위해 두뇌를 프로그래밍했다. 그리고 인류가 상대를 가리키며 소리를 지르고 불을 피우고 통나무를 굴리던 시절에서 지금에 이르기까지 발전하도록 이끈 것은 바로 호기심이었다. 호기심은 발명과 이주를 이끌었다. '언덕 너머에 무엇이 있는지 궁금해. 어쩌면 물이나 더 맛있는 식물이 있을지도 몰라. 맛 좋은 토끼가 살지도 모르지. 한번 가서 살펴보자.' 이런 식으로 인간은 동굴을 나와 스스로 오두막을 지었으며, 점점 더 발전을 거듭했다. 그리고 언제나 그랬듯 이렇게 발걸음을 내딛을 때마다 누군가는 이렇게 말했다. '아냐, 아냐. 끔찍한 생각이야. 절대로 그렇게 되지 않을 거라고.' 아니면 어머니가 이렇게 소리를 질렀을지도 모른다. '조니야, 말 위로 기어올라가지 마라. 위험해. 분명 다칠 거야.' 그러다 '우당탕 쿵쾅!' 소리가 나고, 어머니가 타이른다. '내가 뭐랬니.' 하지만 우리가 모두 알고 있듯이, 조니는 언젠가 그 말을 제대로 타는 법을 터득한다.

더 최근인 1916년에는 누군가가 라디오에 대해 이렇게 말했다. '무선으로 음악이 나오는 상자라고? 상업적인 가치가 전혀 없는데? 특정한 사람을 지정하지 않은 메시지를 들으려고 누가 돈을 내겠어?' 글쎄, 당시에는 합당한 반응이었을지 모르지만 라디오가 없는 현대인의 삶을 상상할 수 있는가? 텔레비전이 처음 나왔을 때도 그저 신기한 물건일 뿐이라고 라디오와 비슷한 취급을 당했다. "미국의 가정에서 가족들이 모두 한 자리에 둘러앉아 그 합판 상자를 몇 시간이고 들여다보지는 않을 것이다." 오늘날 이 주장은 터무니없이 들린다. 킹 질레트(King Gillette)는 남성들이 면도날을 한두 번 사용하고 버린 다음 새 것을 살 것이라 생각했다. 칼날이 긴 구식 면도기를 대대로 물려받아 쓰던 질레트의 친구들은 그가 미쳤다고 여겼다. 그리고 조지 디볼(George Devol)이 로봇 팔을 발명했을 때는 아무도 그것을 진지하게 다루지 않았고 산업계 전반은 이 발명품이 작업대 앞에 서서 스패너를 들고 일하는 일꾼을 대신할 가능성에 대해 전혀 인식하지 못했다. 수백만 명의 일꾼을 말이다.

전화기 또한 아무 의미 없는 장난감 취급을 받았다. 영국 체신성의 수석 엔지니어는 이렇게 말했다. "우리는 이미 완벽하게 소식을 전달하는 심부름꾼 소년들이 있답니다. 어쨌든 고마워요." IBM사의 회장은 전 세계를 통틀어 컴퓨터의 수요가 다섯 대뿐일 것이라고 말했다. 그들을 위해서나 우리를 위해서나 다행히도, 그의 후계자는 생각이 달랐다. 그리고 오늘날 모든 사람들의 생활을

바꾼 제트엔진의 발명가 프랭크 휘틀(Frank Whittle)은 자신의
삶을 희생하면서도 끝까지 포기하지 않았다. 비틀즈는 기타 합주
밴드가 유행이 아니라는 말을 들었으며, 엘비스 프레슬리는 트럭
운전수라고 무시당했다. 소방관들은, 개릿 모건(Garrett Morgan)
이 만든 안전 후드가 훨씬 좋은 방법이라는 사실이 받아들여진
1916년이 되기까지 턱수염을 길러 물에 적셔 입에 쑤셔 넣은 다음
매연이 가득한 건물로 뛰어들어야 한다는 충고를 들었다. 다행히
소방 당국을 납득시키는 데는 겨우 4년밖에 걸리지 않았다.

자, 바로 이런 내용이 이 책에서 다루는 이야기다. 셀 수도 없이
많은 호기심 어린 발명가들과, '이것보다 더 좋은 방법이 있을 게
분명해'라고 생각하기에 이른 어딘가에 사는 누군가의 사연들이다.
일부 사례에서는 이들이 일을 진행해 해법을 얻기까지 여러 해가
걸린다. 그 과정에서 몇 가지 우연한 일도 생긴다. 안전유리가
세상에 나온 것은 전자레인지에 돌렸다가 녹아버린 초콜릿 바와
실험실에서 겪은 우연한 사건 덕분이었다. J. K. 롤링(J. K. Rowling)
과 블라디미르 나보코프(Vladimir Nabokov)는 두 사람 다 그들의 책이
아무에게도 읽히지 않으리라는 말을 들었고, 마릴린 먼로(Marilyn
Monroe)는 타자나 잘 치라는 충고를 들었다.

몇몇 사람들은 발명을 위해 자기 삶을 희생하기도 했다.
낙하산은 제대로 작동되기까지 수많은 사람이 목숨을 잃었다.
마리 퀴리(Marie Curie)는 암의 치료법을 발견하고자 평생 실험한
끝에 그로 인해 발병한 암으로 목숨을 잃었다. 중국 명나라의 만호
(萬戶)는 최초로 별까지 날아가기 위해 몸소 실험을 한 사람이지만
불에 타 사망했다. 현대식 신문 인쇄기를 발명한 사람은 기계에

몸이 갇혀 죽음을 맞았다. 이렇듯 우리가 지금과 같은 방식으로 생활하기까지 수많은 개인의 희생이 있었다. 이런 희생은 아주 오래 전으로 거슬러 올라간다. 독 있는 산딸기가 무엇이고 안전하게 먹을 수 있는 과일이 무엇인지 알려면 누군가 희생해야 했다. 날것으로 먹으면 죽음에 이르지만 요리하면 먹을 수 있는 재료에 대해서도 마찬가지다. 소가 마시기에 안전한 젖을 생산하는지를 확인하기 위해서도 역시 마찬가지다. 그들은 도대체 어떤 생각으로 그런 시도들을 했던 것일까?

그들의 생각을 정확히 알 도리는 아마 영영 없겠지만 다행히 누가 어떤 것을 어떻게 발명했는지에 대한 이야기를 통해 우리는 다양한 시도에 대한 간접경험을 할 수 있다. 그러니 편안히 앉아 이 책을 읽으며 인류의 발명과 혁신의 역사를 훑는 이 여정에 동참해 보라. 사람들이 그 과정에서 무슨 생각을 했고, 좋은 아이디어와 마주했을 때 그것을 깨닫는 이가 누구인지에 대해서 알게 될 것이다. 또한 혁신을 일으킨 사람들에게 안 될 거라 말한 사람은 누구였는지도 알 수 있으리라. 그들은 갈릴레오가 지구가 우주의 중심이 아니라고 처음 제안했을 때 그를 비웃던 사람들이다.

방콕에서,
앨버트 잭

차례

chapter 3   우연히 탄생한 것들의 역사

chapter 6 우스꽝스럽거나 황당하거나

chapter 1

시대가
비웃었던
상상

나는 이곳에서 과학이라고 불리는
이 모든 짓거리에 진력이 났다.
우리가 지난 몇 년 동안 여기에 수백만 달러를 썼다니.
이제 지원을 그만둘 때도 되었다.

- 미국의 상원의원 사이먼 캐머런(1901년 스미소니언협회에서)

망원경:
갈릴레오를
비웃은 사람들

공식 기록에 따르면, 망원경을 우연히 발명한 사람은 네덜란드계 독일인 안경 제작자였던 한스 리페르셰이(Hans Lippershey)였다. 그는 확실히 1608년에 이 기구에 대한 특허권을 신청했는데, 그것은 자신의 작업장에서 렌즈를 가지고 놀던 어린아이 두 명이 렌즈 두 개를 겹치자 멀리 떨어진 풍향계가 가까워 보인다는 사실을 발견한 데서 비롯했다. 강도가 다른 렌즈 두 개의 거리를 살짝 떨어뜨린 다음 그 사이로 들여다봤던 것이다. 리페르셰이가 경쟁 상대였던 다른 안경 제작자에게서 망원경 설계를 단순히 훔쳤다는 설도 있다. 둘 중에 무엇이 맞든, 리페르셰이는 망원경으로 처음 특허를 취득한 사람으로 1608년 10월 2일에 네덜란드의 전국회의에 기록되어 있다. 같은 달에 시암 왕국의 대사가 작성한 외교관 보고서의 말미에는 리페르셰이의 특허에 대한 약간의 언급도 들어 있었다. 유럽 전체에 배포되면서 그 시대의 뛰어난 과학자, 수학자들의 실험 내용을 실었던 보고서였다. 여기에는 영국인 토머스 해리엇(Thomas Harriot,

'감자의 가치' 항목 참조), 베네치아인 파올로 사르피(Paolo Sarpi), 그리고 상대적으로 덜 알려진 파도바 대학교의 기하학 강사 갈릴레오 갈릴레이(Galileo Galilei)가 포함되었다. 갈릴레오는 보고서가 발간되었을 때 마침 베네치아를 우연히 들른 참이었다.

갈릴레오가 처음으로 과학계에서 주목을 받게 된 것은 1586년 정역학적 균형(저울)의 설계에 대한 책을 내고, 이어서 세계 최초의 정확한 온도 표시기(온도계)를 제작하면서부터였다. 1609년에 피사에서 온 이 남자는 망원경의 엄청난 잠재력에 대해 누구보다 먼저 깨달았지만, 동시에 안경 렌즈는 성능이 그다지 좋지 않아 새로운 발명품에서 기대할 만한 성공을 거두기 힘들다는 사실도 알아챘다. 그가 염두에 둔 것은 군사적인 가치였다. 그래서 갈릴레오는 렌즈를 제작하는 정교한 기술을 스스로 배우고, 오늘날 망원경이라 알려진 이 기구(망원경을 뜻하는 영어 단어 'telescope'는 '멀리 본다'는 뜻의 고대 그리스어 'teleskopos'에서 비롯했다)의 성능을 높이는 데 매달렸다. 그래서 그는 맨눈에 비해 10배 더 멀리 볼 수 있는 망원경을 만들었다. 1609년 8월에는 파도바의 자기 집에서 베네치아로 떠났는데, 의회 고위 관리의 초청을 받았기 때문이었다. 갈릴레오는 베네치아의 산마르코 대성당 종탑 꼭대기에 올라가 멀리 떨어진 배를, 자신의 새로운 망원경으로 맨눈으로 포착할 수 있는 것보다 2시간 빨리 발견했다.

베네치아의 총독이었던 레오나르도 도나토(Leonardo Donato)는 즉시 이 기구의 가치를 알아차렸다. 적군의 진격해 오는 배를 예전보다 몇 시간 일찍 알고 주의할 수 있게 된 것이다. 그래서 도나토는 자신이 속한 해군을 위해 망원경을 주문했고,

갈릴레오에게 포상으로 종신 강사직을 제공하는 것과 함께 급료를 2배로 올려 주었다. 45세에 지방 대학의 강사였던 갈릴레오에게 이것이 얼마나 큰 성취였는지는 두말 할 나위도 없었다. 다만 갈릴레오와 그의 망원경은 문명의 방향을 바꾸고 통합과 갈등을 유발하며 결국에는 갈릴레오 자신을 파괴로 이끄는 긴 여정을 이제 막 시작했을 뿐이었다. 1610년 1월 7일, 갈릴레오는 망원경을 수평선에서 하늘로 돌렸고, 이때 그가 본 것은 세상을 완전히 뒤집어 놓았다.

이전까지만 해도 우주에 대한 인간의 지식은 맨눈으로 볼 수 있는 한에서 알려졌기 때문에 기껏해야 달과 눈에 띄는 별 정도가 다였다. 이때 밝은 별들은 별자리에서 고정된 궤도로 각자 다른 방향으로 움직이는 것처럼 보였는데, 그 이유를 설명할 수 있는 사람은 아무도 없었다. 당시 사람들은 지구가 우주의 중심에 고정되어 있고 태양과 달과 별이 그 주위를 돈다고 믿었다(그 주된 이유는 성경에서 그렇게 말하기 때문이었다). 또한 신이 그렇게 의도했기 때문에, 모든 천체는 결함이 하나도 없다고 여겼다. 하지만 갈릴레오가 망원경으로 달을 들여다봤을 때 그 표면에는 분화구와 산맥, 계곡이 있었다. 이것은 대대로 성직자들이 주장했던 것과 달리 달이 완벽하게 생기지 않았다는 점, 그리고 지구가 유일하게 특별한 존재가 아니라는 점을 증명했다.

이어 갈릴레오는 밤하늘에서 빛나는 별 가운데 로마 사람들이 주피터라고 불렀던 목성에 주목했다. 맨눈으로 보면 목성은 다른 별과 다를 바가 없었지만 갈릴레오는 곧 목성이 자기가 딛고 있는 지구와 마찬가지로 행성이 분명하다는 결론을 내렸다. 목성은 지구와 비슷한 또 다른 세상이었다. 또 갈릴레오는 목성 주변에서 매일 밤 위치를 바꾸는 네 개의 작은 별을 관찰하고, 그것이 목성이라는 행성 주변을 각자의 궤도로 도는 위성이라는 사실을 깨달았다. 이 위성들은 목성 주변을 돌기 때문에 지구 주위를 직접 도는 것은 아닌 셈이었다. 갈릴레오는 세상을 놀라게 할 폭발적인 결과물이 자신의 손에 있음을 알아차렸다. 지구 바깥에 또 다른 세상이 있다는 말인가? 갈릴레오는 자신이 발견한 바를 『별의 전령(The Starry Messenger)』이라는 책으로 출판했고, 이 책은 6주 만에 날개 돋친 듯 다 팔려나가며 갈릴레오를 일약 유명인으로 만들었다. 하지만 많은 과학자들은 갈릴레오가 기본적인 수준에서 실수를 저질렀다며 웃어넘길 뿐이었다. 반면에 몇몇 과학자들은 이것이 1세기 전에 나왔던 코페르니쿠스의 이론을 확증해 준다고 여겼다. 코페르니쿠스는 태양이 우주의 중심이고 모든 것이 그 주위를 돈다고 주장한 사람이었다. 하지만 이런 이론을 믿는 과학자들은 쥐죽은 듯 조용히 지냈는데, 지구상 가장 위세 있고 위험한 집단인 로마 가톨릭 교회에게 이 이론이 환영받지 못한다는 사실을 알았기 때문이었다.

그렇지만 갈릴레오는 연구를 멈추지 않았고 로마 사람들에게 비너스라고 알려진 금성으로 관심사를 옮겼다. 그는 망원경을 통해 이 행성의 모양과 크기가 변화하는 과정을 여러 달에 걸쳐 관찰해 기록했다. 한 주, 한 주 지날수록 금성은 커다란 초승달 모양에서 작고 납작한 원반 모양으로 바뀌었다. 그러다 그림자가 행성의 표면을 뒤덮으면서 금성은 다시 커다란 초승달 모양으로 돌아왔다. 갈릴레오는 이 관찰 결과의 중요성을 직감했다. 이것은 금성이 지구가 아닌 태양 주위를 돈다는 사실을 가리킬 뿐이었다. 그리고 그것은 결국 지구가 우주의 중심이 아니라는 사실을 뜻했다. 우주의 중심은 태양이었다. 이 계시는 갈릴레오 자신이 로마 가톨릭 교회의 주된 믿음과 정면으로 갈등을 빚게 되는 엄청나게 심각한 결과를 불러일으켰다. 오랜 세월 동안 교회에서는 신이 인류를 우주의 중심에 두었다고 가르쳐 왔는데, 갈릴레오의 망원경은 이 주장에 대해 처음으로 심각한 도전을 제기한 것이다. 이것은 오늘날에도 여전히 남아 있는 과학과 종교 간 갈등의 서막이었다. 왜냐하면 성경에서는 '태양은 뜨고 지며 제자리로 돌아가고' '신은 지구를 토대 위에 두었기 때문에 지구는 절대 움직이지 않는다'라고 확실히 명시했기 때문이었다. 간단히 말하면, 갈릴레오의 관찰 결과가 사실일 경우 기독교의 전체 교리가 약화된다는 뜻이었다.

독실한 가톨릭 신자라 기존의 교회 교리를 거역하고 싶지 않았던 갈릴레오에게 이것은 굉장히 불편한 상황이었다. 또한 그는 바티칸에 의구심을 표하는 다른 이단자들처럼 바퀴에 묶여 온몸이 부서지거나 기름에 튀겨지고 말뚝에 묶여 화형당하고 싶지 않았다. 갈릴레오는 그 대신 타협점을 찾고자 했다. 태양이 우주의 중심이라는 생각을 옹호하는 한편 성경의 모든 구절을 말 그대로 받아들일 필요는 없다고 주장했다. 아마도 갈릴레오는 성경에 '지구는 여러 방법으로 움직이며 단 회전하지는 않는다' 라고 적혀 있다고 제안했을 것이다. 갈릴레오는 당시 성직자들이 이단자들을 어떻게 다뤘는지 잘 알았기 때문에 로마에 찾아가 자신의 아이디어를 금지하지 말고 포용해 달라고 바티칸 사제들을 설득했다. 이 무렵 갈릴레오의 목숨은 그야말로 '간당간당'했다. 로마에서는 갈릴레오에게 그의 이론을 포기하라는 명령을 담은

칙령을 내렸고, 갈릴레오는 즉시 그렇게 하겠다고 약속했다.

이후 10년 동안 갈릴레오는 논쟁을 피했지만 1623년 바르베리니 추기경이 교황으로 뽑혀 우르바누스 8세로 임명되자, 다시 망원경을 통한 탐구를 시작했다. 바르베리니는 갈릴레오와 친분이 있었고 그를 지지해 주었기 때문이었다.

하지만 갈릴레오가 1632년에 출간한 『두 우주 체계에 관한 대화 (Dialogue Concerning the Two Chief Systems of the World)』는 전혀 다른 두 관점의 균형을 잡으려는 의도로 건전한 논쟁을 담았지만 결국 로마의 종교재판에 회부되어 즉시 비난을 받았다. 이때쯤 갈릴레오는 아마 자기가 망원경을 만들지 않았으면 하고 바랐을 것이다. 성경을 부인한 것이 아니라는 반복되는 해명에도 불구하고 결국 이단 판정을 받았기 때문이다. '태양이 우주의 중심에서 움직이지 않으며 지구가 우주의 중심이 아니라 태양 주위를 돈다는 의견, 그동안 성경을 거스르는 것으로 판명되었던 견해를 개연성 있다고 받아들이거나 옹호한 죄' 였다. 갈릴레오를 더 심하게 처벌해야 한다는 세간의 아우성에도 불구하고 갈릴레오는 종신 가택 연금에 처해졌으며 그가 쓴 모든 글은 유통과 판매가 금지되었다. 3년 동안 1주일에 한 번씩 '통회의 7시편' 을 읽으라는 명령도 받았다.

갈릴레오는 1642년에 사망했다. 로마 가톨릭 교회의 신성한 가르침에 의문을 제기한 사람 가운데 이렇게 평화롭게 삶을 마감한 경우는 드물었다. 갈릴레오의 망원경은 처음에는 효과적인 군사 용품으로 만들어졌지만 인류의 역사를 완전히 바꾼 얼마 안 되는 발명품으로 남았다. 또한 가톨릭 교회를 항상 신뢰해서는 안 된다는 최초의, 그리고 중요한 증거가 되었다.

우주여행이란 완전한 헛소리다.

영국 정부의 우주 고문 리처드 반 데르 리에트 울리 박사, 1956년.
(다음 해에 스푸트니크 1호가 발사되었다.)

무선 전신에서
라디오까지

때는 1894년 여름이었다. 굴리엘모 마르코니(Guglielmo Marconi)
라는 이름의, 잘 알려지지 않은 21세 이탈리아 청년은 부모님을
방에 부른 후, 버튼을 누르는 것만으로 멀리 떨어진 벽에 달린
벨을 울리는 장면을 보여 주었다. 독일의 물리학자 하인리히
헤르츠(Heinrich Hertz)가 1888년에 처음 소개했던 전자기 복사를
활용한 기술이었다. 부유한 지주였던 마르코니의 아버지는 그것이
속임수인지 확인한 다음(숨겨진 전선은 없었다) 더 야심찬 실험을 하는
데 필요한 도구를 구입하라고 지갑에서 돈을 꺼내 아들에게 주었다.
　그로부터 1년 안에 마르코니는 2.4킬로미터 넘는 거리로 전자
신호를 주고받을 수 있게 되었는데, 이 신호는 언덕을 빙 두르거나
건물을 통과해 전해졌다. 전 세계를 넘나들며 전선을 연결하느라
바쁜 군대나 전신 회사에서 자신의 발명품이 갖는 가치가 높을
것이라 확신한 마르코니는, 이탈리아 정치가인 피에트로 라카바
(Pietro Lacava)에게 편지를 써서 자신의 '무선 전신'을 소개하고 자금

지원을 부탁했다. 라카바는 1889년 당시에 체신성 장관이었다. 하지만 마르코니는 결코 답장을 받지 못했다. 그 편지는 시간이 한참 흐른 뒤에 관청에서 발견되었는데, 겉에는 '룬가라로 보낼 것'이라는 문구가 적혀 있었다. 그것은 로마의 룬가라 거리에 있는 악명 높은 정신병원을 뜻했다.

그러거나 말거나, 마르코니는 실험을 계속했고 더욱 먼 거리까지 신호를 보내는 등 결과를 개선했다. 그리고 1896년에는 영국으로 가서 자신의 아이디어를 영국 체신성의 수석 엔지니어였던 윌리엄 프리스(William Preece)에게 알리기로 결심했다. 프리스 자신도 1892년부터 무선 통신을 실험해 왔던 차였다. 그는 즉각 마르코니의 신기술이 지닌 가치를 알아보았고 '전선 없이 공간을 통해 신호 보내기'라는 제목의 강연을 통해 왕립 학회에 소개했다. 이 강연은 1897년 6월 4일 런던에서 열렸는데, 왕립 학회의 저명한 회장이었던 켈빈 경(Lord Kelvin)이 "무선 기술에는 미래가 없다"라고 진지하게 선언한 것도 같은 해였다.

하지만 1899년 초에 마르코니는 영국 콘월과 프랑스 사이에서 무선 교신에 성공했고, 11월에는 장비를 보여 달라는 미국의 초청을 받았다. 증기선 세인트 폴 호를 타고 돌아오는 길에 마르코니와 그의 조수들은 배에 발신기를 설치했고 영국 해안선에서 약 106킬로미터 떨어진 거리에서 본토와 교신했다. 이로써 이 여객선은 역사상 최초로 예상 도착 시간을 보고한 선박이 되었다. 이어 미국 매사추세츠 사우스 웰플리트에 기지국을 지은 마르코니는 1903년 1월 18일에 미국 대통령 시어도어 루스벨트(Theodore Roosevelt)와 영국 왕 에드워드 7세(Edward VII) 사이의 유명한 교신을 주선했다. 이것은 미국과 영국 사이에서 모스 부호를 사용한, 최초의 대서양 횡단 통신 성공 사례였다.

그로부터 10년 안에 마르코니의 회사는 대서양을 사이에 둔 대륙 양쪽에 강력한 발신기를 설치했고 선박과 육지 사이의 거의 모든 무선 교신을 책임졌다. 선박 선장들이 승객들에게 전달하는 야간 뉴스 서비스도 담당할 정도였다. 마르코니의 무선 전신 덕분에 영국 경찰은 악명 높은 살인자 크리펜 박사(Dr. Crippen)가 캐나다의 태평양 횡단 증기선 몬트로즈 호를 타고 퀘벡으로 떠난다는 낌새를 사전에 알아챘다. 그리고 형사들을 미리 선박에 태워 1910년 7월 31일에 그가 탑승하자마자 체포했다. 이것은 무선 통신을 활용해 살인자를 잡은 최초의 사례였다. 마르코니의 무선 기지국은 1912년 4월, 타이타닉 호가 침몰했다는 소식을 전해 듣고 이 전갈을 현장 근처 다른 선박들에 전송해 수많은 사람의 목숨을 살리기도 했다.

지금 시점에서 최악의 경우를 상상한다면, 마르코니의 무선 기술이 없었을 경우 타이타닉 호의 탑승자 전원이 목숨을 잃었을 테고 이 선박이 어째서 뉴욕에 도착하지 못한 채 가라앉았는지에 대한 이유도 지금껏 밝혀지지 않았을 수 있다. 상상을 이어가자면, 무선 기술이 조금만 일찍 개발되었어도 메리 실레스트 호는 그렇게 유령선으로 발견되지 않았을지도 모른다. 역설적이게도 무선 기술을 발명한 마르코니 자신도 타이타닉 호의 첫 여정에 무료로 탑승할 것을 권유받았지만, 대신에 다른 배로 사흘 먼저 여행을 떠났다. 이때 마르코니 송신소에서는 데이비드 사노프(David Sarnoff)라는 직원이 구조 작업과 알려진 생존자들의 명단을 만드는 데 협조 중이었다. 그는 72시간 동안 쉬지도 못하고 혼자 기지국을 지킨 것처럼 보이고 자신도 그렇게 주장했지만, 무선 전신의 역사에서 이 일로만 자신의 명성을 누린 것은 아니었다. 사노프는 이보다 훨씬 대단한 사람이었다.

마르코니의 밑에서 일했던 야심가 사노프는 무선 전파가 단순히 어떤 지점에서 지점으로 통신하는 것보다 훨씬 더 큰 잠재력이 있다는 사실을 깨달았다. 이미 1892년부터 전화가 보급되어 있었지만 이렇게 전선을 이용해서는 연결 범위가 제한적이었다. 반면에 사노프는 만약 동일한 무선 전파 주파수를 사용한다면, 같은 전갈을 여러 명의 수신인이 받을 수 있다는 사실을 깨달았다. 만약 한 사람의 수신인이 가능하다면, 백명, 백만 명, 천만 명이 안 될 이유가 없었다. 통신 회사에서 드는 비용은 같았으니 말이다. 하지만 사노프는 1913년 연방 전신 회사에서 일하던 리 드포레스트 (Lee de Forest)라는 발명가가 무선 라디오를 독자적으로 개발했다며 주주들에게 돈을 받은 혐의로 미국 연방 변호사에게 고소당한 사건을 보고 조심할 수밖에 없었다. 지방 검사는 여기에 대해 이렇게 기록했다. "리 드포레스트는 오래 전부터 대서양을 가로질러 사람의 목소리를 전송할 수 있다며 장담했고 여러 신문의 보도 대상이 되었다. 이 터무니없고 고의로 날조된 주장 때문에 속아 넘어간 사람들은 그의 회사 주식을 구입하도록 설득 당했다."

드포레스트는 나중에 무죄 판결을 받았지만 그 과정에서 거의 파산했다. 사노프는 이 사건에서 교훈을 얻었고 대중에게 공포하는 대신 조용히 실험을 거듭한 끝에 축음기에서 나온 음악을 방송해 보자는 착상에 이르렀다. 무선 전파 기술이 정보를 전송하는 것 외에 오락의 매개체로 간주된 첫 순간이었다. 하지만 그의 동료들은 별로 감명을 받지 않았고 한 사람은 (지금은 많이 알려진) 다음과 같은 말을 남겼다. "무선으로 음악이 나오는 상자라니, 상업적인 가치를 전혀 상상할 수 없다. 들을 사람이 특정하게 정해지지 않은 메시지를 누가 돈을 내고 듣겠는가?" 하지만 이런 반응에도 개의치 않고, 사노프는 1916년에 자신의 아이디어를 마르코니 회사의 부사장이자 총지배인인 에드워드 J. 낼리(Edward J. Nally) 에게 쪽지로 전했다. 낼리는 그 아이디어의 잠재력을 알아챘지만 바로 추진하지는 않았다. 1차 세계대전 중이라 예산이 부족했기 때문이었다.

　1919년 미국의 제너럴 일렉트릭 사가 마르코니 회사를 사들이자 사노프는 다시 한 번 담당자에게 쪽지를 전달했는데, 이번에는 새로 취임한 대표이사 오웬 D. 영(Owen D. Young)이 그 수신인이었다. 영은 같은 해에 군대의 통신을 우선적으로 책임졌던 회사인 RCA사를 세웠던 인물이었다. 하지만 이번에도 사노프는 퇴짜를 맞았다. 대신 당시 미국 전역에서 혼자서 만든 수신기로 즐기던 아마추어 라디오 애호가들이 증가한 현상과 맞물려, 사노프는 마침내 자신의 아이디어가 얼마나 대단했는지 증명하게 되었다. 1921년 7월 2일 전설적인 권투선수 잭 뎀프시(Jack Dempsey)와 프랑스의 전쟁영웅 조르주 카펜티에(Georges Carpentier)의 헤비급 경기를 중계하게 된 것이다. 세기의 시합이라 홍보되면서 거의 10만 명이 경기장에 몰려들었고 처음으로 100만 달러의 입장권 판매를 기록한 경기였다. 그러는 동안 놀랍게도 미국 전역에서 손수 제작한 수신기로 30만 명이 사노프의 지직거리는 라디오 중계방송을 청취했다. 그해 말, 가정용 라디오 기기의 수요는 너무도 높아져서 미국의 모든 주에

송신소가 속속 생겨날 정도였다. 라디오 산업이 탄생한 순간이었다. 비록 1922년 존경 받는 미국 출신 발명가 토머스 에디슨(Thomas Edison)이 다음과 같이 예측했지만 말이다. "라디오에 대한 열기는 머지않아 사그라질 게 분명하다." 에디슨이 억지를 부렸던 걸까? 오늘날 미국인의 대략 85퍼센트가 여전히 매일 라디오를 듣고 있으며, 유럽인은 그보다 많은 90퍼센트 이상이 라디오를 듣고 있다.

그렇다면 다시 앞으로 돌아가, 20살의 청년이었던 마르코니에게 정신병원에나 가라고 권했던 이탈리아 정치가 피에트로 라카바는 어떻게 되었을까? 그는 이탈리아에서 다음 정권까지 무려 통상산업부 장관과 재정부 장관을 역임하며 승승장구했다. 이탈리아가 르네상스 이후로 의미 있는 업적을 결코 이루지 못한 것도 결코 놀랍지 않다. 아마도 국민들이 섹스를 하거나 축구 경기를 구경하느라 너무 바빠서가 아닐까? 혹은 라카바 같은 사람이 나랏일을 하기 때문일지도 모른다. 라카바는 1912년 크리스마스 다음날에 평화롭게 눈을 감았다. '정신병자' 마르코니가 자신의 업적으로 노벨상을 수상하고 3년이 지난 후였다.

힘든 노동을
대신하기 시작한
로봇 팔

　카렐 차페크(Karel Čapek)가 1922년 10월 영향력 있는 희곡
『R.U.R: 로섬의 인조인간(Rossum's Universal Robots)』을 뉴욕의 개릭
극장에서 처음 상연해 미국 대중의 상상력을 사로잡았을 무렵,
미국의 발명가 조지 찰스 디볼 주니어(George Charles Devol Jr.)는
11살이었다. '로봇'이라는 단어는 차페크의 형이 제안한 것으로
현대 체코어로 '시중드는 일', '힘든 노동'을 뜻했다. 로봇은 곧
영화, 책, 만화책, 라디오 극본을 비롯해 미국의 거의 모든 오락
산업에 모습을 드러냈다. 젊은 시절의 디볼은 자신이 기계나
전자공학의 모든 것에 일찍이 흥미가 있었음을 잘 알았다. 그래서
1932년에는 더 이상의 고등 교육을 받는 대신 자기만의 회사를
차리기로 마음먹었다. 유나이티드 시네폰이라는 이 회사는 당시의
큰 전자회사와 경쟁하려 드는 대신 독자적인 상품을 개발하는 길을
택했다.
　디볼이 초기에 개발한 상품 가운데는 (오늘날 전 세계의 거의

모든 공공건물에 설치된) 전자 자동문을 비롯해 오늘날의 바코드로 이어지는 상품 분류 체계가 있었다. 디볼 이전에 손잡이로 밀거나 당기지 않으면서 문을 여는 방법을 생각한 사람이 없었다니 무척 놀라운 일이다. 유나이티드 시네폰은 조명, 포장, 인쇄, 자동 세탁용 프레스기에 대한 특허도 갖고 있었다. 2차 세계대전 동안 디볼은 이 회사를 매각하고 라디오와 레이더, 초음파 기술을 연구하기 시작했으며, 노르망디 상륙작전과 그 이후에 사용된 연합군 비행기에 레이더 탐지 방해 시스템을 공급하는 프로젝트에 관여했다. 이것은 물론 오늘날 적의 레이더에 잡히지 않는 스텔스 폭격기의 선구자 격이었다. 하지만 디볼이 현대인의 삶에 대단한 업적을 남긴 것은 전쟁이 끝난 이후였다.

조지 디볼이 제일 좋아하는 장소는 미국 코네티컷의 자기 창고였는데, 그곳에서 디볼은 무언가를 곰곰이 생각하거나 문제를 풀고, 독창적인 새 아이디어를 찾았다. 어느 날 여기서 기술 잡지를 읽던 디볼은 공장 조립라인의 사진을 한 장 접했고, 어째서 인류가 이렇듯 팔을 끝없이 똑같이 움직이는 반복적이고 지루한 작업을 해야만 하는지 고민하기에 이르렀다. 이렇듯 머리를 쓸 필요가 없는 일을 하다 보면 사람은 자연스레 집중력을 잃게 되고, 그에 따라 다칠 위험이 높아진다. 디볼은 이런 반복적인 작업을 대신할 기계를 만들기만 한다면 작업장의 환경이 나아질 수 있으리라 생각했다. 그는 인간의 팔과 비슷하게 움직이는 도구를 만들어 물건을 집어 올려 정확하게 제자리에 옮기게 한다면 그 잠재적인 용도는 무궁무진하리라는 사실을 재빨리 알아챘다.

디볼은 즉시 팔과 따로 움직일 수 있는 팔목, 그리고 물체를 꽉 붙잡을 수 있는 마주한 손가락 두 개를 스케치했다. 컴퓨터가 팔의 움직임을 조종하므로 수천 가지의 서로 다른 작업을 프로그래밍할 수 있었다. 하지만 이 발명품으로 특허를 얻었는데도 디볼은 미국 산업계에서 그의 제안을 들어줄 사람을 구할 수 없었다. 그 발명품이 형편없는 아이디어이고 아무도 그것에 투자하지 않으리라는 이야기만 거듭 들었을 뿐이었다. 앞길은 꽉 막혀 있었다. 그러다가 여러 해가 지나 한 친구의 파티에 참석한 디볼은 조 엥겔버거(Joe Engelberger)라는 사람을 소개받았다. 엥겔버거는 항공사에서 수석 엔지니어로 일하고 있었다. 두 사람은 마주앉아 술을 마셨고 오래지 않아 디볼은 엥겔버거에게 로봇 팔에 대해 설명해 주었다. 엥겔버거는 디볼의 발명품이 갖는 가치를 완전히 이해한 최초의 인물이었다. 엥겔버거 또한 경이로운 눈으로 이야기를 듣고 있었다. 디볼이 설명하는 내용은 공상과학 잡지에서나 읽던 내용이었고 새로 사귄 이 친구는 그것을 실제로 작동시키는 법까지도 아는 듯했다.

디볼과 달리 엥겔버거는 사업가적 기질이 있는 사람이어서 로봇 팔이 갖는 잠재적인 활용도를 깨달았으며, 이것은 세계를 뒤바꿀 만한 두 사람의 관계로 이어졌다. 디볼이 작동 가능한 시제품을 만들기 시작하자 엥겔버거는 그가 종사하는 산업의 여러 공장을 방문하며 디볼의 장치로 가능한 한 빨리 큰 변화를 일굴 방법을 찾았다. 엥겔버거는 사람들이 맡기를 꺼리지만 그럼에도 중요한 작업에 디볼의 기기를 동원해 즉각적인 효과를 일으키고자 했다. 사람이 하기에 위험한 작업이 그런 예였다.

첫 번째 시제품인 유니메이트(Unimate)가 준비되자 디볼과

엥겔버거는 그들이 생각할 수 있는 여러 지루한 작업에 이 기계를
시험했고, 과제를 수행할 만큼 신뢰성 있게 프로그래밍할 수 있다는
사실을 알아냈다. 확실히 대단한 성공이었지만 이들은 곧 미국에서
로봇의 이미지가 결코 긍정적이지 않다는 사실을 깨달았다. 당시
로봇은 영화에서 어슬렁거리다가 재앙을 일으키거나 사람들을
죽이는 악당으로 묘사될 뿐이었다. 로봇은 공포영화의 소재일
뿐이어서 이들의 발명품에 사람들이 열광을 보내지 않는 것도 크게
놀랍지는 않았다. 그러자 엥겔버거는 사업적 지평을 더 넓혀 보자고
제안했다. 미국에서는 퇴짜를 맞았지만 그 대신 미국 못지않게 전후
경제가 활성화되고 있던 일본으로 눈을 돌린 것이다.

그 결과 몇 달 지나지 않아 여러 일본의 자동차 회사에서
유니메이트를 공장의 조립 공정에 활용하기에 이르렀다. 유니메이트는
24시간 내내 휴식시간도, 휴일도 없이 일하는 새로운 노동자였다.
게다가 다칠 일도 없었고, 가장 중요한 것은 불평불만도 없었다.
이들 회사의 생산성은 치솟았으며, 그에 따라 일본 자동차 회사들은
신뢰성 있고 잘 만들어진 상품으로 자동차 업계를 평정하게 되었다.
여전히 스패너를 든 노동자가 하루에 여덟 시간 교대로 일하는
나머지 다른 나라에서도 이제는 디볼의 로봇 팔과 경쟁하기 위해
노력해야 했다.

그 뒤로 몇 년 안에 전 세계 여러 공장에서는 생산 라인을
자동화했고 로봇 팔이 수백 수천 가지의 새로운 용도로 활용되면서
수많은 사람의 목숨을 구하고 있다. 미국의 우주개발 프로그램이나
여러 국가의 군대에 존재하는 폭탄 처리반이 그런 예다. 디볼과
엥겔버거는 처음부터 가졌던 로봇 팔에 대한 그들의 생각을

입증했다. 유니메이트는『파퓰러 메카닉스(Popular Mechanics)』가 선정한 지난 50년간 최고의 발명품 50개 가운데 이름을 올리기도 했다.

내가 봤을 때 전 세계 컴퓨터의 수요는
기껏해야 5대가 전부일 것이다.

IBM의 회장 토머스 왓슨, 1943년.

전화기는
쓸데없는
장난감일 뿐

1800년대 초반, 미국에서는 유럽 이민자들이 정착해 퍼져 살던 서부 변경의 마을, 도시와 동부 해안을 연결하려는 여러 시도가 있었다. 1828년부터 그레이트 웨스턴 철도가 동부와 서부 사이에서 화물과 여러 물자, 우편물을 배달해 왔지만, 그 이전에는 수개월이나 걸리는 역마차가 유일한 운송 수단이었다. 그러다가 1838년 새뮤얼 모스(Samuel Morse)가 처음으로 자신의 이름을 딴 코드를 사용해 메시지를 전달하는 전신을 발명하면서, 장거리라도 거의 동시에 연락을 주고받을 수 있게 되었다. 전신은 나오자마자 성공을 거뒀고 이후 20년에 걸쳐 전선이 미국 전역에 설치되었다. 가끔은 나무 장대나 살아 있는 나무도 전봇대로 쓰일 정도였다. 이때 나무가 바람에 흔들리면 여기에 걸린 전선도 죽 늘어났다가 축 쳐졌고 그 모습이 마치 포도덩굴 같아 보였다. 이런 과정을 거쳐 전신에는 포도덩굴(grapevine)이라는 애칭이 붙었고 영어에서 한 단어로 자리매김했다.

하지만 1860년대 들어 새로 등장한 전기 엔지니어들은 전선을
따라 목소리를 전달하는 실험을 하고 있었다. 1876년에는 이들 중
미국인 엘리사 그레이(Elisha Gray)와 영국인 알렉산더 그레이엄 벨
(Alexander Graham Bell) 두 사람이 뉴욕의 미국 특허청에 공교롭게도
2월 14일이라는 같은 날 특허를 신청했다. 하지만 이어진 공방에서
벨이 승리했는데, 그 이유는 그의 변호사가 그레이보다 2시간 먼저
신청했기 때문이었다. 이렇게 벨은 역사에 자신의 위치를 새겼다.
반면에 그레이는? 어쩌면 그가 고용한 변호사가 특허청에 가는 길에
잠깐 발길을 멈춰 점심을 먹으러 갔을지도 모른다. 불멸의 명성을
얻는 것과 무명으로 잊히는 것은 이처럼 종이 한 장 차이다.

두 사람 사이의 공방은 유명해졌지만 전신과 통신 업계에서는
전화에 대해 전반적으로 관심이 없었다. 1876년 뉴욕의 웨스턴
유니언 전신 회사의 공개된 내부 문건에는 다음과 같은 내용이
있었다. "이 전화라는 물건은 통신 수단으로 심각하게 고려하기에는
단점이 너무 많다. 그러니 이 기기는 실질적으로 우리에게 아무런
가치가 없다." 웨스턴 유니언 사의 사장 윌리엄 오턴(William Orton)
은 전신이 이미 "상업의 중추신경계"가 되었다고 확신했으며, 이
흐름은 달리 대체할 수 없다고 보았다. 영국인들은 전화에 대해
더욱 더 냉담한 반응을 보였다. 체신성의 수석 엔지니어였던 윌리엄
프리스 경은 고상한 말투로 다음과 같이 선언했다. "미국인들은
전화가 필요할지도 모르겠지만 우리는 그렇지 않다. 우리에게는
심부름꾼 소년이 이미 많기 때문이다."(새로운 기술을 포용하려 했던
인물인데도 그랬다. '무선 전신에서 라디오까지' 편을 참조할 것.)

1868년『뉴욕 타임스』는 다음과 같은 뉴스를 내보냈다.

"뉴욕에서 한 남성이 지식이 없고 미신에 사로잡힌 사람들로부터 자신이 금속 전선을 통해 멀리 떨어진 거리 반대편까지 인간의 목소리가 들리도록 전달할 수 있다고 주장해 투자금을 갈취하려 한 혐의로 체포되었다. 이 남성은 자신의 기계를 전화기라고 불렀다. 상식이 있는 사람이라면 인간의 목소리가 전선을 타고 전달되는 게 불가능하다는 사실을 알 것이다."

『보스턴 글로브(The Boston Globe)』 또한 다음과 같은 문장으로 결론 맺는 기사를 내보냈다. "상식이 있는 사람이라면 모스 부호처럼 점과 선을 통해서라면 모를까, 인간의 목소리가 전선을 타고 전송되는 것은 불가능하다는 사실을 알 것이다. 설사 가능하다 해도 그것에는 전혀 실용적인 가치가 없다."

이처럼 전화기에 대한 부정적인 의견이 많았음에도, 벨과 그의 엔지니어 팀은 그들의 착상을 계속 밀고 나간 끝에 1876년 8월에 역사상 처음으로 전선을 통해 9.6킬로미터 떨어진 곳까지 인간의 목소리를 전달하는 데 성공했다. 하지만 당시 미국 대통령이었던 러더퍼드 B. 헤이스(Rutherford B. Hayes)는 이 실험을 접한 뒤 다음과 같은 메모를 남겼다. "대단한 발명이다. 하지만 누가 이런 기계를 쓰려고 하겠는가?" 벨과 그의 재정적 후원자였던 가드너 그린 허버드(Gardiner Greene Hubbard, 이듬해에 벨의 장인이 된다), 토머스 샌더스(Thomas Sanders)는 10만 달러에 특허권을 제공하겠다고 웨스트 유니언 사에 제안했지만 이 회사의 사장 윌리엄 오턴은 여전히 다음과 같은 반응을 보일 뿐이었다. "(전화기는) 쓸모없는 장난감에 불과하다."

그로부터 겨우 2년이 지난 뒤 오턴은 동료에게 이렇게 말했다.

"지금 그 특허권을 2,500만 달러에 살 수 있다고 해도 저렴한 가격일 것이다." 하지만 기회는 이미 날아갔고, 벨 회사는 이제 특허권을 판매할 의향이 없었다. 1886년에는 15만 명 넘는 미국인에게 전화가 보급되었고 벨과 허버드, 샌더스는 돈방석에 올라앉았다. 당대 유명한 전문가들의 속 깊은 조언을 따르지 않았기에 벨 회사는 오늘날 1년에 약 5조 달러를 벌어들이는 것으로 추정되는 하나의 산업을 개척했다.

컴퓨터?
누가 그런 게
필요하겠어?

1924년 미국의 회사 '컴퓨터 타뷸레이팅 리코딩 컴퍼니(CTR)'
의 회장 조지 W. 페어차일드(George W. Fairchild)가 사망하자, 그
자리를 이은 사람은 영업팀을 지휘하던 사장 토머스 J. 왓슨(Thomas
J. Watson)이었다. 당시 CTR이 내놓던 상품은 금전 등록기, 저울,
고기 절단기, 천공 카드기, 계산기, 시간 기록기까지 다양했다.
회사의 진두지휘를 맡게 된 왓슨은 먼저 회사의 이름을 '인터내셔널
비즈니스 머신스(IBM)'로 바꿨다. 회사가 아직 국내를 장악하지도
못한 상태였기에 '인터내셔널(국제적)'은 꽤 야심찬 단어 선택이었다.
하지만 그로부터 4년 안에 왓슨은 회사의 수익을 900만 달러까지
2배로 끌어올렸다.

IBM의 사업 규모는 급속하게 커졌고 1930년대에는 나치당에
천공 카드기를 보급하면서 독일 지사의 수익률이 가장 커졌다.
이 회사의 기기는 독일에서 인종과 성별, 종교에 따른 시민들의
거주지(예컨대 유태인이 어디에서 살고 있는지 등의) 인구 통계 자료의

일람표 작성에 사용되었다. 이 공로로 왓슨은 1937년에 독일 독수리 훈장을 받았지만 1940년에 그가 이 훈장을 돌려주자 아돌프 히틀러 (Adolf Hitler)는 노발대발하며 왓슨이 다시는 독일 땅을 밟지 못하게 하라고 명했다.

2차 세계대전 동안 IBM은 사업에서 계속 수익을 올려 나갔다. 비록 1943년 당시 새로 등장한 어떤 상품에 대해 왓슨이 다음과 같은 유명한 말을 남겼지만 말이다. "내가 봤을 때 세계 시장에서 컴퓨터의 수요는 기껏해야 5대가 전부일 것이다." 왓슨은 1949년에 은퇴할 때까지 컴퓨터 산업에 관여하지 않겠다고 끝까지 거부했다. 컴퓨터가 비싸고 신뢰할 수 없다는 것이 그 이유였는데, 자신의 컴퓨터에 대한 과소평가가 이미 틀린 것으로 증명된 이후에도 고집을 꺾지 않았다. 하지만 그의 아들이자 후계자인 토머스 왓슨 주니어(Thomas Watson Jr.)는 생각이 달랐고, 회사를 물려받자 마자 즉시 메인프레임 컴퓨터를 설계하고 제작할 엔지니어들을 고용했다. 1950년에는 주문 설계해 제작한 미국 공군의 SAGE(반자동 방공 관제 조직) 추적 시스템이 그해 IBM 컴퓨터 매출액의 절반 이상을 차지하게 되었다.

비록 많은 사람들이 컴퓨터라는 신기술의 가능성을 인식하고 있었지만 당시에는 전 세계를 통틀어 메인프레임 컴퓨터가 12대뿐이었던 것도 사실이었다. 왓슨 주니어는 컴퓨터를 판매할 시장이 있는지 알아보기 위해 전문가 한 명을 고용했다. 그는 원자력 위원회 오크리지국립연구소의 커스버트 허드(Cuthbert Hurd) 였는데, 그는 "고객을 찾아보면 30대 정도는 팔 수 있을 것 같다" 라고 답변했다. 이 말을 들은 왓슨은 그 자리에서 허드를 해고했다.

하지만 그 정도라도 팔아야 했는지 모른다. 1950년까지 IBM의 컴퓨터 부문은 수익을 올리지 못했기 때문이었다. 하지만 왓슨 주니어는 이렇게 말했다. "그래도 컴퓨터는 우리가 누구보다 먼저 고도로 자동화된 공장을 짓고 전자 산업에서 수천 명의 새 일꾼을 키우도록 만들어 줄 것이다." 그의 신중함은 결국 멋지게 보상을 받았다. 1956년에 이르러 왓슨 주니어는 IBM의 수입을 2억 달러에서 7억 4,300만 달러로 3배 이상 신장시켰으며, 회장 자리에 머무르던 20년 동안 이 성장률을 유지해 IBM이 전 세계적으로 성장하는 컴퓨터 산업을 선도하도록 이끌었다.

하지만 아버지 왓슨의 통찰력 부족은 개인 컴퓨터에만 한정되지 않았다. 1939년에서 1944년 사이 IBM은 발명가 체스터 칼슨(Chester Carlson)이 만든 전자 복사기를 거절한 20개 회사 가운데 하나였다. 당시 문서를 복사하려면 복사할 종이 사이에 탄소 시트 한 장 또는 여러 장을 끼워야 했지만, 당시 발명가나 기술 혁신가들은 이 방식을 개선하려 하지 않았다. 1949년에 IBM은 다음과 같이 콧대 높게 선언하기도 했다. "전 세계 복사기의 잠재적인 수요는 고작 5,000대가 전부일 것이다. 애써 생산을 시작할 정도로 시장이 크지 않다." 여러분도 알겠지만, 아버지 왓슨은 예전에도 헛다리를 짚은 적이 있었다.

하지만 바로 그해인 1949년, 뉴욕 특허청의 직원이던 칼슨은 자신의 복사기를 가다듬어 이 기계가 하는 일을 '제로그래피(xerography)'라고 이름 붙였다. '건조한 필기'라는 뜻의 그리스어에서 가져온 말이었다. 이어 칼슨은 제록스사를 설립했고 1억 5,000만 달러를 벌어들였지만, 아내에게 자신의 마지막 소망이 "가난한 사람으로 죽고 싶은 것"이라며 그 대부분을 아동 자선사업에 기부했다. 하지만 칼슨이 축적한 부는 IBM이 그의 복사기를 거부해 입은 손실의 전부가 아니었다. 1955년 칼슨은 제록스 기기에 대한 권리를 팔았는데, 그 대금은 전 세계 모든 곳에서 제록스 기기로 복사를 한 장 할 때마다 1/16센트를 받는 것으로 계산되었다. 얼마나 큰 돈일지 한번 짐작해 보라.

1960년대에서 1990년대 사이에는 디지털이퀴먼트(DEC)가 컴퓨터 산업에 대한 IBM의 지배에 상당한 도전을 했다. DEC는 PDP 기기를 수백만 대 판매하며 1980년대 중반까지 동종 업계에서 두 번째로 큰 회사가 되었다. 하지만 DEC는 1980년대를 거치면서 소형 컴퓨터의 급속한 성장세와 그에 따른 가정용 컴퓨터의 수요를 제대로 인식하지 못했다. 1977년에 이 회사의 창립자 켄 올슨(Ken Olsen)은 다음과 같이 말하며 자신이 잘못된 방향을 바라보고 있음을 드러냈다. "모든 사람이 자기 집에 컴퓨터를 한 대씩 갖고 싶어 할 이유가 없다." 어쨌거나 올슨 자신은 자기 집에 한 대 들여놓았지만.

가정용 컴퓨터가 널리 보급되고 사무실에서 워드 프로세서를 사용하면서, 컴퓨터는 이후 20년 동안 전 세계적으로 수십억 대 넘게 팔려나갔다. 하지만 그러는 동안 DEC는 30년 전 가파르게 치고 올라왔을 때 못지않게 극적으로 추락했다. 1992년 이 회사의 사장은 켄 올슨에서 로버트 팔머(Robert Palmer)로 바뀌었고 팔머는 회사를 어떻게든 살리기 위해 직원 수를 줄이기 시작했다. 하지만 결국 1998년에 DEC는 컴팩(Compaq)사에 매각되었고 회사의 개인용 컴퓨터 제조 부서는 조용히 문을 닫았다. 여기에 비해, IBM은 1981년 8월부터 가정과 직장에 IBM 개인용 컴퓨터(IBM

PC)를 보급하면서 전 세계에서 가장 큰 기술 기반 회사로 남았다.
IBM의 회사 가치는 약 2,140억 달러로 추정된다.

로켓은 결코 지구의 대기권을 벗어날 수 없을 것이다.

《뉴욕 타임스》, 1936년.

끈질긴 고집이
만들어낸
제트 엔진

1916년, 1차 세계대전이 한창일 무렵에 개발된 작은 항공기
기술이 대단한 사건이 되어 결국 항공의 역사를 완전히 바꿨다.
그것은 영국 워릭셔의 로열 리밍턴 온천 근처에서 한 1인용
항공기가 착륙 도중에 엔진 고장으로 응급 상황에 처했던 일에서
시작했다. 지금 생각해 보면 별다를 것 없는 일이지만 이 사소한
사건을 목격한 아홉 살짜리 소년이 있었다. 이 아이의 이름은
프랭크 휘틀(Frank Whittle)이었는데, 이 지역에서 리밍턴 밸브 앤
피스톤 링 회사를 경영하는 엔지니어의 아들이었다. 당시에도 어린
휘틀은 이미 공학에 대해 대단한 관심이 있어서 아버지가 만드는
단기통 가스 엔진을 전문가 수준으로 잘 알고 있었다. 휘틀은 그날
오후에 목격한 사건에 매료되었다. 사실 휘틀은 그 비행기를 빤히
쳐다보느라 조종사가 다시 이륙을 시도하는 것도 알아차리지
못하는 바람에 하마터면 비행기에 치일 뻔했다.
　프랭크 휘틀은 이후 5년 동안 작업장에서 기계를 만지고 근처

리밍턴 도서관에서 비행 이론과 천문학, 공학, 특히 터빈에 대한
여러 가지를 공부했다. 15살이 되자 휘틀은 조종사가 되기로
결심하고, 1922년 영국 공군에 지원했다. 1923년 휘틀은 공군
입대 시험을 수월하게 통과했지만 신체검사라는 두 번째 문턱에서
좌절했다. 키가 152센티미터밖에 되지 않았던 것이다. 가슴둘레
또한 지나치게 작았다. 휘틀은 여기에서 무너지지 않고 끈질기게
물고 늘어져 이후 6개월 동안 트레이너와 함께 열심히 운동한
끝에 가슴둘레를 키워 다시 도전했다. 그 결과 키와 가슴둘레 모두
7센티미터쯤 커졌지만 불행히도 한 번 떨어진 이후 또 다시 지원할
수 없다는 규정 때문에 결국 집에 돌아가야 했다.

거듭 거절당했지만 휘틀은 가명을 써서 다시 지원했고 마침내
링컨셔 크랜웰 공군사관학교의 견습 정비공이 되는 3년짜리 훈련
과정에 들어가게 되었다. 이렇듯 세 번을 도전한 끝에 휘틀은
마침내 영국 공군의 훈련 기술학교에 입학했고 이 결정은 그의
직업적 삶에 큰 영향을 끼쳤다.

하지만 휘틀은 머지않아 후회를 했는데, 그 이유는 자신의
반항적인 기질 때문에 군대의 엄격한 규율을 지키기가 힘들었기
때문이었다. 또한 그는 자기가 결코 조종사가 될 수 없다는 현실을
견뎌야 했다. 휘틀은 학교를 떠날 생각도 했지만 그가 모형 항공기
모임에 나가 열심히 참여하며 뛰어난 모형을 만들었던 것이
지휘관의 눈길을 끌었고 이 지휘관은 휘틀이 사관 교육을 받도록
추천을 해 주었다. 휘틀은 곧 자신이 큰 기회를 쥐었음을 깨달았다.
그 교육 과정에는 비행 강습이 포함되었고 1927년만 해도 항공기
비행시간이 14시간만 되면 혼자서 비행할 수 있는 허가가 나왔다.

그때부터 휘틀은 공군에 계속 머물기로 마음을 먹었고, 졸업논문의 주제 또한 '높은 고도에서 시속 800킬로미터 이상의 속도로 날 수 있는 항공기 설계 개발'로 잡았다. 두 가지 조건 모두 이전에 시도되었지만 불가능하다고 판명된 바가 있었다. 하지만 당시 21살이던 휘틀은 자기만의 생각이 있었다. 〈항공기 설계의 미래 발전〉이라는 제목의 논문에서 휘틀은 종래의 피스톤과 프로펠러 엔진으로 높은 속도에 도달하는 것이 왜 불가능한지를 밝혔다. 대신 휘틀은 터빈 엔진을 제안했고, 이 졸업논문은 항공 과학 분야에 주어지는 애브디 제럴드 펠로우 메모리얼 상을 받았다. 또한 심사위원들은 휘틀을 "평균 이상으로 우수하고 특출한 파일럿" 이라고 평가했다.

1929년 공군 소위가 된 휘틀은 영국 남부 해안의 중앙 항공 학교에 강사로 파견되었다. 이곳에서 휘틀은 자신의 '터빈' 또는 '터보-제트' 엔진의 설계와 제안서를 전에 특허 심사관으로 일했던 패트 존슨(Pat Johnson) 소위에게 보여 주었다. 그러자 존슨은 그것을 부대장에게 보고했고, 휘틀은 이 설계를 영국 항공성에 제출해 보라는 격려를 받았다. 하지만 항공성 관계자들은 제트 추진되는 엔진이라는 개념을 이해하지 못했고, 휘틀의 보고서를 그와 비슷한 아이디어를 가졌던 선임 엔지니어 A. A. 그리피스(A. A. Griffith)에게 넘겼다. 그러자 흥미를 느낀 그리피스가 휘틀을 모임에 초대했고, 휘틀은 여기에서 자기의 엔진 설계와 자신이 얼마나 그 개념을 '완벽하게 신뢰하는지'를 설명했다. 하지만 그리피스는 크게 감명을 받지는 않은 눈치였고, 휘틀에게 이렇게 말했다. "아마 자네 말이 맞을지도 모르지만 나는 그것이 실용적이지 않다고 생각한다네."

그리피스는 휘틀의 계산에서 '근본적인 결점'이라고 생각하는 내용을 조목조목 지적했고, 휘틀을 그 자리에서 쫓아냈다. 후에 그리피스는 상급자들에게 휘틀의 제안서를 완전히 일축해야 한다는 보고서를 제출했다.

하지만 휘틀과 존슨은 여전히 낙관적이었고 1930년 1월에는 엔진의 설계에 대해 특허를 제출했다. 영국 공군이 자신의 제안을 받아들이지 않았기 때문에 그것을 비밀에 부칠 필요도 없어졌고, 휘틀은 상업적인 권리를 누릴 수 있게 되었다. 휘틀의 특허가 공개되자 런던에 있는 독일 무역 위원회는 그 복사본을 구해 재빨리 독일의 항공성과 항공기 엔진 제작사에 보내 자세히 조사했다. 그러던 1935년 휘틀은 동료 사관후보생인 롤프 더들리 윌리엄스 (Rolf Dudley Williams)로부터 편지 한 통을 받았다. 자기들끼리 자금을 조달해 제트 엔진을 실제로 만들어 보자는 것이었다. 휘틀은 윌리엄스에게 동의했고, 윌리엄스는 O. T. 포크 앤 파트너스라는 투자은행에 다니는 다른 두 명의 친구 J. C. B. 틴링(J. C. B. Tinling), 랜슬롯 로 화이트(Lancelot Law Whyte)를 소개했다. 네 사람은 1935년 11월 파워 제트 회사를 설립했다. 그러는 동안 독일에서도 한스 폰 오하인(Hans von Ohain)이라는 엔지니어가 비슷한 아이디어를 발전시키기 시작했지만, 휘틀은 1937년 첫 번째 시제품을 발사하는 데 성공했다. 처음에는 전원을 끈 다음에도 터빈이 계속 가속되어 사람들을 깜짝 놀라게 만드는 등 문제도 생겼는데, 나중에 보니 연료가 새어나와 흡입구 근처에 모여 있었다는 사실이 발견되었다. 이 연료가 모두 타 버리자 엔진은 조금씩 느려지기 시작했다.

그에 따라 프랭크 휘틀은 다시 한 번 영국 항공성의 주목을 끄는

데 실패했고, 갱신비 5파운드를 낼 돈도 없어 엔진에 대한 특허도 2년째 만료되고 말았다. 영국 공군은 이 비용을 대 주기를 거부했다. 그래서 휘틀은 케임브리지 대학교에 가서 기계공학을 공부했는데, 이곳의 항공 공학 교수는 휘틀의 엔진 설계를 쓱 훑어보고는 이렇게 이야기했다. "그래, 꽤 흥미로운 설계구나. 하지만 결코 이대로 작동하진 않을 거야." 반면에 독일은 제트 엔진에 대해 확신을 갖고 1937년 말에 독자적인 시제품을 쏘아 올렸다. 미래의 관점에서 생각해 보면 독일 항공성이 제트 엔진 개발에 이처럼 열심이었던 것도 이해가 갈 법하다. 유럽에 전쟁을 일으킬 준비를 하고 있었던 것이다. 하지만 영국은 여전히 이 발명품의 가능성을 인식하지 못했고 파워 제트 사에 투자한 동업자들은 그때까지 2,000파운드의 자금을 모으는 데 그쳤다. 18개월은 더 있어야 1만 8,000파운드를 더 모을 수 있었다. 휘틀은 영국 공군 소속이었기 때문에 엔진 프로젝트에 개인적으로 시간을 내려면 1주일에 6시간 일하는 특별 허가를 얻어야 했다. 이것은 영국 정부와 항공성이 휘틀의 제트 엔진 개발 프로젝트를 얼마나 하찮게 여겼는지에 대한 확실한 증거다.

그러는 동안, 1939년 나치 독일의 한스 폰 오하인은 실제로 비행할 수 있는 시제품을 보여 줄 준비를 했다. 그해 9월 전쟁이 일어났지만 파워 제트 사는 여전히 직원이 고작 10명뿐이었다. 유럽 전체가 전쟁에 말려들 가능성이 높았던 데다 영국의 항공성에 대한 개인적인 절망이 더해져서 휘틀은 엔지니어로서 큰 타격을 입었다. 휘틀은 이런 글을 남겼다. "내 어깨에 짊어진 책임은 사실상 너무나 크다. 우리는 영국 공군의 손에 강력하고 새로운 무기를 넘길 수도

있지만 만약 제때 결과를 내는 데 실패한다면 쓸데없이 희망을
키우는 데 그칠 것이다. 그뿐만 아니라 내 실패 때문에 영국 공군은
간절하게 필요한 재래식 항공기 수백 대를 만들지 못할 수도 있다.
내 주변에는 좋은 동료들이 있다. 하지만 이들은 모두 노예처럼
너무 열심히 일해 육체적, 정신적 피로로 실수를 저지를 위험이
있다."

휘틀은 스트레스에 시달렸고 그에 따라 심계항진과 습진이
생겨 고생했다. 몸무게는 57킬로그램까지 떨어졌고, 각성제
벤제드린을 삼켜 하루에 16시간을 일한 다음 밤에는 잠을 청하느라
신경 안정제를 먹어야 했다. 영국 항공성이 파워 제트 사를 다시
방문했을 무렵 이 회사는 돈이 없어 작업장에 전깃불도 간신히
켜 놓았을 정도였다. 휘틀과 그의 동료들은 문제없이 20분 동안
제트 엔진을 가동하는 데 성공했고, 이 실험을 본 과학 연구 기관의
관리였던 데이비드 렌들 파이(David Randall Pye)는 드디어 엔진의
가능성을 인정했다. 1940년 1월 항공성은 시험용 단발 엔진을 하나
주문했고, 그로부터 3개월 안에 로버 자동차 회사와 계약해 2년
동안 1달에 3,000개의 제트 엔진을 생산하는 조립 라인을 구축하게
했다. 프랭크 휘틀은 공군 중령으로 승진했다.

1941년 5월 15일, 최초의 제트 엔진이 시험 비행을 거쳐
대성공을 거두었다. 당시에는 독일도, 연합군도 전쟁에서 충분한
성과를 낼 정도로 제트 전투기를 대량 생산하지 못했다. 하지만
만약 영국 정부가 1930년대 중반부터 프랭크 휘틀의 제트 엔진을 좀
더 진지하게 받아들였다면, 제트기가 전쟁에서 큰 활약을 했을 테고
2차 세계대전이 훨씬 빨리 끝났을지도 모른다.

마침내 프랭크 휘틀은 거의 20년이나 지나 자신의 인생을 바꿀 법한 혁명적인 업적을 인정받았다. 오래지 않아 미국도 휘틀의 제트 엔진 기술을 입수했고, 이것이 어떻게 평화로운 시절에 대서양 여행의 방식을 완전히 바꿀 수 있는지 재빨리 이해했다. 부유한 사람들은 곧 제트기를 타고 런던을 떠나 고작 몇 시간 뒤에 시차가 5시간밖에 안 되는 뉴욕에 도착할 수 있었다. 예전에는 가장 빠른 배를 타도 1주일은 걸리던 여정이었다. 1943년 7월, 휘틀은 공군 대령으로 승진했고, 다음해 1월에는 업적을 인정받아 대영제국 훈작사가 되었다. 1944년 4월에는 영국 정부가 휘틀의 회사를 국영화하기로 결정했지만 휘틀은 그의 몫으로 1만 파운드밖에 받지 못했다. 하지만 당시 그는 신경쇠약에서 회복되느라 6개월 동안 병원 신세를 지고 있었다. 퇴원한 휘틀은 평생 사회주의자였던 자신의 정치적 성향을 바꿔 이후로 죽을 때까지 보수당을 지지했다.

1948년 5월, 프랭크 휘틀은 마침내 영국 왕립 위원회로부터 업적을 인정받아 10만 파운드를 상금으로 받았고, 2개월 뒤에는 대영제국의 중급 훈작사가 되었다. 하지만 불행히도 몇 개월 지나지 않아 미국 전역을 다니며 힘든 강연 일정을 소화하느라 휘틀은 다시 건강이 나빠졌고, 그해 8월 건강상의 이유로 공군에서 은퇴했다.

그러다가 다시 회복한 휘틀은 영국 해외 항공 회사(BOAC) 와 셸 오일 등 여러 다국적 기업에서 기술 고문으로 일하며 남은 인생을 보냈다. 쉬는 기간에는 『제트: 선구자의 이야기(Jet: The Story of a Pioneer)』라는 적절한 제목의 자서전을 썼다. 이후 휘틀은 미국 메릴랜드의 해군 사관학교에 속한 해군 항공 부대(NAVAIR)의 연구교수로 일하게 되어 미국으로 이주했다. 우리가 제트 여객기를 타게 해 준, 외골수에 신념이 강했던 프랭크 휘틀은 1996년 8월 9일 평화롭게 눈을 감았다. 유해는 영국으로 돌아가 런던 웨스트민스터 사원 공군 예배당에 안치되었다.

과학 소설에서
시작된
위성 통신

　위성은 "커다란 천체 주변을 도는 천체, 또는 지구나 달, 다른
천체 주위를 돌도록 설계된 인공적인 물체(탈 것)"로 정의된다.
오늘날 현대적인 위성 통신 연결망은 2차 세계대전 동안 소비에트
연방과 동유럽 사이에 오가던 라디오 신호를 추적하는 수단으로
처음 고안되었다. 이처럼 원래 러시아인들을 염탐하기 위한 스파이
도구였지만, 최초의 통신 위성은 사실 1957년 10월 4일 소련이 쏘아
올렸다. 이 스푸트니크 프로그램은 1960년대 소련과 미국의 우주
전쟁의 서막을 열었다. 이미 1955년부터 통신 위성을 만들겠다고
공언해 왔던 미국은 소련에게 선두를 빼앗기게 되어 깜짝 놀랐다.
하지만 미국도 1958년 1월 31일 독자적인 인공위성인 익스플로러
1호를 발사하면서 소련에 응수했다.

　하지만 1957년에도 위성 통신이라는 아이디어는 그렇게 참신한
것은 아니었다. 이미 1728년에도 만유인력과 위성의 운동을
설명했던 영국의 물리학자이자 수학자인 아이작 뉴턴(Isaac Newton)

이 그가 사망한 지 1년 뒤에 출간된 저서 『세계의 체계에 대한 논설 (A Treatise of the System of the World)』에서 궤도 위성에 대한 이론을 제안했었다. 그리고 1879년에는 과학소설 작가 쥘 베른(Jules Verne)이 유명한 그의 소설 『부인의 거금(The Begum's Millions)』에서 인공위성을 묘사하기도 했다. 또 1903년 러시아의 과학자 콘스탄틴 치올콥스키(Konstantin Tsiolkovsky)는 저서 『제트 추진 장치를 사용한 우주 탐험(Exploring Space Using Jet Propulsion Devices)』을 통해 로켓을 사용해 우주선을 발사하는 최초의 학술적인 연구물을 내놓았다. 이후 25년 뒤에 헤르만 포토치니크(Herman Potočnik)는 평화적인 동시에 군사적인 관측을 위한 궤도 우주선의 활용에 대해 논의했다. 또한 그는 무선 기술을 지구와 우주선 사이의 통신 수단으로 제안하기도 했다.

하지만 이런 착상을 처음으로 진지하게 다룬 사람은 과학소설 작가 아서 C. 클라크(Arthur C. Clarke)였다. 클라크는 1945년 10월 『무선 세계(Wireless World)』라는 잡지에 〈우주 통신 위성: 로켓 정류장이 전 세계 무선 연결을 가능하게 할 것인가?〉라는 글을 기고했다. 이 글에서 클라크는 지구 전체를 뒤덮는 궤도 위성의 연결망이 전 세계 고속 통신을 가능하게 할 수 있다고 논했다. 당시 미군도 여기에 대한 기술을 자세하게 검토하기 시작했고, 이듬해인 1946년 5월, 군사 무기의 장기적인 미래를 연구할 목적으로 랜드 프로젝트가 시작되었으며, 〈전 세계를 선회 비행하는 실험적 우주선의 예비적 설계〉라는 제목의 논문이 발표되었다. 이 논문은 "20세기의 가장 강력한 과학적 도구 가운데 하나"라고 불렸다. 하지만 모든 사람들이 그렇게 열광적으로 반응한 것은 아니었다.

미국 공군은 위성이 군사적인 잠재력이 전혀 없으며 "과학과 정치, 프로파간다를 위한 도구"일 뿐이라고 격하하는 성명을 내기도 했다. 통신 위성이라는 아이디어를 완전히 무시한 것은 미국 공군만이 아니었다.

1920년 1월 13일 『뉴욕 타임스』 편집자는 "로켓은 결코 지구의 대기권을 떠날 수 없을 것"이라 예언하는 기사를 내보냈다. 이 기사는 콘스탄틴 치올콥스키의 이론과 1926년 미국 발명가 리 드 포레스트(Lee de Forest)의 다음과 같은 의문에 대한 답이었다. "인간을 다단계 로켓에 태워 통제가 가능한 달의 중력장에 쏘아 보내는 것이 가능한가? 그곳에서 생존한 채로 착륙해 과학적 관찰을 수행한 다음 지구로 귀환할 수 있는가? 이 모든 것은 쥘 베른의 소설에나 나올 법한 꿈같은 이야기다. 나는 이런 인간의 우주여행은 미래에 아무리 과학적인 진보가 일어나도 결코 불가능할 것이라고 단언한다." 이런 주장을 한 사람은 포레스트 혼자가 아니었다. 최초로 성공적인 위성 발사가 이루어진 지 3년 뒤인 1961년에도 미국 연방 통신 위원회 (FCC)의 위원이었던 T. A. M. 크레이븐(T. A. M. Craven)은 다음과 같이 고고하게 선언했다. "통신 우주 위성이 미국 국내에서 더 나은 전신, 전화, 텔레비전, 라디오 서비스를 제공하는 데 활용될 가능성은 실질적으로 전무하다." 위성에 대한 이런 전반적으로 부정적인 의견은, 1948년 12월 29일 미국 국방장관 제임스 포레스털 (James Forrestal)이 국방부에서 1958년 봄까지 위성을 쏘아 올리도록 협조하겠다고 선언한 다음에도 계속되었다. 포레스털의 후임자가 "내가 알기로 미국에서 진행되는 위성 프로그램은 없다"라고 주장했던 것이다. 물론, 이것은 어쩌면 냉전이라고 알려진 시대에 미국 정부가 비밀 유지와 속임수 작전을 펼쳤던 때문일 수도 있다.

이렇게 여러 세대에 걸친 많은 사람들의 부정적인 의견과 예측에도 불구하고, 1964년에 일본에서 열린 하계 올림픽을 중계하기 위해 최초의 위성 텔레비전 방송이 미국 방방곡곡에 있는 가정집으로 송출되었다. 미국 정부의 고위급 통신 엔지니어가 위성은 국제적 통신 기술의 발달에 기여하지 못할 것이라고 주장한 지 고작 3년이 흐른 뒤였다. 아서 C. 클라크는 『무선 세계』에 기고한 글 덕분에 많은 사람들에게 통신 위성의 발명자로 간주되었다. 실제로는 미국 해군에서 달 통신 위성 프로젝트를 수행한 결과, 달을 자연적인 위성으로 활용해 달 표면에서 튕겨서 반사되는 라디오파를 감지하는 신뢰할 만한 기술을 개발하게 되었다. 이 야심찬 EME(지구-달-지구) 통신 프로젝트는 확실히 오늘날 현대적인 위성 통신 연결망의 선구자 역할을 했으며, 아서 C. 클라크가 처음 상상했던 형태를 세부적으로 구현했다.

1963년, 클라크는 공헌을 인정받아 프랭클린 연구소의 스튜어트 밸런타인 메달을 수여받았고 영국 행성 간 협회의 회장을 두 번째로 맡았다. 1960년대에 클라크는 세계를 이끄는 최고의 과학소설 작가로 수많은 소설과 논픽션을 써 냈다. 그 저작물에는 그에게 세계적인 명성을 안긴 『2001: 스페이스 오디세이(2001: A Space Odyssey)』도 포함되었다. 2008년 사망하기 얼마 전에 했던 인터뷰에서 클라크는 위성 통신이 이토록 전 세계적으로 중요해질지 알고 있었는지 질문을 받았다. 그러자 클라크는 다음과 같이 수수께끼 같은 답을 남겼다. "나는 통신 위성에 대한 아이디어를 왜 특허 내지 않았냐는 질문을 종종

받았어요. 하지만 여기에 대해 나는 항상 이렇게 대답했죠. '특허는 사실 고소당할 면허증에 불과하니까요'라고." 클라크는 2000년 5월에 문학 분야의 공로를 인정받아 기사 작위를 받았다. 오늘날 통신과 기상예보를 위한 정지궤도 위성은 그의 선견지명을 기리는 의미에서 비공식적으로 '클라크의 궤도' 또는 '클라크의 벨트'로 불린다.

기관총은 상당히 과대평가된 무기이다.
한 부대에 2정만 있으면 충분하다.

더글러스 헤이그 장군, 1915년.

미친 사람이
처음으로
석유를 발견한 날

　19세기, 산업 혁명이 유럽과 미국을 재편하기 시작할
무렵 새로운 유형의 대단한 사업가가 등장했다. 이전 세기에
네안데르탈인 같이 거칠었던 제분소와 농장의 주인에서 진화해
나온 사업가였다. 오늘날 여러 산업 분야의 거물들은 세련되고
겉이 번지르르한데, 이들의 선배들은 야심이 넘치는 외골수였다.
부동산, 철도, 철강, 건설, 심지어는 울타리조차 부유하고 영향력 큰
사업가들의 생산품이었다. 하지만 그중에서도 원유는 19세기 중반
무렵 엘리트들이 이끄는 산업 가운데서도 독특한 자리를 차지했다.
그래도 이 위치는 변화하고 있었으며 사실상 아주 빨리 바뀌었다.
　1845년경 미국의 사업가이자 발명가였던 새뮤얼 마틴 키어
(Samuel Martin Kier)는 그가 운영하는 소금 우물이 기름기 있는
성분으로 오염되고 있다는 사실을 깨달았다. 그의 인부들이
소금이라는 귀중한 조미료이자 방부제를 생산하기 위해 드릴로
암석을 뚫을 때 그런 기름 성분이 흘러나왔던 것이다. 키어는

처음에 인부들에게 그 성가신 성분을 근처 운하에 갖다 버리라고
했지만, 그러던 중 물웅덩이에 불이 붙는 모습을 본 후 그 기름의
잠재력을 즉시 알아차렸다. 그리고 자기가 발견한 이 성분을 '바위
기름'이라고 불렀다. 키어에게 그 사용처는 소박했다. 그때까지 미국
전역에서 램프에 주로 사용하는 연료는 고래의 지방이었다. 하지만
이 지방은 값비싼 데다 한정되어 있었기에 키어는 화학자들을
고용해 자기가 새로 발견한 기름을 램프에 사용할 수 있는지
실험을 시켰다. 1848년, 키어는 이 기름을 '세네카 오일'이라 이름
붙여 피부에 바르는 연고로 팔았지만 인기도 없고 잘 팔리지 않아
실패했다. 이어 키어가 두 번째로 시도한 제품인 '석유 젤리'는
이보다 살짝 좋은 반응을 얻었고 인기가 높아지면서 미국 전역으로
운송되어 팔렸다. 독자 여러분도 이 제품을 한 번은 써 봤을 것이다.
오늘날에는 정확히 같은 제품이 '바셀린'이라는 상표로 팔린다.
바셀린 통에 붙은 상표에 왜 '석유 젤리'라는 단어가 들어갔는지
이제 이해가 갈 것이다.

　　이렇듯 실패를 겪었지만 키어는 바위 기름이 늦게 탄다는 점에
미련을 버리지 못했고, 그 특성을 활용하면 값비싼 고래 기름을
점차 대체할 수 있을 것이라 보았다. 1851년, 키어는 정유 공장을
세워 광부들을 위한 안전한 석유램프를 새로 생산했지만 그렇게
대단한 성공을 거두지는 못했다. 당시에는 바위 기름을 뽑아낼
장소가 한정되어 있었고, 더욱이 새로운 상품에 대한 특허를 따는
데도 실패하자 키어는 바위 기름을 사업에 활용하는 데 지친 듯
보였다. 그러다가 1857년 회사의 중역이었던 조지 비셀(George Bissell)
과 조너선 에벌리스(Jonathan Eveleth)가 펜실베이니아 주 티투스빌

근처에 석유 기름 웅덩이가 있다는 소문을 듣고 조사하러 찾아갔다. 두 사람은 호텔에서 이곳에 가족과 함께 정착해 살고 있는 퇴직한 철도 안내원 에드윈 L. 드레이크(Edwin L. Drake)를 만났다. 그와 친해진 비셀과 에벌리스는 드레이크가 무료 기차 통행권이 있다는 점에 크게 끌려 같이 전국을 다니며 바위 기름 웅덩이를 찾아보기로 했다. 이들은 만약 충분히 찾아낼 만큼 양이 풍족하다면, 바위 기름을 사 줄 사람들이 있다는 사실을 알고 있었다.

1858년 봄, 드레이크는 오늘날 오일 크리크라 알려진 곳에 들렀다. 펜실베이니아 주 크로퍼드와 앨러게니 사이로 흐르는 앨러게니 강에서 72킬로미터 떨어진 지류였다. 그곳 사람들은 예전부터 땅 속에 구멍을 뚫어 소금이나 민물을 얻었다. 하지만 바위 기름이 나오자 아무도 그것을 어떻게 사용할지 몰랐던 터라 다른 장소로 옮겨갔다. 하지만 전직 철도원만이 할 수 있는 지리학적인 방식으로 이 지역을 조사한 결과 드레이크는 증기기관을 이용해 소금 우물을 파는 기술을 기름을 생산하는 데 도입하기로 결정했다. 그 지역의 땅 밑에 기름이 있다고 확신했기 때문이었다. 이 결정은 석유 산업의 역사에서 가장 유명한 한 마디를 이끌어냈는데, 드레이크의 생각을 듣더니 그가 처음 고용한 작업 팀의 작업반장이 이렇게 말했던 것이다. "기름을 찾으려고 땅을 뚫는다고요? 땅을 뚫으면 기름을 얻을 수 있다고 생각한다는 거죠? 당신 미쳤군요." 이것은 일꾼들이 피하고자 하는 일이었고 그래서 작업반장은 장비를 챙겨 그 자리를 떠났다.

그러다 결국 새로운 작업 팀이 꾸려졌고 1859년 여름에 작업에 돌입했다. 하지만 이들은 곧 이곳의 표면이 성긴 자갈밭이라

드릴을 세워놓아도 쉽게 무너진다는 문제에 부딪혔다. 그러자 드레이크는 주철 파이프를 박고 그 안에 드릴을 넣어 문제를 해결했다. 그러면 드릴이 무너지거나 물이 스며들지 않게 막을 수 있었다. 그렇더라도 하루에 고작 1미터 파 들어가는 것이 전부일 정도로 속도는 몹시 느렸다. 작업 팀은 목표의식을 잃기 시작했고 구경꾼들은 이들을 둘러싸고 '드레이크의 바보 짓'을 놀려댔다. 게다가 놀랍게도 세네카 오일 회사가 이 프로젝트를 포기하는 바람에 드레이크는 장비와 함께 현장에 버려졌다. 재정도 곧 바닥을 드러냈다. 하지만 다른 몇몇 사람들의 도움을 받아 드레이크는 작업을 계속했고 1859년 8월 27일에는 드릴로 20미터 깊이까지 뚫어 어떤 바위 틈새에 도달했다. 작업 팀은 짐을 꾸리고 그날 일을 정리했지만 다음날 아침 출근한 기술 담당 빌리 스미스(Billy Smith)는 틈새로 바위 기름이 천천히 솟아오르는 광경을 목격했다. 이들은 수동펌프를 통해 낡은 욕조에 기름을 모았고, 그날은 '미친 사람이 처음으로 석유를 발견한 날'로 영원히 기록되었다.

그 다음날 아침부터 일꾼들은 파이프 안에 드릴을 넣는 드레이크의 방법을 활용해(오늘날까지도 쓰이는 방법이다) 땅을 뚫었다. 처음에 드레이크는 하루에 석유를 45배럴씩 뽑았고 그 전부를 새뮤얼 키어의 정유소에 보내 램프용 기름으로 미국 전역에 판매했다. 그로부터 10년 안에 하루에 정제되는 석유의 양은 1만 6,000배럴로 늘었고 드레이크는 현대 석유 산업의 아버지가 되었다. 하지만 그의 사업 감각은 창의적인 열정을 따라가지 못했고 그 결과 드릴을 이용한 시추법에 대해 특허를 얻는 데 실패했으며 투자를 잘못해 그동안 벌었던 돈을 모두 날렸다. 그래서 1863년까지도 드레이크와 그의 가족은 거의 절박할 정도로 가난한 생활을 했다. 1872년이 되어서야 펜실베이니아 연방은 석유 산업의 기초를 닦은 공로를 인정해 드레이크에게 매년 1,500달러의 연금을 수여했다.

이후 헨리 T. 포드나 J. D. 록펠러를 비롯한 텍사스 주의 산업계 거물들, 중동의 부호들도 드레이크가 없었다면 그런 엄청난 권력과 부를 누리지 못했을 것이다. 드레이크와 주변 사람들이 바위 기름을 찾고 사용하는 첫 단추를 꿰었기 때문에 가능해진 일이었다. 사실상 드레이크가 없었다면 전 세계의 기름과 석유 산업은 조그만 통에 든 바셀린에 머물렀을 것이다. 그리고 고래는 아마 멸종하고 말았으리라. 드레이크는 1880년 11월 9일 펜실베이니아 주 베슬리헴에서 숨을 거뒀고 티투스빌의 묘지에 아내와 나란히 묻혔다. 묘지 곁에는 그를 추모하는 멋진 기념비가 서 있다.

이제 컴퓨터로 가능한 일들은 한계에 부딪혔다.

존 폰 노이만(John von Neumann), 1949년.

편견을 극복하고
생명을 구한
안전후드

　화재의 위협은 여러 세기 동안 도시 계획자와 개발업자들에게 큰
고민거리였다. 로마 제국의 네로 황제도 이 사실을 알고 있었기에,
서기 64년에 그는 로마가 불타는 현장에 연연하는 대신 불이
나더라도 화재에 더 쉽게 맞설 수 있는 도시를 새로 다시 세우자고
주장했다. 1666년 런던의 대화재는 소방관들이 불을 끄려고
화염에 가까이 다가갈 수 없었던 또 다른 사례였다. 대신 불이 더
번지지 못하게 무너진 건물이 방화대 역할을 하도록 해야 했다.
이런 사례에서 문제는, 사람이 숨 쉴 공기를 공급받거나 연기나
유독 가스로부터 보호받아야만 불타는 건물에 다가갈 수 있다는
점이었다. 오랫동안 소방관들이 보다 안전하게 일하도록 하기 위해
보호복이나 돔 모양의 헬멧, 가죽 부츠 등이 개발되었지만 불타는
건물 안은커녕 불에 가까이 다가갔을 때 소방관이 숨을 쉴 수
있도록 도와주는 장비는 존재하지 않았다.
　한때는 소방관이 턱수염을 길게 길러 불을 끄러 가기 전에

수염을 물에 적셔야 한다는 원시적인 수준의 규정도 존재했다. 물에 젖은 턱수염으로 입을 틀어막으면 연기로 가득 찬 건물에서 숨을 쉬는 데 도움이 된다는 이유에서였다. 그러다가 1825년 이탈리아의 발명가인 조반니 알디니(Giovanni Aldini)가 열기로부터 소방관을 보호하는 동시에 신선한 공기를 공급할 수 있는 마스크를 만들었고, 이 발명은 안전 장비를 설계하는 새로운 여러 가지 시도를 이끌었다. 예컨대 존 로버츠(John Roberts)라는 이름의 한 광부가 만든 필터 마스크가 유럽과 아메리카 등지에서 널리 쓰였고, 공기 호스를 통해 손수 펌프질하는 풀무를 장착할 수 있는 장비들도 있었다. 1850년대에는 아연을 씌운 고무가 개발되어('가황 고무: 찰스 굿이어'를 참고) 이후 여러 개선이 뒤따랐다. 1861년에는 현대적 지역 소방서의 창시자인 제임스 브레이드우드(James Braidwood)가 고무를 입힌 캔버스 가방 두 개를 이어 붙여 자체적으로 소방관이 등에 짊어진 채 공기를 공급할 수 있게 만들었고, 응급 상황에 사용하도록 했다. 하지만 이런 장비는 사용할 때 무거운 코르크를 뽑아내거나 관을 끼워야 하는 등 다루기가 힘들었다. 결국 응급 상황에서는 적합하지 않은 장비였다. 고글이나 가죽 후드, 호루라기가 소방관의 표준 장비에 추가되었지만 심각한 화재 상황에서 많은 목숨을 구하는 데는 큰 도움이 되지 않았다.

1907년, 아프리카계 미국인이며 전직 노예의 자손인 개릿 오거스터스 모건(Garrett Augustus Morgan)은 오하이오주 클리블랜드에서 옷과 신발을 수선하는 가게를 열었다가 창의적이며 손재주 좋은 기술자로 명성을 얻었다. 그는 재봉틀에서 사용하는 벨트 이음쇠를 발명했고, 1908년에는 클리블랜드 유색인종 협회를 창립했다. 그리고 이듬해에는 숙녀복 가게를 세워 대중적인 디자인의 옷을 제작하기 위해 32명의 종업원을 고용했다. 그러던 중 1910년의 어느 아침, 모건은 워싱턴과 몬태나, 아이다호에서 거의 300만 에이커의 숲 지대를 파괴했으며 87명의 사망자를 낸 대화재에 대한 기사를 읽었다. 사망자 가운데 78명은 불을 끄러 현장에 투입되었다가 연기에 질식해 죽은 사람들이었다.

글을 다 읽은 모건은 그 자리에 앉아 소방 작업을 더 안전하게 할 방법이 없을까 고민하기 시작했다. 그는 특히 불에 가까이 갔을 때 신선한 공기를 공급하는 데 주안점을 두었다. 그로부터 2년 안에 모건은 소방관을 위한 안전후드를 발명했고 1912년에 특허를 신청했다. 하지만 정부 기관은 그의 디자인에 전혀 관심이 없었다. 모건은 여기에 굴하지 않고 1914년에 국가 안전장비 회사를 직접 세웠지만, 돈을 벌기 위해서는 헤어 스트레이트 크림, 염색약, 곱슬곱슬한 아프로 머리에 사용하는 빗 같은 미용 상품에 집중해야 했다. 하지만 모건은 자신의 안전후드에 자부심을 가졌다. 그의 후드는 젖은 스펀지를 필터로 사용해 뜨거운 연기를 식혔고 소방관의 다리에 휴대용 호스를 부착했으며, 매연이 가득 찬 건물의 바닥에 모인 깨끗한 공기층을 빨아들이는 기능도 있었다. 모건은 자신의 장비를 선전하려고 전국적인 신뢰도를 얻고자 백인 배우를 고용하기도 했다. 가끔은 관객을 즐겁게 하고자 ('빅 치프 메이슨'이라고 불리는) 순혈 인디언으로 분장한 사람이 유독 가스가 찬 건물이나 거름이 가득한 텐트에 들어가기도 했다. 빅 치프 메이슨은 별다른 영향을 받지 않고 그 안에서 20분을 버텨 사람들을 놀라게 했다.

모건의 안전후드가 1916년이 되어서야 마땅히 받았어야 할

국제적인 명성을 받게 된 것은 비극적인 일이었다. 이 해에는 이리
호수에서 폭발 사건이 일어나('클린턴의 배수로' 참고) 많은 사람이
갇혔고, 이들을 구하려는 시도가 유독 가스 때문에 좌절되어 많은
사람이 사망했다. 아무도 터널에 들어가려 하지 않는 상황에서
구조팀의 한 사람이 빅 치프 메이슨의 실험을 떠올렸다. 그러고는
밤중에 개릿 모건에게 사람을 보내 그 마스크를 가능한 한 많이
보내달라고 부탁했다. 모건은 남동생 프랭크와 잠옷을 입은
채 현장에 도착할 정도로 구조 요청에 재빨리 응했다. 하지만
안전후드는 네 개밖에 남아 있지 않았다. 구조팀의 대부분은 개릿의
발명품을 회의적으로 생각한 데다, 구조팀의 여러 명이 이미
되돌아오는 데 실패한 이상 안전후드가 있든 없든 사고 현장으로
들어가 위험을 무릅쓰려 하지 않았다.

그렇지만 모건 형제는 거리낌 없이 안전후드를 착용하고는
터널로 들어갔다. 형제가 같이 데려간 자원봉사자는 고작 두
명뿐이었다. 시간이 흘러 긴장감이 고조되는 가운데, 개릿과
프랭크가 앞서 현장에 투입되었던 구조팀 두 명을 어깨에 짊어지고
나타났다. 형제는 두 명을 더 구했고 안전후드의 성능이 증명되자
다른 구조팀도 후드를 착용하고 현장에 뛰어들었다. 생존자들이 더
많이 발견되었고, 나중에는 목숨을 건지지 못한 사람들의 시신도
나왔다. 개릿 모건은 혼자서만 터널을 네 번 들락날락하며 많은
인명을 구했다.

하지만 불행히도, 클리블랜드 시의 관리들과 신문은 모건 형제의
용감한 활약상과 모건이 현장에서 그토록 성공적으로 활용된
도구를 발명한 사람이라는 사실을 언급하지 않았다. 관리들은

카네기 영웅 재단 위원회에 당시 구조팀의 여러 명을 메달 수여자로 추천했지만, 인종 차별적인, 모욕적인 이유로 모건 형제를 제외했다. 그래도 다행히 구조팀의 다른 사람들과 클리블랜드 시민들은 모건 형제의 공적을 인정했고 1917년에 다이아몬드가 붙은 금메달을 선물로 주었다. 또한 이 형제는 소방 엔지니어 국제 협회의 메달을 받았고, 발명품을 인정받아 협회의 명예 회원이 되었다. 모건의 안전후드는 더 개량되어 소방관의 표준 장비가 되었다. 이후로 다양하게 개선된 안전후드가 나와 소방관들의 필수품이 되었다.

개릿은 소방 안전후드를 만든 뒤에도 현대 사회에 공헌할 다른 발명품을 선보였다. 자동차가 도로에 나와 자전거, 행인, 말이 끄는 수레, 4인용 마차, 가축 떼 등과 복잡하게 얽히기 시작할 무렵, 개릿은 큰 길 교차로에서 심각한 교통사고를 목격한 일이 있었다. 개릿은 즉각 모두의 통행을 자유롭게 할 해법을 찾기 시작했고, 1913년에는 신호 장치를 실험하기에 이르렀다. 그리고 1922년에는 최초의 교통 신호 시스템을 만들어 특허를 받았는데, 이 장치는 한 사람이 크랭크 손잡이를 조작해 쉽게 작동 가능했다. 현대적인 신호등이 발명된 순간이었다. 개릿 모건은 말년에 건강이 악화되어 시력을 거의 잃었지만 실험과 새로운 발명을 멈추지 않았다. 이때 그가 만든 발명품 가운데는 혼자서 꺼지는 담배도 있었는데, 당시 농촌 마을에는 목조 건물이 많아 화재의 위험이 컸기 때문에 만든 것이었다. 물을 채운 조그만 플라스틱 알갱이를 필터에 채운다는 기발한 착상이 돋보인 발명품이었다. 그의 설명에 따르면, 이 담배라면 함부로 버려도 알갱이가 타들어가는 순간 저절로 불이 꺼진다.

비록 생전에는 크게 인정을 받지 못했지만, 나중에 개릿 모건의 고향에서는 그를 기려 개릿 A. 모건 클리블랜드 과학 학교와 개릿 A. 모건 하수처리장이 생겼다. 또 일리노이 주 시카고에도 그의 이름을 딴 초등학교가 설립되었다. 오늘날 미국 전역에는 그의 이름을 딴 거리가 많으며, 2002년에는 '100명의 위대한 아프리카계 미국인'에 선정되었다. 마땅히 받을 만한 대접이다.

무수히
많은 시도,
낙하산

　최초의 낙하산은 1470년 르네상스 시대, 익명의 한
이탈리아인이 쓴 원고로 거슬러 올라간다. 재미있는 점은
당시 건축물이 그렇게 높지 않았고, 최초로 기록된 기구 비행이
1709년 8월 8일인 것으로 미루어 보아 그 이전에 낙하산을 탄
사람이 뛰어내릴 만한 곳은 절벽밖에 없었을 것이라는 점이다.
그래도 레오나르도 다빈치(Leonardo da Vinci)는 1514년에 공책에
낙하산의 설계도를 스케치했고, 한 세기 뒤에 크로아티아의
가톨릭교 사제였던 파우스토 베란치오(Fausto Veranzio)는 다빈치의
설계도에서 세부사항을 빌려와 낙하산의 단단한 틀을 만들어
1617년에 베네치아의 산마르코 광장 종탑에서 뛰어내렸다.
베란치오가 자신의 발명품을 묘사한 글과 스케치를 같이 살피면
'호모 볼란스(하늘을 나는 사람이라는 뜻)'라 불렸던 그의 장비가
모습을 드러낸다. 또한 베란치오는 처음으로 금속 아치가 설치된
다리를 발명했으며, 풍차를 개량한 것으로도 이름을 날렸다. 비록

그가 어떻게 죽음을 맞았는지, 그리고 산마르코 광장 종탑에서 안전하게 뛰어내렸는지에 대해 기록이 거의 남지 않았지만 두 가지 사건이 같은 해에 일어났다는 점으로 미루어 보면 실제로 어떤 일이 있었는지 짐작할 수 있으리라.

파올로 기도티(Paolo Guidotti)도 일찍이 1592년에 다빈치의 설계도를 현실로 옮기려 했지만 자기 집 지붕에서 떨어져 다리가 부러졌을 뿐이었다. 마침내 베란치오가 성공을 거두자, 이 업적은 1648년에 런던 왕립학회의 총무였던 존 윌킨스(John Wilkins)가 쓴 『수학적인 마법, 또는 역학적 기하학에 의해 수행된 경이로움』에도 실렸다.

그 이후로 대단히 높은 곳에서 지면까지 안전하게 몸을 띄우는 시도를 하기까지는 오랜 시간이 걸렸다. 베란치오의 시대에서 166년이나 더 지난 1783년 12월 26일, 프랑스인 루이-세바스티앙 르노르망(Louis-Sébastien Lenormand)은 최초로 증인을 갖춘, 통제된 낙하 실험을 했다고 널리 인정받는 공을 세웠다. 그는 4.5미터짜리 단단한 틀을 갖춘 '우산식 설계' 낙하산을 타고 몽펠리에 천문대의 탑에서 뛰어내렸다(그는 사실 두 개의 우산을 펼쳐 나무 꼭대기에서 뛰어내리면서 연습을 했다). 르노르망은 사실 사람들에게 화재시 고층 건물에서 탈출하는 방법의 하나로 자신의 기구를 소개하려던 것이었다. 그리스어로 '~에 맞서'라는 뜻을 지닌 'para' 와 프랑스어로 '떨어진다'라는 뜻을 지닌 'chute'를 연결해 오늘날 낙하산을 가리키는 단어인 'parachute'를 만든 것도 르노르망이었다. 이 실험은 성공적이었고 나중에 뜨거운 공기를 넣은 열기구를 발명한 조지프-미셸 몽골피에(Joseph-Michel Mongolfier)도 그 장면을 목격했지만, 애석하게도 르노르망이 했던 대로 시도하려는 사람은 없었다. 단 한 명의 예외가 또 다른 프랑스 사람인 장-피에르 블랑샤르(Jean-Pierre Blanchard)였다. 블랑샤르는 1785년 기구에서 낙하산 바구니에 자기 개를 태워 떨어뜨렸다. 하지만 이 시도는 아무도 제대로 취급하지 않았다. 1793년에 블랑샤르는 자기가 불붙은 기구에서 낙하산을 타고 탈출했다고 주장했지만 아무도 그 장면을 목격한 사람이 없었고 그의 말을 믿지도 않았다. 내 생각에는 아마도 당시에 프랑스 사람들은 혁명을 하느라 너무 바빠서 블랑샤르의 말을 제대로 신경 쓸 겨를이 없었던 것 같다.

장-피에르 블랑샤르는 1790년대에 최초로 단단한 틀이 없고 비단으로 만들어 접을 수 있는 낙하산을 만들었다. 이번에도 그는 자기가 직접 뛰어내리는 대신 개를 실험에 사용했고 또 기록에서 배제되었다. 그 결과 사람이 직접 뛰어내렸다는 조금 수상쩍은 기록은 역시 프랑스 사람인 앙드레-자크 가르느랭(André-Jacques Garnerin)에게로 돌아갔다. 그는 1797년 10월 22일에 914미터 상공에 띄운 뜨거운 공기를 넣은 기구에서 단단한 틀 없는 낙하산으로 뛰어내린 최초의 사람이 되었다. 비록 가르느랭은 비단 낙하산에 연결된 고리버들 바구니에 안전하게 앉았지만, 그의 작품은 통제하기 힘들 정도로 공중에서 격하게 흔들렸고 결국 들판에 험하게 착지했다. 그래도 다행히 가르느랭은 아무 탈 없는 모습으로 다시 나타났다. 그의 아내인 잔은 큰 인상을 받아 몇 년 뒤에는 자기가 직접 낙하를 하기도 했다. 어쨌든 가르느랭의 성공 소식은 전 유럽에 퍼졌고, 부부는 이곳저곳에서 시연을 해 달라는 초대를 받았다. 이들의 모습은 한 영국 대중가요 가사에도 남아 있다.

"대담한 가르느랭이 하늘 위로 올라갔네 / 그의 명성은 높아졌지 / 그리고 땅에 안전하게 내려왔네 / 그의 커다란 낙하산으로"(이 노래를 실제로 들어 본 적은 없다.) 비록 그 노력이 다른 이들에게 영감을 주기는 했지만, 영향을 받은 사람이 그렇게 많지는 않았던 데다 건물이나 기구에서 낙하산으로 낙하하는 것은 안전하지 못했기 때문에 인기를 끌지는 못했다.

1837년에는 영국의 예술가이자 아마추어 과학자였던 로버트 코킹(Robert Cocking)이 1802년에 런던에서 가르느랭이 낙하산 시연을 하는 장면을 보고 자기도 따라해 보기로 결정했다. 코킹은 당시 61세의 고령에 경험도 없었지만, 낙하산을 직접 설계해 런던 복스홀 가든 대축제의 주최자에게 자기가 낙하산으로 처음 뛰어내리는 모습을 관객을 끄는 주 행사로 삼아 달라고 설득했다. 1837년 7월 24일 오후 7시 35분경, 코킹은 뜨거운 공기가 찬 기구에 매달린 바구니에 매달려 하늘 높이 올라갔다. 그는 고도 2,440미터에서 자신의 발명품을 펼칠 예정이었지만, 계산을 실수한 탓에 몇 킬로미터 떨어진 그리니치가 내려다보이는 높이인 고도 1,500미터밖에 올라가지 못했다. 해가 곧 저물어 도전에 실패할 것 같다는 걱정이 든 코킹은 일단 낙하산을 펼쳤다. 그의 사망년도 (1837년)가 언제인지 보면 이 시도가 어떤 결과를 불러일으켰는지, 그가 얼마나 큰 계산 실수를 저질렀는지 명백하다. 19세기에도 비슷한 시도를 했던 사람이 있었지만 결과는 코킹과 같았다.

1912년에는 오스트리아에서 태어난 프랑스인 재단사 프란츠 라이첼트(Franz Reichelt)가 비행복 비슷한 낙하산을 설계해 유명해졌다. '하늘을 나는 재단사'라고 불리기도 하는 그는

초기의 비행사들이 공중에서 사고가 나 비행기에서 뛰어내려야
할 상황에서 목숨을 구하고자 자기 발명품을 사 주기를 바랐다.
초기의 비행기는 그런 고장이 잦았기 때문이었다. 라이쳴트는 보다
많은 사람들에게 자기 낙하산을 선전하고자 파리 시 당국에 자기가
재단할 때 쓰는 마네킹에 비행복 낙하산을 착용해 에펠탑에서
떨어뜨려 보겠다고 제안했다. 하지만 당국에서 허가를 받자, 그는
2월 4일 오전 7시에 에펠탑 앞으로 가서 자기가 직접 떨어지겠다고
사람들 앞에서 공언했다. 친구들과 몇몇 구경꾼들은 말렸지만
라이쳴트는 요지부동이었고, 초기의 뉴스용 영화 촬영기를 포함해
엄청난 인파가 몰린 가운데 그는 낙하산을 타고 미지의 세계로
뛰어내린 여러 프랑스인 중 한 사람이 되었다. 그리고 이번에도
역시, 그의 사망년도를 보면 이 특별한 실험의 결과를 미루어
짐작할 수 있다.

베란치오가 베네치아의 종탑에서 첫 번째 낙하산 실험을 한
지 거의 300년이 지났지만 사람들은 여전히 이렇게 생각했다.
'낙하산이 정말 좋은 발명품일까?' 그래도 몇몇 사람들은 끝까지
완벽한 낙하산을 만들고자 노력했다. 사실 1911년에서 1912년
사이만 해도 많은 사람들이 시도를 했고, 자신의 낙하산을 실험하기
위해 기구나 비행기에서 뛰어내릴 준비가 된 사람은 줄을 섰다.
경주는 계속 이어졌다.

그 가운데 한 사람이 오스트리아-헝가리에서 태어난 슬로바키아
이민자 슈테판 바니치(Stefan Banič)였다. 미국 펜실베이니아 그린빌
석탄 광산에서 일하던 그는 저녁에는 평생 해온 육체노동에서
벗어나고자 대학에서 공학을 배우고 있었다. 1912년 어느 날, 광산

갱도에서 작업을 마치고 집으로 돌아오던 바니치는 비행기 한 대가 눈앞에서 추락하는 모습을 목격하고 기겁했다. 조종사는 생존할 확률이 전혀 없어 보였다. 이 사건은 바니치의 머릿속에 맴돌았고, 그는 이런 상황에서 조종사를 살릴 방법을 궁리했다. 당시는 라이트 형제가 최초의 비행을 성공적으로 마친 뒤 고작 9년이 지난 시점이었고 항공 산업은 아직 걸음마 단계였다. 바니치는 앞으로는 비행기를 안전하게 제작해 만약 공중에서 모터가 고장 나도 조종사가 살아남게 해야 한다고 생각했다. 오늘날 상상할 수 있는 것보다 비행기 고장이 잦았던 시절이기도 했다. 당시 낙하산이라는 물건이 있다는 사실은 알려져 있었지만, 믿을 만하게 작동되는 낙하산은 없었다. 적어도 비행기 조종석에서 착용할 수 있는 낙하산은 존재하지 않았다.

슈테판 바니치는 초기의 낙하산을 더 낫게 고칠 수 있다고 확신했고, 헛간에서 손으로 기워 낙하산을 직접 만들기 시작했다. 그는 캔버스 천으로 덮개를 만들고, 여기에 펼치거나 접을 수 있는 봉을 연결했다. 허리에 두를 수 있는 멜빵을 고안하기도 했다. 바니치는 자기가 만든 낙하산을 팔 아래에 착용한 다음 펼쳐 조종할 수 있게 된다면, 예전 것에 비해 안전하고 신뢰할 만하다고 생각했다. 이웃 사람들은 바니치가 별나게 생긴 스커트를 입고 헛간 지붕 들보에서 뛰어내리는 광경에 익숙해졌다. 이렇게 실험을 거듭하면서 바니치는 자기의 발명품을 가다듬었다. 마침내 그는 만족할 만한 성능을 갖췄다고 믿는 시제품을 완성했지만 실제로 실험을 해 보지 않고서는 특허를 신청할 수 없었다. 또 헛간 지붕보다 훨씬 높은 곳에서도 제대로 작동하는지 증명해야 할 필요성도 있었다. 그래서 바니치는 사람들이 많이 지켜보는 가운데 미국 특허국 맞은편 워싱턴 빌딩 꼭대기에서 낙하한다는, 예전 다른 사람들만큼이나 위험한 실험을 계획했다. 그리고 1914년 6월 3일 군대 장교와 특허국 관리들을 포함한 군중이 모여들었고, 바니치는 15층짜리 건물 꼭대기에 올라가 지붕 가장자리에 균형을 잡고 선 다음 한 번 심호흡을 하고, 뛰어내렸다.

그의 낙하 실험은 완벽했고, 이것은 그 자리에 있던 모든 사람이 놀랄 만한 결과였다. 바니치는 군중 앞에서 낙하산을 능숙하게 조종하며 안전하게 착지했다. 바니치의 공개적 곡예 실험은 더할 나위 없는 성공으로 끝났으며 사람들은 흥분했다. 바니치는 특허를 등록했고(1914년 8월 25일, 1,108,484번), 군대에서는 즉각 관심을 보였다. 당시 1차 세계대전이 발발한 무렵이라, 고장 난 비행기에서 조종사를 안전하게 탈출시킬 수 있는 도구는 우선순위가 높았다. 그러자 슈테판 바니치는 얼마 지나지 않아 자신의 특허를 미국 항공 진흥 협회에 기증했고, 막 만들어진 미국 육군 통신대는 조종사에게 실용적이도록 이 디자인을 더 개선했다. 낙하산은 곧 공군 장교의 필수품이 되었고 그 결과 수많은 사람들이 목숨을 구했다. 1차 세계대전 당시의 많은 기업가와 발명가들은 돈을 벌려고 애썼지만 ('면도기의 탄생' 참고), 바니치는 자신의 공헌에 대해 사람들의 인정이나 보상을 받지 않았다. 그의 발명품이 항공 분야에서만이 아니라 전쟁의 역사에서 가장 중요한 공헌이 되었는데도 말이다.

오늘날 바니치의 낙하산 스커트는 박물관에 전시된 흥밋거리 이상이 아니지만, 이 발명품은 항공 안전 분야에서 혁명을 일으켰다. 전쟁이 끝나고 바니치는 당시 체코슬로바키아라 불리던 고향으로 돌아가 1941년 사망할 때까지 그곳에서 여생을 보냈다. 같은 해 2차 세계대전에서는 낙하산 부대가 처음으로 만들어졌다. 간단한 안전 장비에서 시작된 낙하산은, 당시에 침투 불가능한 지역에 보병들을 정확하게 투입시키는 수단으로 발전했다. 1970년에는 슬로바키아 브라티슬라바 공항에 낙하산을 완성시킨 사람, 바니치의 기념비가 세워졌다. 무려 500년 전부터 많은 사람들이 시도했던 낙하산이라는 아이디어는, 마침내 정말 좋은 생각이었음이 증명된 셈이다.

위대한
실패자들

토머스 에디슨(Thomas Edison)은 선생님들로부터 너무 바보 같아 아무 것도 배울 수 없는 아이라는 말을 들었다. 에디슨은 일을 잘 못한다는 이유로 첫 번째, 두 번째 직장에서 쫓겨났으며, 이후에도 천 번은 족히 넘을 시도 끝에 전구를 발명했다. 천 번 실패한 기분이 어땠냐는 질문을 받자 에디슨은 이렇게 대답했다. "나는 실패했던 게 아니라, 천 번의 단계를 거쳐 전구를 발명한 것이다."

지그문트 프로이트(Sigmund Freud)가 유럽의 과학자 공동체에 자신의 이론을 처음 내놓자 그는 상당한 야유와 조롱을 받았다. 하지만 프로이트는 자신의 연구에 정진해 나중에는 정신분석학의 아버지로 역사에 이름을 남겼다.

윈스턴 처칠(Winston Churchill)은 어렸을 때 학교에서 좋은 성적을 받지 못했고 명망 있는 해로 스쿨에 들어가서도 가장 성적

낮은 반에서 바닥을 기었다. 나중에는 샌드허스트에 있는 왕립
육군사관학교 입학시험에도 두 번 낙방한 끝에 보병대 대신 수학
성적이 필요 없는 기갑부대에 겨우 합격했다. 혀짤배기소리를
하는 언어 장애 때문에 종군 기자로 일할 때도 힘들었으며 의회 첫
도전에서도 고배를 마셨다. 얼마 지나지 않아 공천에서도 탈락해
1906년에는 새로운 의석을 얻고자 애써야 했다. 나중에는 일단
의회에는 입성했지만 1915년에는 대실패로 끝난 갈리폴리 상륙작전
때문에 해군 본부에서 쫓겨났다. 1931년부터는 야인 신세가 되어
사실상 정치에서 손을 뗐다. 하지만 처칠이 은퇴를 고려할 무렵
유럽에서는 파시즘과 공산주의가 발흥했고, 그에 따라 처칠은 다시
주목을 받게 되었다. 62세의 나이에 처음으로 총리 자리에 오른
처칠은 이후 역사상 가장 위대한 영국인으로 추앙받는다. 그는 이런
말을 남겼다. "절대 항복하지 말고, 굴하지 말라. 절대, 절대, 절대로
말이다. 그것이 크든 작든, 대단하든 하찮것없든 상관없다. 절대
포기하지 말라."

에이브러햄 링컨(Abraham Lincoln)이 받은 교육이라고는 몇몇
무관심하고 실력 없는 교사들로부터 체계 없는 농촌 학교의 수업을
1년 들은 것뿐이었다. 22살에 집을 나온 뒤로 링컨이 얻은 첫 번째
일은 뉴세일럼에서 뉴올리언스까지 미시시피 강을 따라 뗏목에
상품을 실어 나르는 작업이었다. 돌아올 때는 차비가 없어 걸어
와야 했다. 링컨은 일리노이 주의 민병대에 지구대장을 맡았고
유타 주에서 벌어졌던 블랙호크 전쟁에서는 이등병으로 싸웠다.
이후 법학을 공부했지만 법률가 기질이 없었던 링컨은 정치에

입문했고, 처음 나간 선거에서는 13명의 후보 가운데 8등을 했다. 의회에 입성하는 데도 실패한 링컨은 토지 관리국의 위원이 되려 했지만 이마저도 거절당했다. 1854년에는 상원의원 선거에서 당선되지 못했고, 공화당의 개혁을 도우면서 지내다가 2년 뒤에 부통령 후보에 출마했지만 역시 뽑히지 못했다. 1858년에도 상원의원 선거에서 낙선한 링컨은 친구에게 다음과 같은 편지를 보냈다. "나는 지금 제일 비참한 사람이라네. 내 기분을 인류 전체에 똑같이 분배한다면, 지구상에는 즐거운 사람이 한 명도 없을 거야." 그러던 1860년, 링컨은 미국의 대통령이 되었고 얼마 지나지 않아 남북전쟁이 일어났다. 링컨 측이 승리한 가운데 전쟁이 끝나자, 부인은 그가 "처음으로 행복해 보인다"라고 말했다. 그리고 몇 주가 채 지나지 않아 링컨은 머리에 총알을 맞고 사망했다.

소크라테스(Socrates)는 오늘날 서양철학의 아버지라고 인정받는다. 하지만 당대에는 젊은이들을 타락으로 이끈다는 낙인이 찍힌 인물이었다. 평생 학생들에게 속임수만 가르치는 광대 취급을 받았으며, 그의 사상과 이론은 당대 인정받는 견해에 의해 박살이 나고는 했다. 심지어 소크라테스는 민주주의에 대한 비판자로 비춰졌고 그에 따라 당시 식자층은 그를 '무식한 사람'이라 불렀다. 하지만 소크라테스는 아테네 사회의 유명 인사들을 공개적으로 비판해 바보로 만들었으며 그들의 부패를 공격했다. 그리고 그에 따라 소크라테스는 체포되어 아테네 사람들의 마음을 어지럽히고 국가의 신을 믿지 않는다는 죄목으로 유죄 판결을 받았다. 소크라테스는 스스로 자기가 받을 형벌을 정하는 말을 듣자 정부에서 급료를 받으며 평생 공짜로 저녁식사를 먹겠다고 답했다. 그 말을 들은 사람들은 소크라테스에게 독약을 마시는 사형 선고를 내렸다. 독미나리에서 추출한 독을 직접 마시는 형벌이었다.

헨리 포드(Henry Ford)는 대단한 교육을 받은 것도 아니었고, 사실은 자동차를 발명한 사람도 아니다. 자동차 엔진이나 연료를 발명한 사람도 확실히 아니다. 포드는 거의 40세가 되어 자신이 세운 회사가 현대를 발명했다고 자부하지만, 이런 점을 보면 쉽사리 믿기 힘든 얘기다. 포드는 호기심 많은 소년으로 1891년에 에디슨 조명 회사에서 처음으로 일을 시작했다. 그리고 이곳에서 진취성을 인정받아 2년 만에 수석 엔지니어로 승진했다. 이 자리에 오른 포드는 디트로이트로 여행을 가서 처음 알게 된 엔진과 자동차에 대단한 열정을 보였다. 포드는 1896년 초에 휘발유를 연료로 삼는 자동차를 처음으로 만들고자 한 듀리에 형제의 작업에 매료되었고, 자신의 작업장에 돌아와 자기만의 자동차를 만들겠다는 결심을 했다. 포드가 처음으로 만든 것은 '포드 사륜차'로 사실상 두 개의 자전거를 병렬로 잇댄 다음 조잡한 엔진을 단 차였다. 그해 6월 4일 밤, 포드는 처음으로 성공적인 시운전을 마쳤으며 3년 뒤인 1899년에는 후원자를 만나 그와 함께 디트로이트 자동차 회사를 차렸다.

불행히도 포드는 자동차는 만들 수 있었지만 수지타산에 맞게 제작할 수가 없었고, 그에 따라 투자자들의 신뢰를 잃어 고작 1년 만에 회사가 문을 닫고 말았다. 하지만 포드는 좌절하지 않았고 경주용 자동차를 만든다는 새로운 계획을 세웠다. 그것이 자기 회사를 전국적으로 홍보하는 유일한 방법이라고 믿은 포드는 2년 안에 경주용 자동차를 성공적으로 제작했다. 그에 따라 새로운 투자자를 얻은 포드는 1901년 11월에 헨리 포드 회사를 새로 설립했다. 하지만 회사의 동료 임원과 논쟁한 끝에 포드는 1902년에 사임했고, 그 동료는 캐딜락 자동차 회사를 세워서 나갔다. 여기에 대응해 포드는 석탄 거래인인 알렉산더 맬컴슨(Alexander Malcomson) 과 새로 협력 관계를 구축해 포드 앤 맬컴슨 회사를 세워, 자동차 생산에 대한 동력을 새로 다졌다. 하지만 이 회사 역시 곧 곤경에 빠졌고 존 도지(John Dodge)와 호러스 도지(Horace Dodge)가 소유한 기계 회사에 무려 16만 달러의 빚을 졌다. 도지는 빚 독촉을 했지만 결국 회생 가능성도 불투명한 회사의 지분을 나눠 받기로 하고, 이후 1903년에 회사 이름을 포드 자동차 회사로 바꿨다. 그해 7월, 장장 7년에 걸친 실패 끝에 포드 회사는 자체 제작한 첫 번째 자동차를 시카고의 한 치과의사에게 팔았다. 그리고 그로부터 1년이 지나지 않아 이 회사는 500대 넘는 판매 기록을 달성했으며 '모델 B'의 개발도 계속 이어갔다.

매출은 5년 동안 대단하지 않다가, 1908년 포드가 대중 시장에 내놓을 정도로 저렴한 '모델 T'를 내놓고 나서야 성공을 거뒀다. 하지만 헨리 포드가 이로부터 5년이 더 흘러 '생산 라인'이라 불렀던 것을 발명하고 나서야 생산을 제한 지었던 문제를 해결할 수 있었다. 그리고 점차 늘어나는 수요를 만족시키기 위해 수천 대의 모델 T가 공장을 떠났다. 그로부터 1년 안에 모델 T는 25만 대의 판매 수량을 기록했고, 1918년에는 미국의 자동차 가운데 절반이 포드 사의 것이 되었다. 나중에 포드는 자기 인생 초반의 여러 노력들에 대해 성찰하고 다음과 같이 결론을 내렸다. "실패는 사람에게 다시 시작할 기회를 제공한다. 더 현명하게 말이다." 포드는 자동차나 엔진을 발명한 사람은 아니지만, 도로 건설, 휴게소, 패스트푸드, 주유소, 교통 정체를 모두 이끌어낸 하나의 산업을 발명한 셈이다. 사망할 무렵 헨리 포드는 20세기의 가장 영향력 있는 사람이었을 것이다.

월트 디즈니(Walt Disney)는 사실 인생 초반부터 실패를 겪을 운명이었다. 평균적이지만 예술에 대한 흥미만을 보였던 그는 나중에는 보더빌 극장과 초기 영화에 관심을 보였다. 디즈니의 첫 직장은 신문사였지만 그림에 상상력이 부족하다는 이유로 해고되었으며 이후 은행원으로 겨우 일하다 만화가로 취직했다. 하지만 이 작업실은 곧 망해서 문을 닫았다. 디즈니는 19세의 나이로 친구 한 명과 함께 자기만의 작업실을 차렸지만, 얼마 가지 못하고 역시 문을 닫아야 했다. 2년 뒤 디즈니는 다시 작업실을 꾸렸고 그의 일을 지원하기로 한 뉴욕의 배급사와 거래를 성사시켰지만, 작업비는 6개월 뒤에야 받았다. 한번은 너무나 가난해서 목숨을 부지하기 위해 개 사료를 먹어야 할 지경이었으며, 그래서 또 다시 포기하고 월급을 받는 일자리를 찾아야 했다. 마침내 1926년이 되어서야 자기만의 성공적인 만화 캐릭터를(토끼 오스월드) 만들어 낸 디즈니는 배급사인 유니버설 스튜디오와 더 높은 사용료를 받고자 다시 교섭을 시도했지만, 캐릭터에 대한 저작권을 양도하고 시리즈를 계속하기 위해 작업실에 다른 만화가들도 고용해야 한다는 말을 들었을 뿐이었다.

다음 해 디즈니는 미키마우스를 창조해 냈지만 MGM
스튜디오는 그 캐릭터가 우스꽝스러우며 영화관에서 커다란 쥐를
보고 싶은 사람은 아무도 없을 것이라고 핀잔을 주었다. 여성들이
무서워할 수도 있다는 것이었다. 이후 15년 동안 디즈니가 작업한
〈아기 돼지 삼형제〉가 퇴짜를 맞은 데 더해, 〈백설 공주와 일곱
난장이〉는 처음부터 비웃음을 샀고, 〈피노키오〉는 아무도 남을
속이는 불량 청소년을 보고 싶어 하지 않는다는 이유로 제작이
중단되었다. 〈밤비〉 또한 내용이 부적절하다는 이유로 거절당했다.
직업적 경력 내내 여러 차례 도산했던 월트 디즈니는 애너하임
시로부터 하층민만을 끌어들일 것이라는 이유로 테마파크 제안서도
퇴짜를 맞았다. 하지만 이런 모든 거절과 실패에도 불구하고 월트
디즈니는 역사상 가장 위대한 동시에 가장 높은 수익을 올린
만화영화 제작자로 기억된다. 1966년 숨을 거뒀을 무렵 디즈니는
재산이 어마어마했고 창고에는 아카데미상이 가득했다.

프레더릭 W. 스미스(Frederick W. Smith)는 세계에서 가장 큰
택배 회사 페덱스의 창립자이자 회장이다. 어린 시절 그는 뼈에
희귀한 병이 있어 다리를 절었다가 15세에는 앞으로 훌륭한 비행기
조종사가 될 수 있을 정도로 꽤 회복되었다. 예일 대학교에서
경제학을 공부하는 동안 그는 컴퓨터 정보 시대에 발맞춰 하룻밤
안에 물건이 배달되는 서비스에 대한 아이디어를 묘사한 보고서를
제출했다. 하지만 전해오는 이야기에 따르면 스미스는 이 보고서에
대해 C 학점을 받았고 교수는 좋은 학점을 받으려면 적어도 실현
가능한 내용을 서술해야 한다고 충고했다. 하지만 이 보고서는

나중에 하룻밤 안에 배달이 가능한 전 세계 최초의 가장 성공적인 택배 회사의 사업 계획안이 되었다.

프랭크 윈필드 울워스(Frank Winfield Woolworth)는 십대 시절 상점의 창고에서 일했다. 하지만 상점 주인은 울워스가 '판단력이 부족하다'는 이유로 손님을 상대하지 못하게 했다. 그 때문에 뒷방에만 머물러야 했던 울워스는 모든 물건을 단돈 5센트에 판매하는 상점이 있으면 좋겠다는 구상을 했다. 1878년, 그는 300달러를 빌려서 처음 '5센트 가게'를 열었지만 몇 주 지나지 않아 도산해 문을 닫았다. 하지만 1879년 울워스는 다시 도전했고 이번에는 10센트짜리 물건도 취급하기로 했다. 1911년까지 F. W. 울워스 회사는 거의 600개에 달하는 지점을 거느리게 되었고, 1919년 울워스가 숨을 거둘 무렵 그의 회사는 요즘 화폐 가치로 환산해 10억 달러의 가치를 지닌 회사로 성장했다.

공기보다 무거운 기계로 비행한다는 것은 실용적이지 않으며
대단하지도 않다. 물론 애초에 불가능하겠지만 말이다.

캐나다 출신 미국 천문학자 사이먼 뉴컴, 1902년.

형편없이 빗나간 예측

소년 시절에 찰스 다윈(Charles Darwin)은 의사로서의 진로를
포기했고 아버지로부터 '게으른 몽상가 녀석'이라는 꾸지람을 종종
들었다. 다윈은 나중에 다음과 같이 인정했다. "모든 선생님들이
나를 걱정했고, 아버지는 내가 보통의 상식을 가진 극히 평범한
소년이 되기를 바랐다." 하지만 다윈은 1869년 세상을 뒤흔든 저서
『종의 기원(The Origin of Species)』의 서문에서 다음과 같이 밝힌다.
"나는 이 책의 관점이 왜 사람들의 종교적인 감성에 충격을 주는지
도대체 알 수가 없다."

알베르트 아인슈타인(Albert Einstein)은 4살까지 말을 하지
못했고, 8살이 다 되도록 글을 읽지 못했다. 부모님과 선생님들은
아인슈타인에게 발달 장애가 있거나 사회성이 떨어진다고
생각했다. 결국 아인슈타인은 학교에서 퇴학당하고 취리히 연방
공과대학교에도 처음에는 낙방했다. 하지만 결국은 따라잡는 데
성공해, 노벨 물리학상을 받았고 당시 과학자들이 가졌던 여러 흔한
사고방식을 완전히 바꾸어 놓았다.

1971년 9월, 솔직한 성격의 미국 출신 생물학자이자 『인구 폭탄
(The Population Bomb, 1968)』의 저자였던 파울 에를리히(Paul Ehrlich)

박사는 영국생물학회에서 강연하면서 다음과 같이 주장했다. "2000년까지도 영국은 7,000만 명의 배고픈 사람들이 거주하는 작고 빈곤한 집단에 불과할 것이다. 내가 만약 도박꾼이라면 서기 2000년에 영국이 존재하지 않을 것이라는 데 돈을 걸 수도 있다." 또한 그는 인도가 "1980년까지도 2억 명 이상의 인구를 먹여 살릴 수 없을 것"이라고 주장했다. 『뉴 사이언티스트』지는 나중에 에를리히의 말을 지지하고자 〈예언자를 칭송하며〉라는 제목의 사설을 내보내기도 했다. 그뿐만 아니라 에를리히는 1980년대에 6,500만 명의 미국인이 굶어 죽을 것이고 2000년 말엽에는 미국의 인구가 2,260만 명으로 떨어질 것이라고 예측했다.

chapter 2

혁신을
불러온
집념

자동차가 장거리 승객 이동에서
철도를 대체한다는 것은
그야말로 꿈같은 헛소리에 불과하다.

– 『미국 철도 협회 보고서』(1913년)

말 없는 마차,
자동차

자동차를 최초로 대량생산한 것은 1908년 헨리 포드의 혁신적인
생산방식 덕분이었다. 이때서야 처음으로 일반 사람들도 말이 끌지
않는 탈것을 적당한 비용으로 사용하게 되었다. 1세기가 지나자 전
세계적으로 쓰이는 자동차는 10억 대를 돌파했다. 그중 25퍼센트가
미국에 집중되어 있는데, 미국은 전 세계에서 자동차가 가장 인기
있고 흔한 이동수단인 나라다.

역사상 처음으로 자체 추진되는 탈것을 만든 사람은 1769년
프랑스의 군사 기술자 니콜라스-조지프 퀴뇨(Nicolas Joseph Cugnot)
였다. 퀴뇨가 만든 증기기관차는 파리의 무기고에서 무거운 대포를
실어 나르는 데 사용되었다. 하지만 이 자동차는 최대속도가 시속
6킬로미터밖에 되지 않았기 때문에 말을 대체하기에는 무리가
있었다. 그래서 퀴뇨는 증기기관차를 조금 더 빠르게 개량하다가, 그
과정에서 주행 중 벽을 들이받은 최초의 엔진 달린 탈것의 운전자가
되고 말았다. 1807년에는 스위스의 기계 설계자 프랑수아 아이작

드 리바즈(François Isaac de Rivaz)가 수소를 연료로 하는 연소 기관을 만들어 특허를 신청했고, 무게가 1톤이 넘는 6미터짜리 차대에 엔진을 다는 데 성공했다.

그 뒤로 50년 동안 사람들이 디자인을 조금씩 손대고 특허를 얻으려는 시도를 한 끝에, 벨기에인 장 조지프 에티엔 르누아르(Jean Joseph Étienne Lenoir)가 스스로 추진 가능하며 실용적인 탈 것를 만들었고, 1870년 말에는 그가 만든 자동차 500대가 파리를 누비기 시작했다. 비록 최대속도는 시속 30킬로미터 정도여서 아직도 교통수단으로서 말을 대체할 수는 없었지만 말이다. 영국에서도 진전이 있었는데, 1865년 모든 자동차를 운행할 때는 다음과 같은 세 사람이 필요하다는 '붉은 깃발법'이 시행되었던 것이다. 한 명은 운전수고, 한 명은 보일러에 연료를 때는 사람이며, 다른 한 명은 붉은 깃발을 들고 자동차에서 45미터 앞 도로를 걸어 다니며 도로를 이용하는 사람들에게 자동차가 온다는 사실을 알리고 필요하면 운전수에게 자동차를 멈추라는 신호를 보내야 했다.

그러다 1908년 10월 포드가 모델 T를 생산하자, 곧 미국에서는 1만 대 넘는 자동차가 먼지를 일으키며 달리기 시작했다. 하지만 이 오래된 자동차 회사의 제품에 모든 사람들이 열광한 것은 아니었다. 1909년 『사이언티픽 아메리칸』지는 다음과 같은 기사를 냈다. "자동차는 사실상 개발상의 한계에 도달했는데, 그 이유는 작년에 근본적인 개선이 전혀 이뤄지지 않았던 것만 봐도 알 수 있다." 하지만 포드는 모델 T가 개선이 필요하지 않다고 말했고, 1927년에는 그동안 1,500만 대가 넘게 팔려 나간 가운데 모델 T의 생산이 중단되었다.

또한 헨리 포드가 1903년 포드 자동차 회사를 설립했을 때 서류 작업을 도맡을 사무 변호사로 래컴 앤 앤더슨의 호러스 래컴(Horace Rackham)을 뽑은 적이 있다. 포드는 래컴에게 자기 회사 주식을 사라고 권유했지만, 래컴은 고향 친구였던 미시건 저축은행의 은행장으로부터 다음과 같은 충고를 들었다. "말은 절대 어디 가지 않아. 하지만 자동차는 기껏해야 반짝 등장한 신기한 물건, 한 번의 유행에 불과해." 하지만 래컴은 친구의 충고를 따르지 않고 돈을 빌리고 땅을 팔아 5,000달러를 모은 다음 포드사 주식 50주를 구입했다. 이로써 그는 새로 생긴 회사에서 10명에 지나지 않았던 주주의 한 명이 되었다. 나머지 주주 가운데는 1915년에 독자적인 자동차 회사를 세운 호러스 도지(Horace Dodge)와 존 도지(John Dodge)도 포함되어 있었다. 그로부터 5년 안에 래컴은 법조인으로 벌 수 있는 돈보다 포드 사의 주식 배당금 수익이 더 많아졌고, 곧 법률 사무소 문을 닫고 포드 사의 상근 회장직에 올랐다. 1919년에 래컴의 전체 보유 주식은 1,250만 달러에 달했고, 그는 이후로 은퇴해 여생을 어린이 자선단체에 기부하며 지냈다. 1933년에 숨을 거뒀을 때 호러스 래컴의 재산은 1,700만 달러 정도였는데, 이 모든 게 은행장 친구의 조언을 무시한 덕분이었다.

자동차 산업이 곧 망할 것이라는 암울한 전망이 전부 틀린 것만은 아니었다. 1899년 『리터러리 다이제스트(Literary Digest)』지는 다음과 같이 선언했다. "말 없는 마차는 지금 부유층의 사치품이고 비록 미래에 가격이 떨어질지도 모르지만, 당연히 결코 자전거만큼 널리 쓰이지는 못할 것이다." 실제로 1965년까지 전 세계적인 자동차 생산량과 자전거 생산량은 거의 비슷했다. 비록 2004년에는

1년 동안 자전거 판매량이 1억 5,000만 대였고 자동차 판매량은
거의 그 3배였지만 말이다.

고배를 마시게 될 사람이 개리 쿠퍼가 아니라
클라크 게이블이 될 테니 기쁘다.

〈바람과 함께 사라지다〉(1939) 주인공 역을 거절하며
개리 쿠퍼가 남긴 말.

지퍼 없는 지퍼,
벨크로

    1941년, 스위스의 농학자 조르주 드 메스트랄(George de Mestral)은 알프스 산맥에서 개와 산책하고 돌아오는 길에 자기 바지와 개의 몸에 우엉속 식물의 씨앗 수백 개가 달라붙은 것을 보고 짜증이 났다. 드 메스트랄은 씨앗을 뗀 다음, 호기심에 몇 개를 현미경에 대고 관찰해 보았다. 그는 이 씨앗 표면에 수백 개의 작은 갈고리가 달려 있어, 동물 털 같은 동그란 표면에 걸려들기 때문에 식물을 전원 지대 이곳저곳에 전파하는 데 도움이 된다는 사실을 알아차렸다. 과학 기술자였던 드 메스트랄은 이 자연의 신비를 응용하면 두 가지의 물질을 일시적으로 단단하게 부착하는 데 도움이 될 수 있음을 깨달았다. 그래서 그는 종류가 다른 두 물질에서 갈고리와 고리를 재현할 방법을 찾기 시작했다.

    그로부터 10년 동안 드 메스트랄은 여가 시간에 열심히 이 방법을 연구했지만 그의 아이디어에 흥미를 갖고 지원을 해 주는 사람은 아무도 없었다. 결국 그는 방직업의 중심지였던 프랑스 리옹으로

떠났고 한 회사를 겨우 설득해 하나는 갈고리들이 달리고 다른
하나는 고리들이 달린 두 개의 면직물 조각을 만들었다. 이 조각은
드 메스트랄의 생각대로 작동했지만 면직물은 너무 약해 곧
찢어지고 말았다. 그래서 드 메스트랄은 다시 한 번 협력자 없이
시제품을 만들어 성공했고, 1951년에 특허를 신청했으며 마침내
1955년에 특허를 등록했다. 처음의 열정을 되찾은 그는 훨씬 튼튼한
나일론으로 제품을 만들었지만 갈고리와 고리가 서로 들어맞지
않아 실패하고 말았다. 그리고 포기할까 말까 고민하던 어느 날, 드
메스트랄은 운명의 마지막 주사위와 마주했다. 고리가 붙어 있는
나일론 조각 두 개를 지켜보던 그는 조각 하나의 표면을 가위로
다듬어 갈고리로 만들고는 조각 두 개가 들어맞는지 확인했다.

이 방법은 성공적이었고, 마침내 그는 제품을 만들어 낼 방법을
찾은 셈이었다. 그로부터 1년 안에 드 메스트랄은 시장에 진출할
준비를 마쳤다. 하지만 그가 기대했던 열광적인 반응을 얻는 데는
실패했는데, 그의 제품 '벨크로(프랑스어로 벨벳을 뜻하는 '벨루어'
와 갈고리를 뜻하는 '크로셰'를 합친 단어였다)'가 그저 팔다 남은 직물
두루마리로 보였기 때문이었다. 게다가 지퍼와('지퍼에 얽힌 진짜 사연'
참고) 신발끈이 이미 존재했고 둘 다 문제없이 사용되고 있었다.
드 메스트랄은 좌절하지 않고 자신의 제품을 미국에 가져갔지만,
반응은 크게 다르지 않았다. 하지만 발명품의 사용처를 계속 찾는
과정에서, 그는 당시 성장하던 항공우주 산업에서 벨크로를 활용해
우주비행사들이 쉽게 입고 벗을 수 있는 우주복을 만들면 좋겠다는
생각에 이르렀다. 실제로 우주복에 벨크로가 쓰였고, 곧 잠수복과
스키복을 비롯한 다른 스포츠 용품에도 속속 사용되기 시작했다.

처음에는 '지퍼 없는 지퍼'라고 광고되었던 벨크로는 마침내 어린이옷에도 사용되었다. 1960년대 중반에는 드 메스트랄의 공장이 생산한 벨크로가 1년에 6만 킬로미터에 달했다. 드 메스트랄은 계속 제품에 대한 독점을 누리다가 1978년에 특허 갱신을 잊어버리는 바람에, 중국과 한국에서 값싼 모조품이 대량 생산되어 쏟아지고 말았다. 하지만 제품의 원래 발명가는 자국에서 존경을 받았고 나중에 사망한 뒤에는 1999년 미국 명예의 전당에 이름을 올렸다. 드 메스트랄이 그의 발명품 벨크로를 통해 번 돈은 1억 달러가 넘었다. 벨크로는 심장병 수술에서 개가 입는 옷까지 수천 가지로 응용되는 전 세계에서 가장 다용도인 발명품이다. 조르주 드 메스트랄의 강아지에게 경의를 표한다.

동물이 움직이려면 팔다리와 근육이 있어야 한다. 지구는 팔다리와 근육이 없다. 따라서 움직이지 않는다.

피사 대학교의 철학 및 수학 교수 스키피오 키아라몬티, 1633년.
(갈릴레오의 이론을 묵살하면서 한 말.)

클린턴의
배수로

독립전쟁이 끝난 다음 해부터 미국은 전 세계에서 오는 이민자를 받아 서부로 이주시켜 '신세계'를 건설하고자 했다. 동시에 많은 사람들이 자기가 살던 땅에서 더 살지 못하고 이민을 선택했다 ('감자의 가치' 참고). 또 나폴레옹 전쟁이 전 유럽을 떠들썩하게 만들면서 정치적, 종교적인 망명자들이 약속의 땅이자 자유와 무한정의 기회가 있는 땅으로 여겼던 이전 영국 식민지의 항구로 쏟아져 들어왔다. 이주민들은 동부 해안에서 서부로 밀려왔고 대륙의 안쪽으로 파고들면서 농장과 농가를 세웠다. 20년이 채 지나지 않아 이주민들은 자기들이 물자가 닿지 않는 고립된 지역인 깊숙한 내륙에 이주했음을 깨달았다. 농부와 모피 상인들이 소달구지에 상품을 싣고 큰 도시로 나가려면 몇 주가 걸렸다. 이에 따라 이미 1785년부터 조지 워싱턴 대통령은 포토맥 강을 활용해 서부로 향하는 항로를 개척하려 했다.

북쪽으로는 뉴욕 항과 오대호를 연결하는 몇 가지 대안이 있었는데, 그중에는 온타리오 호에서 허드슨 강까지 이르는 운하를 건설하는 것도 포함되어 있었다. 하지만 아무도 이런 계획에 투자하기는커녕 필요성을 확신하지 못하는 것 같았다. 이런 상황에서 제네바에서 온 밀가루 유통상으로 뉴욕 주에 살던 제시 홀리(Jesse Hawley)는 당시 상업용 도로를 통해 더러운 수레에 물건을 실어 나르느라 고생하고 있었다. 그러던 1807년 홀리는 결국 파산하고 채무자가 되어 2년 동안 감옥에서 지냈다. 감옥에서 그는 '허큘리스'라는 필명으로 이리 호에서 허드슨 강, 뉴욕시에 이르는 운하망의 장점을 역설하는 글을 썼다. 이 글은 『제니시 메신저 (Genesee Messenger)』에 실리기 시작했고, 이런 운하망이 뉴욕주와 국가 전체에 큰 이득을 안겨 줄 이유가 무엇인지 자세하고 설득력 있게 설명했다. 하지만 몇몇은 그 의견을 받아들였지만 대부분의 사람들은 '미친 사람의 헛소리'라고 치부했다. 그런 취급을 당한 이유는 간단했다.

미국이라는 새로운 나라가 세워진 지 30년도 되지 않았으며 아직 독립에 대한 비용을 치르고 있던(상업, 무역 분야에서) 1807년, 작은 마을의 밀가루 상인이 뉴욕시의 부유한 시민들에게 140킬로미터에 이르는 운하를 건설하자고 제안했고 그 이유가 단순히 몇 안 되는 시골 마을을 큰 도시와 연결하기 위해서였던 것이다. 이것은 시작에 불과했다. 그 계획을 완전하게 수행하려면 580킬로미터에 걸쳐 단단한 암석을 자르고 강과 골짜기를 가로질러 구름다리를 건설하며, 해수면 높이에서 이리 호의 수면까지 200미터의 차이를 극복하기 위해 50개 이상의 수문을 설치해야 했다. 토머스 제퍼슨(Thomas Jefferson) 대통령은 이 계획을 '거의 미친 짓'이라고 거부했다. 하지만 뉴욕 주지사이자 대통령이 되려는 야망이 있었던 디윗 클린턴(DeWitt Clinton)은 생각이 달랐다. 많은 반대와 조롱, 심지어는 협박이 있었지만 클린턴은 상원을 설득해 이 계획을 승인하게 했고 700만 달러의 예산을 배정했는데, 당시로서는 천문학적인 금액이었다. 여러 신문에서는 즉각 클린턴의 행보를 비난하고 이 계획에 '클린턴의 커다란 배수로' 또는 '클린턴의 대실수'라는 별명을 붙였다. 다시 말해서 이들은 이 계획이 완전한 돈 낭비이자 주지사 한 사람이 고집을 부린 사치라고 여겼다. 뉴욕 시민 또한 분노했다.

이런 반대 여론과 함께 당시 미국에 거주하는 제대로 된 토목 기사가 한 명도 없었다는 현실에도 불구하고, 이 작업은 강행되었으며 1817년 7월 4일, 지난 4,000년 동안 서구에서 착수된 건설 공사 가운데 가장 대규모의 작업이 막을 올렸다. 그러자 캔버스 화이트(Canvass White)라는 젊은이가 자기가 영국에 건너가 운하망을 공부해 오겠다고 클린턴을 설득했다. 그러고는 수문과 구름다리에 대한 많은 지식을 갖고 미국에 돌아와 건설 계획 전체에 큰 보탬이 되었다. 당시 여론과는 반대로 디윗 클린턴은 이 운하가 내륙부와 오대호 지역 모두와 대서양을 연결하기 때문에 뉴욕을 미국에서 가장 중요한 도시로 만드는 데 핵심이 되리라는 신념이 있었다. 운하가 건설되면 곧 뉴욕 전체가 미국의 경제적 발전소로 발돋움할 것이라는 생각이었던 것이다. 그로부터 8년이 채 지나지 않아 5만 명의 노동자들이 삽과 곡괭이, 얼마 안 되는 폭약을 가지고 이리 운하를 완공했다. 노동자들 대부분은 아일랜드나 중국에서 온 사람들로 고향에서 받는 임금보다 5배쯤 많은 돈을 받았다. 하지만 공사 과정에서 1,000명 넘는 노동자가 목숨을 잃을 정도로 위험한 현장이었다.

비록 일부가 완공될 때마다 상업용으로 조금씩 공개되기는 했지만, 운하 전체가 완공되어 공식적으로 큰 행사가 열린 것은 1825년 10월 26일이었다. 이 공사는 공학의 기적이었으며 즉시 경제적인 성과를 불러일으켰다. 완공 후 첫 1년 동안 운하를 따라 운송된 물품이 1,500만 달러어치에 달했으며, 이것은 오늘날의 가치로 바꾸면 3억 달러였다. 흙길에 소달구지로 운송하는 것보다 속도가 20배는 빨라졌다. 도시의 식품 가격도 95퍼센트는 내려갔다. 그에 따라 시러큐스, 로체스터, 버펄로 같은 큰 마을과 새로운 도시가 속속 생겼다. 자급자족하며 먹고살았던 개척민들도 전 세계 어디서든 원하는 상품을 구할 수 있게 되었으며, 디윗이 예견했듯이 뉴욕시는 신흥 도시가 되었다. 월스트리트는 서구 세계의 재정적 중심으로 부상했고 뉴욕은 즉시 미국 최고의 항구가 되었다. 운하 덕분에 뉴욕으로 엄청난 돈이 흘러들어왔고, 운하가 처음 열린 이후로 15년만인 1840년에는 '백만장자'라는 단어가 생겼다.

제시 홀리의 운명 역시 크게 바뀌어 1820년에는 뉴욕 주의회의 구성원이 되었다. 디윗 클린턴은 대통령이 되려는 야망을 실현하지 못하고 1828년에 갑자기 숨을 거두었지만, 여론이 그에게 호의적으로 바뀐 것만큼은 확실히 누렸다. 비록 예전에는 조롱을 하거나 비판했지만 일단 운하가 완공되니 뉴욕의 여러 신문들은 클린턴의 공적을 앞 다투어 치하했다. 이것은 물론 완공 이후 신문의 판매부수가 새로이 크게 늘어난 점과 무관하지 않았다. 하지만 디윗 클린턴이 『뉴햄프셔 센티넬(New Hampshire Sentinel)』의 다음 기사를 봤다면 자기가 사랑하는 도시로부터 감사를 받았다고 느꼈을 것이다. "자신이 맡은 지역에 대한 넘치는 관심으로 좋은 일을 하려했던 클린턴 주지사의 노력은, 주민뿐만 아니라 외부 여론 모두로부터 전반적으로 큰 인정을 받고 있다. 대운하를 건설하려던 그의 분투는 이 고귀한 사업과 함께 클린턴이라는 이름을 인식시켰다. 사람들은 운하의 효용을 경험할 때마다 그의 이름을 기억할 것이다." 이 기사는 다음과 같이 끝을 맺는다. "클린턴을 칭찬하고 그의 이름에 환호하자." 이 고마움의 감정은 분명 클린턴에게 잘 전달되었을 것이다. 이 기사가 신문에 실려 배포되었을 때까지 그가 살아 있었다면 말이다.

비행기는 흥미로운 장난감일 뿐
군사적인 가치는 하나도 없다.

프랑스 고등군사학교의 전술 담당 교수이자
육군 원수였던 페르디낭 포슈, 1904년.

지퍼에 얽힌
진짜 사연

  19세기에 유럽과 미국에서 산업혁명이 속도를 더하고
구세계에서 기회의 땅으로 대규모 이주가 이뤄질 무렵, 한 남자가
옷을 생산하는 방식에 변화를 꾀하기 시작했다. 1846년 9월 10일,
견습 기계공이었던 일라이어스 하우(Elias Howe)는 박음질 방식을
활용한 기계식 재봉틀로 미국에서 처음 특허를 받았다. 하우의
발명품에는 오늘날까지도 모든 재봉틀이 갖고 있는 세 가지의
중요한 특징이 있다. 실 자동 공급 장치, 박음질을 하는 직물 뒤쪽의
직조기 북, 그리고 매우 필수적인 요소인 끝에 바늘귀가 달린
바늘이 그것이었다. 당시 손으로 들고 쓰는 재봉틀에서 흔했던
바늘귀가 앞에 달린 바늘과는 달랐다. 나중에 하우의 가족은 그가
꿈을 꾸다가 이 재봉틀을 생각해 냈다고 주장하기도 했다. 잠에서
깨자마자 작업장으로 달려가 설계도를 휘갈겨 그렸고, 이렇게 해서
기계식 재봉틀이 탄생했다는 것이다. 하지만 하우는 이 기계를
제작하기 위한 자금을 끌어오지 못했고, 1847년에는 영국으로

가 250파운드에 설계도를 팔아넘겼다. 이것을 산 사람은 런던 치프사이드에서 코르셋과 우산을 만들던 윌리엄 토머스(William Thomas)였다.

하지만 여기까지였다. 하우는 무일푼에 불행한 마음으로 미국 매사추세츠주 케임브리지로 돌아갔지만 집에서는 사랑하는 아내 엘리자베스가 심한 병에 걸린 채였다. 아내는 그가 도착하자마자 얼마 안 되어 숨을 거뒀다. 여기에 더해 하우는 아이작 싱어(Isaac Singer)라는 사람이 자신의 설계를 그대로 베껴 대중 시장에서 커다란 성공을 거뒀으며 '싱어 재봉틀'을 여기저기 팔고 있다는 사실을 알게 되었다. 하우는 법적인 대응에 들어갔고, 작업장으로 돌아가 그동안 혼자서 생각했던 발명 아이디어를 진척시켰다. 그중 하나가 자동 반복 옷감 마감 장치였는데 이것으로 하우는 1851년에 특허를 받았다. 나중에 지프라고 알려진 이 장치는 서로 맞물리는 작은 금속 핀이 늘어선 것이 특징이었다. 하지만 하우는 아이작 싱어와의 법정 공방에 정신을 뺏겨 발명품을 더 개선하거나 시장에 판매하려는 노력은 거의 기울이지 못했다. 1854년이 되어서야 하우는 싱어와의 재판에서 승리했고 상당한 로열티를 받기 시작했다. 비록 남북전쟁(1861~1865) 당시 북군에 자신의 재산 상당 부분을 쏟아 부었지만 일라이어스 하우는 1868년 대단한 부호가 되어 숨을 거뒀다. 하지만 그의 자동 반복 옷감 마감 장치는 손을 대지 않고 버려 둔 채였다.

남북 전쟁이 끝나고 국가적인 재건이 시작될 무렵 미국인들은 단추가 높이 달린 긴 가죽 부츠나 고무 부츠를 신고 다녔는데, 이렇게 된 큰 이유는 시가지에서조차 발목까지 진흙과 말똥이

차올라 조심조심 걸어야 했기 때문이었다. 그에 따라 1893년 미국의 발명가 휘트컴 L. 저드슨(Whitcomb L. Judson)은 하우의 원래 디자인을 변형해 더 쉽게 길쭉한 부츠를 신고 벗을 수 있는 방법을 찾았다. 몸이 뚱뚱했던 저드슨은 매일 몸을 구부려 부츠의 단추를 채웠다 잠그는 고역에 시달린 끝에 쉽게 벗는 장치를 고안했고, 유니버설 잠금장치 회사를 차려 '잠금 로커'라 불렸던 이 새로운 상품을 판매했다. 이 잠금 로커는 1893년 시카고 만국 박람회에서 부츠 잠금장치로 처음 선을 보였지만 판매 성적은 저조했다. 당시 부츠 제조업자들은 신발끈과 단추를 이용하는 값싼 제작 방식을 선호했기 때문이었다. 하지만 저드슨은 자신의 새로운 장치의 효용성을 확신했다. 그래서 자신의 회사를 '잠금장치 생산과 기계 회사'로 재정비하고 소재지를 뉴저지로 옮긴 다음, 1906년에는 스웨덴 출신의 전기 기술자 기디언 선드백(Gideon Sundback)을 고용했다. 선드백 또한 잠금 로커의 가치를 높게 평가했고 디자인을 더욱 개선해 1914년에는 더 새로워진 '분리 잠금장치'에 대해 특허를 받았다.

그러자 저드슨은 곧 성공을 거두리라 확신했고 다음과 같이 말했다. "앞서 나온 이야기들로 볼 때, 우리 장치를 부착한 신발은 신발끈을 이용한 신발보다 훨씬 장점이 있다는 게 확실하다. 이제껏 신발끈 신발을 신고 벗으려면 매번 끈을 묶었다 풀어야 하고, 또 중간에 풀리는 경우도 있어 아주 번거로웠다. 하지만 우리 장치를 부착하면 이런 일로부터 자유롭다. 이 잠금장치가 있다면 신발끈은 가끔 신발이 느슨해질 때 조정하는 용도로만 쓰일 것이고, 지금껏 나왔던 내가 아는 어떤 형태의 신발보다 빠르게 잠갔다 풀 수 있다."

하지만 그럼에도 이 발명품에 흥미를 보이는 사람은 놀랍지만 단 한 명도 없었다.

그러다 1923년이 되어서야 나중에 세계적인 고무타이어 회사로 성장할 B. F. 굿리치 회사가 잠금 로커를 그들의 새로운 고무 부츠에 사용하기로 결정했다. 이 회사의 마케팅 팀은 '지퍼 부츠'라는 새롭고 현대적인 용어를 고안했고, 1925년에는 '지퍼'를 상표로 등록했다. 이후 10년 동안 지퍼는 고무 부츠나 방수 가능한 담배 주머니에만 쓰이다가, 어린이들이 옷을 쉽게 입을 수 있도록 지퍼를 사용한 새로운 아동복에 처음 사용되기에 이르렀다. 이어 1937년에는 프랑스의 몇몇 패션 디자이너와 잡지들이 남성 바지와 재킷에 지퍼를 도입했고, 그로부터 20년이 지나 일라이어스 하우의 발명품이 나온 뒤 1세기를 꽉 채운 시점이 되어서야 지퍼는 신기한 물건에서 전 세계적으로 가장 흔히 쓰이는 잠금장치로 변신해 매년 엄청난 수가 생산되고 있다.

하지만 슬프게도 일라이어스 하우의 혁신적인 발명품에 모두가 행복하기만 한 것은 아닌 것 같다. 『영국 비뇨기학 저널 국제판』에 실린 한 연구에 따르면, 지퍼는 심각한 생식기 부상을 일으키는 첫 번째 원인이며, 매년 2,200명 넘는 사람들이 지퍼로 인한 생식기 손상으로 병원 치료를 받는다고 한다(여성들은 이 문장에서 '사람들'이란 조심스런 표현을 쓴 만큼 대상이 남성에 한정되지 않는다는 사실에 유념하라). 연구 결과에 따르면 생식기에 위협을 가하는 두 번째 원인은 자전거라고 한다.

면도기의
탄생

　창의적인 사업가였던 킹 C. 질레트(King C. Gillette)는 이미
17살의 나이에 발명가가 되어 성공을 거두겠다는 꿈을 키웠다.
하지만 발명가를 꿈꾸는 소년이 실제로 새로운 상품을 발명하기
위해서는 먼 길을 가야 했다. 1855년에 태어난 질레트는 부모님이
모두 성공적인 발명가였는데, 가족 전체가 시카고로 이사를 갔다가
1871년 시카고 대화재의 여파로 사업이 폭삭 내려앉고 말았다. 이후
13년 동안 질레트는 자기만의 발명품을 만들어 생계를 꾸리려고
애썼지만 비참하게 실패했을 뿐이었다.

　결국 질레트는 영업사원으로 취직했지만 역시 거의 성공하지
못했고, 40세의 나이에 부모님의 집으로 들어가야 했다. 당시 그는
생활비도 한 푼 없고 미래에 대한 전망도 어두웠다. 하지만 질레트는
포기하지 않았고 일회용 병마개를 발명해 사업적으로 대단히 성공한
지역 사업가 윌리엄 페인터(William Painter) 밑에서 일했다. 1892년,
페인터는 자신의 발명품으로 특허를 등록했고 크라운 코르크 앤 실

회사를 설립했다. 이 회사에서 일하던 질레트는 볼티모어 거리를 걸어 다니며 집집마다 방문하며 병마개를 팔았다.

그러던 어느 날, 질레트가 돌아다니며 일하고 있는데 페인터가 그에게 합류해서는 성공적인 상품의 비밀에 대해 설명했다. 사람들이 한 번 쓰고 버리는 물건을 발명하라는 것이었다. 페인터는 코르크 병마개야말로 이런 조건을 만족하는 완벽한 상품이라고 생각했다. 이 이야기를 들은 질레트는 자기도 비슷한 상품을 만들어야겠다고 결심했다. 이후 몇 주, 몇 달 동안 질레트는 깨어 있는 모든 시간을 바쳐 모든 사람들이 현재 사용하는 물건 가운데 자신이 일회용으로 만들 수 있는 것이 무엇일지 고민했다. 그러던 어느 날 아침 질레트는 세면대에서 면도를 하다가 날이 무딘 오래된 면도날 때문에 얼굴을 베고 말았다. 핏방울이 세숫대야에 뚝뚝 떨어지는 그 순간 질레트의 고민은 해결되었다. 질레트는 모든 남자들이 매일 아침 오래된 일자형 면도날을 가죽끈에 날카롭게 간다는 사실을 깨닫고, 사람들이 몇 번 면도를 하고 내버릴 수 있도록 생산 비용이 얼마 안 드는 얇고 날카로운 면도날을 개발하면 좋겠다고 생각했다. 그날 아침 질레트는 아내에게 이런 말을 남겼다. "내가 해냈어. 이제 큰돈을 벌 수 있을 거야."

그리고 질레트는 여가 시간을 모두 투자해 휘어지지 않을 만큼만 튼튼한 얇은 철제 면도날을 생산할 방법을 연구했다. 하지만 성공을 거두지는 못했다. 질레트는 현대적이고 새로운 안전면도기를 만들지 못하고 실패만 거듭하는 자신에 대한 친구와 동료들의 놀림에 지친 끝에, 보스턴 출신의 기계 제작 기술자인 스티븐 포터 (Steven Porter)를 찾았다. 그러자 포터는 얇고 날카로운 날을 두 개의 더 단단한 강철 조각 사이에 끼워, 날카로운 날의 가장자리만 노출되게 하는 방법을 고안했다. 그리고 1899년 여름, 질레트는 일회용 면도기로 수염을 깎은 최초의 남자가 되었다. 하지만 대중의 시선은 곱지 않았는데, 그동안 남자의 면도날은 일생 단 한 번만 구입한다는 인식이 있었기 때문이었다. 심지어 할아버지에서 손자로 면도날을 전하는 경우도 많았던 탓에 몇 번만 수염을 깎고 면도기를 바로 버린다는 개념은 사람들에게 낯설었다. 질레트 본인이 빈털터리였고 잠재적인 투자자들 또한 그의 발명품에 회의적이어서, 광고나 마케팅에 돈을 들이는 것도 불가능했다.

그 무렵 기계를 전문으로 발명하던 윌리엄 에머리 니커슨 (William Emery Nickerson)이 면도기를 한 번 보더니, 여기에 나사못이 들어가게 해서 얇고 값싼 면도날만 사용 후에 폐기하고 면도기 자체는 버리지 않게 만들어 보자고 권유했다. 질레트는 곧 이 면도기에 대해 특허를 신청했고 니커슨을 비롯한 두 투자자들과 손을 잡고 미국 안전면도기 회사를 설립했다. 이 회사는 곧 질레트 안전면도기 회사로 이름을 바꿨고 처음 만든 시제품을 본 투자자들이 감탄하자, 질레트는 12만 5,000달러를 받고 뉴욕의 몇몇 투자자들에게 회사 지분의 51퍼센트를 매각했다. 그리고 질레트 안전면도기의 첫 번째 광고가 1903년 잡지 『시스템(System)』 에 실렸으며 면도기와 날 20개가 5달러에 팔렸다. 이 가격은 당시 평균적인 남성 주급의 절반에 해당했다. 그에 따라, 당연한 일이지만 이 상품은 얼마 팔리지 않았고 그해 말까지 우편판매로 팔린 면도기 수는 고작 51개밖에 되지 않았다. 질레트는 여전히 크라운 코르크 앤 실 회사의 영업사원이었고, 이 당시를 나중에 이렇게 회고했다.

"내 친구들은 모두 면도기를 농담으로 받아들였다. 만약 내가 공학을 공부했던 사람이었다면 그 시점에서 그만두었을 것이다."

하지만 다른 투자자들은 긍정적이었고, 비록 새 회사에서 월급을 받지는 않았지만 이들은 날의 숫자를 20개에서 12개로 줄이기로 결정했다. 이후로 질레트는 회사를 그만두고 영국으로 여행을 떠났다. 하지만 동료가 자기의 특허를 유럽 회사에 팔려고 한다는 소문을 듣자 질레트는 곧장 보스턴으로 돌아와, 자기에게 회사 운영권을 다시 달라고 동료들을 설득했다. 새로 투자를 받고 열광적인 반응도 얻은 질레트는 1904년에 광고를 시작했고, 그에 따라 판매량은 9만 884개에서 12만 3,648개로 늘었다. 그리고 1908년에는 독일과 프랑스, 영국, 캐나다에 공장을 세우면서, 판매량은 면도기 45만 개와 면도날 7,000만 개로 늘어났다. 이후 1차 세계대전이 발발하면서 질레트는 프랑스와 영국 군인들이 가스 방독면이 새지 않게 제대로 착용하려면 참호 안에서 깨끗하게 면도해야 한다는 기사를 읽었다. 그러다 미국이 전쟁에 참전하자 질레트는 모든 군인들이 원가에 구매하도록 미국 정부에 면도기 세트를 제공했다. 그리고 3,500만 개의 주문을 받았다.

이에 따라 회사의 명성은 굳건해졌고 이 제품에 대한 남성들의 충성심도 대단해졌다. 질레트는 수백만 달러를 벌었고 회사에 자기 이름만 남기고 은퇴했다. 하지만 불행히도 질레트는 자기 돈과 부동산 대부분을 월스트리트에 투자했고, 1929년의 악명 높은 주식 시장 붕괴와 그에 이은 대공황 때 상당량이 날아갔다. 그래서 질레트는 슬프게도 2005년에 570억 달러에 회사를 매각했고, 사실상 파산한 상태에서 홀로 숨을 거뒀다.

볼펜이라고?
그게 뭐야?

　1880년대 이전에는 종이에 뭔가를 쓰려면 펜촉을 이용해야
했다. 예컨대 깃털이나 나무 조각, 단단한 껍데기에 잉크를 묻히는
식이었다. 아니면 연필이 사용되었다. 즉, 당시에 부자나 명성이
있던 사람들 사이에서는 만년필이 흔히 쓰였지만, 1880년대에
만년필이 처음으로 대량생산될 때까지 상당수의 사람들은 펜대에
잉크를 찍어서 써야 했다. 여러분이 평범한 상인이었다면 결코
만년필을 살 만한 돈이 없었을 것이다. 생가죽 처리공이었던
존 J. 라우드(John J. Loud)는 예외였지만 말이다.

　1880년대 초반, 미국 매사추세츠 주 웨이머스 출신이던 라우드는
자기가 만든 가죽 제품에 인장을 남길 여러 방법을 실험해 왔지만
성공을 거두지 못했다. 마침 만년필을 가지고 있어 가죽에 인장을
남겨 보았지만 실패로 돌아가자, 라우드는 얇은 금속관이 있고 그
끝에 철로 만든 작은 공이 약간의 깔쭉깔쭉한 틈새를 두고 돌아가는
형태의 펜을 설계하기 시작했다. 이 금속관에 잉크를 넣어 틈새를

통해 흐른 잉크가 공에 묻어 계속해서 굴러가며 사용하는 펜이었다. 그러면 이 펜으로 가죽에 자기가 원하는 그림이라든지 글자를 남길 수 있을 터였다. 라우드는 이 설계를 마치고 무척 신이 나서 '끝에 굴러가는 공이 달린 마킹 펜'으로 특허를 신청했다. 그리고 1888년 그의 이름으로 특허가 등록되었다.

문제는 라우드가 이 펜을 가죽 같은 거친 표면에 사용하려고 설계하는 바람에 종이 같이 매끈한 표면에는 효과적으로 사용할 수 없다는 점이었다. 그는 조금만 더 연구하면 펜을 개량할 수 있다는 사실을 알았지만, 그가 만나는 사람 모두가 그것이 시간낭비라고 말렸다. 만년필이라는 완벽한 펜이 이미 대량으로 생산되고 있다는 것이 그 이유였다. 당시의 만년필에는 잉크통이 달려 있어서 더 이상 잉크병에 펜을 적시지 않아도 되었고 얼룩도 생기지 않았다. 그래서 주변 사람들은 이렇게 말했다. "당신은 한 발 늦었어요, 라우드 씨. 이미 완벽한 펜이 있는데 뭐가 더 필요하겠어요?" 그 길로 라우드는 손가방이나 구두를 꿰매는 본업으로 돌아가고 말았다.

라우드의 아이디어가 다시 모습을 드러낸 것은 1935년이었다. 낡은 만년필 때문에 잉크를 보충하느라 시간을 낭비하는 것이 짜증났던 헝가리의 한 신문기자가 있었다. 또 그는 잉크 얼룩을 닦아내는 것, 신문지 위에 펜촉으로 뭔가를 쓸 때마다 종이가 찢어지는 것에도 넌더리가 났다. 그러던 그는 자기가 다니던 신문사의 인쇄기에 사용하는 잉크가 일반 펜보다 10배 더 빨리 마른다는 사실을 알아냈고, 화학자였던 동생 게오르그의 도움을 받아 펜을 개량할 연구에 착수했다. 이 기자의 이름은 라디슬라스

비로(Ladislas Biro)였다. 몇 년이 지나 라디슬라스는 존 라우드가 오래 전 특허를 얻었던 펜과 정확히 같은, 끝에 공이 달린 펜을 설계했고, 게오르그는 신문사 인쇄기에서 쓰는 묽고 옅은 잉크를 활용해 잉크 샘플을 개발했다. 그해 여름 잠깐 휴식을 취하기 위해 바닷가를 찾은 형제는, 나이 지긋한 신사와 만났는데 이 신사는 형제가 만든 볼펜에 대단한 흥미를 보였다. 이 노인은 사실 당시 아르헨티나의 대통령이었던 아구스틴 페드로 저스토(Agustín Pedro Justo)였다. 아구스틴은 돈을 지원해 줄 테니 자기 나라에 와서 펜 공장을 지으라고 권유했다.

다음해 유럽에서 전쟁이 끝나자 형제는 바로 아르헨티나로 날아갔다. 가는 길에 파리에 들러 특허도 등록했다. 아르헨티나에 정착한 이들은 충분한 투자금을 받아 1943년에 볼펜 공장을 세웠다. 하지만 공장에서 처음 만든 펜은 성능이 좋지 않았고, 형제는 제도판을 다시 꺼내 펜의 설계를 고쳐야 했다. 두 번째로 나온 펜은 앞선 펜보다 조금 좋았지만 전국적인 판매량은 기대에 미치지 못했고, 엎친 데 덮친 격으로 자금까지 떨어졌다. 그러다가 아르헨티나에 주둔하던 한 미국 공군이 전쟁이 끝나고 미국으로 돌아오면서 아르헨티나의 새로운 펜을 사람들에게 보여 주었고, 미국인들은 고도가 높은 곳에서도 잘 나오고 잉크를 자주 넣지 않아도 되는 새로운 펜에 열광했다.

그러자 미국 공군은 몇몇 미국 회사에 볼펜에 대한 설명서를 보냈고, 그중 한 회사가 시장을 독점하려는 생각에 비로 형제에게 50만 달러를 주고 미국에서 볼펜을 생산할 권리를 샀다. 하지만 그러는 동안 시카고의 영업사원이었던 밀턴 레이놀즈(Milton

Reynolds)는 아르헨티나에 휴가를 떠났다가 비로 형제의 볼펜을 몇 개 샀고, 원래의 특허가 만료되었기 때문에 법적인 문제가 없으리라 생각하며 비로 형제의 디자인을(관점에 따라서는 라우드의 디자인을) 그대로 베꼈다. 그러고는 여기에 자기만의 개선사항을 덧붙여 독자적인 미국 특허를 따 냈다.

이후 레이놀즈는 자기의 시제품을 친구 프레드 짐벨(Fred Gimbel)에게 보여 주었다. 그의 가문은 짐벨 백화점을 경영하고 있었는데, 이곳은 그 당시 전 세계에서 가장 큰 백화점 체인이었다. 짐벨은 이 상품을 판매할 영리한 마케팅 계획을 짰고, 1945년 10월 29일 뉴욕 시에서 이 새로운 볼펜을 팔기 시작했다. 2차 세계대전이 끝나고 겨우 2달이 지난 뒤였다. 한 자루에 12.5달러였던 이 볼펜은 당시 뉴욕 시에서 괜찮은 호텔방에 하루 묵을 수 있을 정도로 값비쌌지만 판매를 시작한 지 2시간 만에 5,000명이 백화점에 몰려들며 준비했던 1만 개가 모두 팔렸다. 이때 몰려든 사람들을 통제하기 위해 50명의 경찰이 파견될 정도였다. 이후 6주 동안 레이놀즈 인터내셔널 펜 회사는 밀려드는 주문을 처리하기 위해 800만 개의 볼펜을 만드느라 밤낮을 가리지 않고 일해야 했다. 레이놀즈는 큰돈을 벌었고, 유럽 지부를 세우기 위해 프랑스의 엄청나게 비싼 사유지인 샤토 뒤 메닐 생 드니를 구매할 정도였다. 하지만 기민한 사업 감각의 소유자였던 레이놀즈는 볼펜 시장에 곧 자기 회사보다 더 값싼 상품이 쏟아져 나올 것이라는 사실을 깨달았고, 1947년에 회사를 매각한 다음 남아메리카에서 은퇴 생활을 즐겼다.

산업혁명과
철도망

　레일을 활용해 무거운 짐을 옮긴다는 생각을 처음 실천에
옮긴 것은 고대 그리스였다. 이어 로마인들은 돌로 만든 선로를
이용해 채석장에서 가져온 짐을 동물이 끄는 수레로 실어 날랐다.
그리스인들은 기원전 6세기부터 코린토스 지협을 가로질러 포장된
궤도를 만들었으며, 이와 함께 해군의 군사 작전을 빠르게 하고자
이오니아 해와 에게 해 사이로 배를 몰았다. 포장된 궤도는 이후
500년 동안 사용되었다. 유럽 전역의 광산에서 나무로 만든 좁은
궤도를 사용하기 시작한 것은 그로부터 1,500년이 더 흐른 뒤였다.
18세기에는 일반인이 사용하기 위해 철로 만든 궤도가 처음으로
깔렸고, 세계 최초로 말이 끄는 공영철도가 나타났다.
　영국에서 산업혁명의 흐름이 일면서 증기기관이 나오자
기관차가 끄는 기차를 만들어 승객과 화물, 우편물을 실어 나른다는
좀 더 대담한 계획이 나왔다. 전국 방방곡곡에 영구적인 철길을
만들어 그 위로 기차가 달리게 하자는 것이었다. 그리고 1829년에는

조지 스티븐슨(George Stephenson)이 상당 부분 아들이 설계한 '로켓'이라는 기관차를 성공적으로 주행했고, 다음해 9월 15일에는 세계 최초로 도시와 도시를 잇는 철도가 리버풀과 맨체스터 사이에 개통되었다. 이 날은 철도 사고로 첫 사망자가 발생한 날이기도 했다. 리버풀의 하원의원이었던 윌리엄 허스키슨(William Huskisson)이 개통식 현장에서 웰링턴 공작에게 다가가려는 순간, 반대편 철도에서 다가오는 로켓 호를 미처 보지 못하고 기차에 치여 그날 저녁 숨을 거둔 것이다.

그러는 동안 과학자 공동체에서는 당대의 똑똑한 학자들이 철도망의 발전에 대해 따끔한 경고를 했다. 특히 속도가 너무 빠른 것이 문제라는 주장이었다. 예컨대 아일랜드의 과학 저술가이자 증기기관차에 대한 초기의 비평가였던 디오니시우스 라드너(Dionysius Lardner)는 1828년에 다음과 같이 경고했다. "기차는 결코 빠른 속도로 달릴 수 없다. 승객의 호흡이 곤란해져 질식사할 수 있기 때문이다." 경고는 계속 이어졌다. 프랑스의 의사들은 질병의 전파에 대해 다음과 같이 예측했다. "기차여행을 통해 어떤 기후에서 다른 기후로 급격한 변화를 겪다 보면 목숨이 위험할 수 있고, 식단을 급작스레 바꾸면 소화 불량과 이질에 걸릴 수 있다." 이튼 칼리지의 유명한 교장이었던 존 키트(John Keate) 박사는 예전 제자이자 새로 의회에 입성하게 된 윌리엄 글래드스턴(William Gladstone)에게 개인적으로 편지를 보내 그의 영향력을 발휘해 학교가 있는 윈저로 철도가 깔리는 일을 막아 달라고 부탁하기도 했다. 키트는 다음과 같이 불평했다. "철도가 깔리면 학교 훈육과 학생들의 공부와 오락에 방해가 되고, 이 지역의 건전성에 나쁜 영향을 주며 홍수 위험이 높아질 것이니 결국 학생들의 생활을 위협할 것이다." 하지만 결국 1849년에 윈저 앤 이튼 기차역이 문을 열었다.

기차에 불만을 가졌던 사람은 더 많았다. 저명한 과학자들은 다음과 같이 경고했다. "기차를 운행하다 보면 터널을 지날 때 승객들이 늑막염에 걸릴 위험이 커질 것이고, 언제나 보일러가 폭발할 위험을 안고 기차에 탑승해야 할 것이다." 그리고 한 영국의 의사는 기차 여행이 건강한 사람들을 감기와 폐결핵에 걸릴 위험에 노출시킬 것이라 전망했다. 또 런던의 유력한 잡지 『쿼털리 리뷰(Quarterly Review)』는 다음과 같은 질문을 던졌다. "역마차보다 속도가 두 배 빠른 탈것을 만든다는 가능성만큼 더 터무니없는 것이 또 있을까?"

미국에서는 뉴욕 주의 주지사를 지내고 당시 국무 장관이었던 마틴 밴 뷰런(Martin Van Buren)이 1830년에 미국 대통령이었던 앤드루 잭슨(Andrew Jackson)에게 다음과 같은 편지를 보냈다. "이 나라의 운하 체계는 철도라는 새로운 형태의 운송수단에 의해 위협당하고 있습니다. 이미 아실지 모르겠지만 대통령 각하, 기차는 '엔진'이라는 것으로 시속 24킬로미터라는 엄청난 속도로 달리기 때문에 승객들의 안전과 생명을 위협하며, 평화로운 농촌 풍경에 시끄러운 소리를 더하고, 작물에 불을 내는 데다 가축을 겁주고 여성과 아이들을 놀라게 합니다. 승객들의 목을 부러뜨릴 만큼 엄청난 속도로 달리는 이런 탈것은 확실히 전능하신 신의 뜻을 거스릅니다." 이렇듯 선구적인 견해를 가졌던 밴 뷰런은 1837년 잭슨에 이어 미국의 제8대 대통령이 되었다.

디오니시우스 라드너를 비롯한 이런 비평가들의 견해는 곧 옳지 않다는 점이 드러났고, 그로부터 20년 안에 영국 전역에 1만 1,000킬로미터에 달하는 철도망이 깔렸다. 하지만 철도망을 둘러싼 의견 충돌은 아직 끝나지 않았다. 1830년대에 이삼바드 킹덤 브루넬 (Isambard Kinsdom Brunel)이 그레이트 웨스턴 철도를 건설하자, 라드너는 치펜햄과 바스를 연결하는 브루넬의 유명한 사각형 터널을 비판했다. 만약 열차의 브레이크가 고장 난다면 동쪽과 서쪽의 기울기 차이 때문에 객차가 시속 190킬로미터 넘게 폭주할 것이라는 게 그 이유였다. 그리고 라드너에 따르면 그 속도라면 승객들은 질식하고 만다. 그러자 브루넬은 라드너의 계산이 마찰력과 공기 저항을 고려하지 않았기 때문에 틀렸다고 지적했다.

1836년, 브루넬이 최초의 대서양 횡단 증기선 그레이트 웨스턴 호를 제작하게 되자, 라드너는 런던에서 열린 과학 진흥 협회의 연설에서 리버풀에서 뉴욕까지 직접 항해하는 것은 불가능하며 그것은 마치 리버풀에서 달까지 여행하겠다는 말과 다를 바가 없다고 주장했다. 이 아일랜드인은 그레이트 웨스턴 호가 3,350킬로미터를 항해하면 석탄이 떨어질 것이라고 예견했다. 나중에 알고 보니 이 배는 뉴욕에 도착해서도 석탄이 200톤 남은 채였다. 디오니시우스 라드너라는 인물이 논란과 사건사고에 휘말린 것은 이번이 처음이 아니었다. 1840년에는 메리 스파이서 헤비사이드(Mary Spicer Heaviside)와의 불륜 소식이 불거져 둘이서 파리로 도피하기도 했다. 그러자 이 여인의 남편이었던 리처드 헤비사이드(Richard Heaviside) 대령은 두 사람을 뒤쫓아 붙잡았고 사람들이 보는 앞에서 라드너를 말채찍으로 후려쳤다. 런던에 돌아온 헤비사이드 대령은

라드너를 간통죄로 고소해 8,000파운드를 받아냈다. 헤비사이드
부부는 1841년에 이혼했고, 라드너와 헤비사이드 부인은 5년 뒤에
결혼했다. 이 추문 때문에 라드너는 더 이상 런던에서 활동할 수
없게 되었고 파리로 떠나 1859년 사망하기 바로 직전까지 이 도시에
머물렀다. 브루넬을 비롯한 모든 사람들이 안심하게 된 것은 당연한
일이었다.

컴퓨터는 아무리 발전하더라도
무게가 1.5톤은 될 것이다.

《파퓰러 메카닉스(Popular Mechanics)》지에 실린
미래 기술 예측, 1949년.

전자 상거래,
지문에서 시작하는
세상

1974년, 가정용 컴퓨터가 보급되어 공상 과학소설을 현실로 바꾸기 10년 전, 아서 C. 클라크(Arthur C. Clarke)는 오스트레일리아의 ABC 네트워크와 인터뷰를 한 적이 있다. 클라크는 당시 농구장만 한 방에 꽉 찰 정도로 컸던 컴퓨터라는 기계를 미래에는 모든 사람이 매일 사용할 수 있겠느냐는 질문도 받았다. 그러자 클라크는 오늘날의 온라인 쇼핑과 온라인 뱅킹을 정확히 예견하는 대답을 했다. 그리고 인터뷰 진행자가 자기 아들 세대가 어떤 생활을 하게 될지에 대해 묻자, 클라크는 다음과 같이 대답했다. "당신 아들은 자기 집에서 컴퓨터 단말기를 통해 대화하고 일상에 필요한 모든 정보를 얻게 될 것입니다. 복잡한 현대 사회 속에서 살려면 은행 계좌의 입출금 내역서, 영화 예매를 비롯해 여러 가지가 필요하죠. 이 모든 것을 당신 아들은 자기 집에서 간단하게 해결할 테고, 그것은 우리가 지금 전화를 쉽게 사용하는 것과 마찬가지일 겁니다."

1974년 당시에는 미래에 모든 사람들이 인류의 역사를 통틀어 지금껏 벌어진 모든 사건들에 대한 정보를 주머니 속에 갖고 다니며 확인할 수 있으리라고는 전혀 상상할 수 없었다. 우리는 1974년에는『브리태니커 백과사전(Encyclopaedia Britannica)』이 작은 밴 차량에 싣기도 버거울 만큼 육중한 20권짜리 책이었음을 기억해야 한다. 하지만 이 백과사전이라고 해도 세상 모든 지식의 표면만 훑는 정도였다. 백과사전은 시야가 넓은 사람들이 기존의 행동 방식을 바꾸는 계기가 되기도 했지만 가끔은 상상력이 뛰어난 사람들조차도 스스로의 한계 때문에 당황하고는 했다. 예컨대 1966년, 유명한 잡지『타임』은 원격 쇼핑이 다음과 같은 이유에서 실패작이라고 주장했다. "여성들은 집 밖을 나가서 상품을 직접 만져 보고 구입을 확정하거나 마음을 바꾸기를 원한다."

1986년, 기술 분야에 대해 글을 쓰는 미국 작가 클리퍼드 스톨 (Clifford Stoll)은 캘리포니아 주 로런스 버클리 국립 연구소에서 시스템 관리자로 일하던 중 해커인 마커스 헤스(Markus Hess) 가 컴퓨터 망에 침입했음을 알게 되었다. 당시에는 컴퓨터가 초기 단계여서 해커가 침입했다는 개념도 거의 없던 시절이었다. 오늘날에야 밝혀진 사실이지만 당시에는 군대의 컴퓨터 망조차도 보안에 주의를 기울이지 않아 초기에 정해진 비밀번호가 바뀌지 않고 유지되었고, 사용자들은 '손님(guest)'이라고만 입력하면 여러 인터넷 망에 접속할 수 있었다. 그런 상황에서 스톨은 어느 날 연구소의 컴퓨터 망에서 어떤 가격이 75센트 차이가 나는 문제를 해결하기 위한 상대적으로 사소한 작업을 하다가 허가받지 않은 사용자가 9초 동안 시스템에 접속했고 여기에 대한 대금도 지불하지 않았음을 발견했다. 스톨은 범인을 추적하려 했지만, 물론 그 계기가 1달러도 되지 않는 금액 때문은 아니었다. 그보다는 알려지지 않은 누군가가 사적인 인터넷 망에 어떻게 접속했고, 그 이유가 무엇인지를 알아내는 것이 훨씬 중요했다. 스톨은 10달 동안 조사한 끝에 범인을 붙잡을 덫을 만들었고, 역사상 처음으로 국제적인 법 집행 기관과 공조해 악당을 쫓았고 체포하는 데 성공했다.

나중에 털어놓은 바에 따르면 마커스 헤스는 소련 KGB에서 일했으며, 디지털 범죄 과학 조사에 의해 감옥에 간 최초의 인물이 되었다. 클리퍼드 스톨은 당시 해커를 검거했던 경험을 『뻐꾸기의 알: 컴퓨터 간첩의 미궁 속에서 스파이 추적하기』 라는 제목의 책으로 펴냈으며, 나중에는 온라인 안보 분야의 여러 저술에 관여했다. 하지만 스톨이 인터넷 분야의 흐름과 유행을 감지하는 데 항상 성공한 것은 아니었다. 1955년 2월 27일에는 온라인 커뮤니티의 성장이라는 주제에 대해 다음과 같은 글을 남기기도 했다. "선지자들은 재택 컴퓨터 근무와 쌍방향 도서관, 멀티미디어 교실을 활용하는 미래를 전망한다. 이들은 컴퓨터로 이뤄지는 마을 회의와 가상 커뮤니티에 대해서도 얘기한다. 상업과 비즈니스의 현장은 이제 사무실과 상점에서 네트워크와 모뎀으로 이동할 것이다. 하지만 자유로운 디지털 네트워크가 정부를 더욱 민주적으로 만들까? 그건 헛소리일 뿐이다."

그리고 스톨은 여기서 멈추지 않고 다음과 같이 말한다. "컴퓨터 디스크로 책을 읽는다고 상상해 보라. 기껏해야 불쾌한 경험에 불과할 것이다. 투박한 컴퓨터의 희미한 불빛이 친근한 종이책의 책장을 대체할 수 없기 때문이다. 게다가 여러분은 해수욕장에 노트북을 들고 갈 수도 없다. 하지만 그럼에도 MIT 미디어연구소의 소장 니컬러스 네그로폰테(Nicholas Negroponte) 같은 사람은 우리가 머지않아 책과 신문을 인터넷으로 주문해 읽을 것이라 예측한다. 말도 안 되는 소리다!"

스톨이 이런 이야기를 한 것은 인터넷 업계의 거물 아마존과 이베이가 막 창립된 해이기도 했다. 물론 스톨 편을 좀 들자면, 인터넷을 통해 송금하는 방식이 신뢰할 정도로 개발되기까지는 그로부터 4년이 더 걸렸고, 일반인들이 신용카드의 정보를 모르는 사람에게 안심하고 건네기까지는 더 오랜 세월이 흘러야 했던 것도 사실이다. 그리고 클리퍼드 스톨은 관찰을 기반으로 다음과 같이 결론을 내렸다. "비록 인터넷이 '아는 것이 힘'이라는 매력적이고 밝게 빛나는 상징이 되었지만, 특정 장소에 묶이지 않는 이 존재는 우리에게서 현실에 발 딛고 서는 시간을 빼앗는다. 좌절이 가득한 가상현실이라는 이 형편없는 대체물은, 교육과 진보라는 성스러운 이름으로 인간이 행하는 상호작용의 중요한 측면들을 가차 없이 평가절하 한다."

스톨의 이야기는 부분적으로는 옳지만 적어도 전자 상거래에 대한 설명은 부정확하다는 사실이 드러났다. 전자 상거래의 규모는 무려 매년 1조 달러에 달했고, 그것도 시작 단계일 뿐이었다. 하지만 또 스톨 편에서 공정을 기하자면, 당시 전자 상거래의 영향력을 제대로 예견한 사람은 극소수에 불과했다. 서구의 거의 모든 사람들이 인터넷을 통해 물건을 구매하는 습관을 들일 것이라고는 상상하기 힘들었다. 당시 인터넷이라는 말을 들어 본 사람도 드물었고, 전화선을 뽑은 다음 다이얼 접속 방식으로 인터넷을 사용한다는 것에 대해서는 거의 아무도 몰랐다(지금 들으면 너무 옛날이야기처럼 들리겠지만). 스톨은 나중에 자신의 잘못된 관측에 대해 웃음을 터뜨렸고, 『뉴스위크』에 썼던 기사를 떠올리며 다음과 같이 말했다. "나는 그동안 여러 번 헛다리를 짚고 실수를 했지만 1995년의 그 기사처럼 대중적인 지면에서 어이없는 예측을 한 건 몇 안 되는 사건이었다. 지금은 내가 무언가에 대해 한 마디 거들고 싶을 때마다 스스로를 말린다. 또 틀릴 수 있어, 클리퍼드…."

원자력 에너지는 폭발물이나 다름없지만,
그렇게까지 심각하게 위험해질 가능성은 없다.

영국의 수상 윈스턴 처칠 경, 1939년.

당신은
이것을 수십 개는
팔 것이다

　서아프리카 출신의 로널드 프라이스 히크먼(Ronald Price Hickman)
은 1950년대에 영국으로 이민 왔고, 초반에는 런던의 음악
출판사에서 일했다. 히크먼은 곧 대거넘포드사에서 상품 이미지를
관리하는 일을 했고, 그 이후에는 콜린 채프먼(Colin Chapman)
의 눈에 들어 로터스 엔지니어링에서 일했다. 히크먼은 임원으로
일하면서 이 회사가 1960년대에 실시했던 GT40 계획의 일부인
로터스 유로파 자동차를 처음으로 디자인하는 일을 담당했다. 또한
히크먼은 1962년 회사의 상징적인 상품이 된 자동차 로터스 엘런을
처음 소개해 큰 찬사를 받았다. 하지만 이렇게 성공을 거뒀는데도
히크먼은 또 아이디어가 샘솟았고 발명품 하나를 이미 만드는
중이었다. 나중에 전 세계적으로 건축업과 DIY 열광자들의 생활을
바꿔 버린 발명품이었다.
　1961년 초 어느 날 아침, 히크먼은 집에서 옷장을 만들다가
작업대가 없어 등이 높은 윈저 의자 두 개의 앉는 부분에 나무판을

걸친 다음 발을 턱 올려놓아 나무판이 떨어지지 않게 고정했다.
그 상태에서 일직선으로 톱질하는 데 열중하던 히크먼은 의자의
앉는 부분까지 자르는 바람에 의자 하나를 버리게 되었다. 하지만
디자이너였던 그는 가구를 만들기 위해 다른 가구를 하나 망가뜨리는
것쯤은 대수롭지 않았고, 망가진 의자를 활용할 방법에 골몰했다.
그러다가 히크먼은 이동식 작업대를 하나 스케치했다. 나무 손잡이가
달렸고 작업대를 꽉 고정할 수 있도록 발 받침대가 있으며 다 쓰고
나면 접을 수 있는 작업대였다. 요컨대 혼자서 작업하는 장인이라면
누구나 사용할 수 있는 물건이었다. 히크먼은 바로 그 자리에서 차
마실 휴식 시간이나 급료가 필요 없고 절대 늦지 않는 완벽한 작업
조수를 만들어 낸 셈이었다.

　사람들이 자기가 디자인한 이 물건에 대단한 관심을 보일
것이라 확신한 히크먼은 잠재적 투자자와 도구 제조업자를
찾아다녔지만 놀랍게도 이들은 하나같이 이 물건을 거부했다.
도구 제작업체의 거물이었던 스탠리사는 이 작업대가 '수백 개가
아니라 수십 개' 정도 팔릴 것 같다며 퇴짜를 놓았다. 이런 반응은
다른 회사도 마찬가지여서 미국의 전동 공구업계의 대기업 블랙
앤 데커에서도 히크먼의 물건을 거부했다. DIY에 열광하는 보통
사람이라면 이런 거대한 도구를 갖고 다니지 않으리라는 것이 그
이유였다. 스펜서 앤 잭슨, 샐먼 앤 윌킨슨 역시 히크먼의 작업대를
제작하지 않겠다는 의사를 밝혔다. 하지만 히크먼은 좌절하지
않고 전략을 바꿔 자신의 작업대를 관련 업계 사람들에게 직접
팔겠다고 결심했다. DIY 잡지 관계자를 설득해 1968년 런던에서
열린 '이상적인 가정 전시회'의 부스 구석에 이 작업대를 전시했던

것이었다. 그로부터 1년 안에 히크먼은 1,800대의 작업대를 팔았고 마침내 1971년에는 블랙 앤 데커 사의 새로운 제품 담당 임원들이 기존의 방침을 뒤엎고 히크먼의 작업대를 전 세계 시장에 내다 팔 상품으로 만들겠다는 결정을 내렸다.

1972년부터 블랙 앤 데커는 작업대를 대량생산하기 시작했고 히크먼의 디자인은 곧바로 성공을 거뒀다. 4년 안에 이 제품은 100만 개가 팔렸고 1970년대 말까지 블랙 앤 데커 작업대는 전 세계 건축업자와 DIY 애호가들에게 1,000만 개 이상 팔려 나갔다. 나중에 제작된 텔레비전 다큐멘터리를 보면 숙련된 장인들이 이 제품을 활용해 작업을 하던 중 다음과 같이 인터뷰한다. "블랙 앤 데커 제품은 제 작업에 큰 도움을 줘요. 작업장에 이 회사 제품이 여러 개 있죠. 작업대가 없는 건축업자는 오븐이 없는 요리사와 같을 거예요. 이 제품이 발명되기 전에는 과연 사람들이 어떻게 일했을지 상상도 되지 않네요." 그리고 블랙 앤 데커 사의 린지 컬프(Lyndsey Culf) 는 다음과 같이 말했다. "로널드 히크먼의 이야기는 지금 이야기에 딱 들어맞는 사례에요. 어떤 아이디어가 당장 호응을 받지 못한다 해서 그것이 나쁜 아이디어라는 의미는 아니죠. 히크먼이 전 세계 DIY 업계에 미친 영향은 헤아릴 수도 없을 만큼 대단합니다." 사실 작업대가 그토록 유명해진 탓에 히크먼은 전 세계를 돌아다니며 자신의 디자인 저작권을 침해한 회사들을 계속 고소해야 했다. 그는 재판에서 모조리 승리를 거뒀다.

1977년, 로널드 히크먼은 가족과 함께 저지 섬의 세인트 브렐레이드에 다시 정착했다. 이곳에서 그는 자기 디자인 작업장을 꾸렸고 로터스 엔지니어링과 협력하며 일했다. 포뮬러원 자동차

경주대회 출전 선수 데렉 워윅(Derek Warwick)은 이 즈음 히크먼과 친해졌는데 그를 이렇게 기억했다. "몹시 창의적인 정신을 가진 독특한 성격의 소유자." 또한 워윅은 히크먼에 대해 다음과 같은 사실을 털어놓았다. "그는 자기의 새로운 디자인을 들고 내 사무실에 몇 번 들렀는데, 그 디자인은 꽤 흥미를 자아냈다. 그는 어떤 일을 할 때 언제나 현명한 방식을 생각해 냈다. 또 무엇을 볼 때마다 그것을 다시 창조하고 싶어 했다. 그것이 히크먼의 사고방식이었다." 히크먼은 1982년에 은퇴했고 1994년에는 산업계에 혁신을 일으킨 공을 기려 대영제국 4등 훈장을 받았다. 2011년 히크먼이 숨을 거둘 무렵, 한때 '고작 수십 대' 팔릴 것이라 예측되었던 그의 작업대는 전 세계적으로 1억 대 넘게 팔렸다. 데렉 워윅은 나중에 히크먼을 기리는 다음과 같은 완벽한 묘비명을 작성했다. "약간 특이하고, 약간 별나며, 약간 괴짜인 사람. 그는 이런 미친 과학자 유형이었다. 그들은 보통사람보다 비범하다. 아주 영리한 사람이 아니라면 어떻게 로터스 엘런이나 블랙 앤 데커 작업대를 디자인했겠는가." 모두가 여기에 동의할 것이다.

전세계 산업에
변화를 가져온
바코드

바코드는 지난 세기 동안 어떤 산업적인 사건보다도 소매
업계에 광범위한 변화를 가져온 가장 혁신적인 현대의 발명품이라
할 수 있다. 이미 1932년부터 하버드 비즈니스 스쿨의 졸업생
몇몇은 상품을 개별적으로 식별할 수 있도록 목록에 오른 상품을
스캔할 수 있는 펀치 카드를 생산해, 재고량을 간단하게 알 수 있는
프로젝트를 시작했다. 이 혁신적인 발상에 대한 사람들의 반응은
좋았지만 스캐너가 비싸다는 것이 단점이었다. 당시 전 세계적으로
유례없는 불황이 닥쳤는데, 이 대공황은 여러 나라에서 산업 발전에
악영향을 끼쳤다. 그래서 소매업자들은 값비싼 재고 관리 기기에
투자할 여력이 없었다. 그래서 스캐너의 발명자들은 이 물건을 더욱
저렴하게 개선해야 했다. 비록 일부 업주들은 스캐너를 이용하면
인건비가 절감된다고 여겼고, 몇몇은 이런 현대적인 시스템이
창고에서 일어나는 크고 작은 부상을 줄일 수 있다고 여겼지만 이
기기를 누가 찾기까지는 16년이라는 세월이 더 필요했다.

그러다가 1948년, 필라델피아 주의 드렉셀 공과 대학교를 갓
졸업한 버나드 실버(Bernard Silver)는 우연히 대학의 학장과 지역의
식품 체인점인 푸드 페어의 대표가 나누는 이야기를 엿듣게 되었다.
이들은 소비자에게 물건을 판매해 계산하는 시점에 그 상품을
자동적으로 식별하는 시스템을 개발하는 일에 대해 얘기하는
중이었다. 실버는 곧 자기가 들은 이야기를 친구였던 노먼 우드랜드
(Norman Woodland)에게 전했고, 두 사람은 자외선 잉크로 실험을
시작했다. 하지만 불행히도 이 잉크는 햇볕을 받으면 빛이 바래는
데다, 상용화를 생각하기에 앞서 편히 실험하기에도 너무 비쌌기에
실험은 수포로 돌아갔다. 이들의 이론은 거부당했지만 우드랜드는
좌절하지 않고 드렉셀 대학교를 떠나 플로리다 주에 있는 아버지의
아파트로 이사 갔으며 여기서 새로운 디자인을 연구하기 시작했다.
그러던 어느 날, 하나의 '언어'로 모스 부호를 살피던 우드랜드는
떠다니는 나뭇조각을 활용해 바닷가 모래사장에 처음으로 바코드를
그려 보기 시작했다. 이때의 경험에 대해 우드랜드는 이렇게
말했다. "나는 모스 부호의 선과 점을 그저 아래로 연장해 보았을
뿐이다. 그랬더니 폭이 좁은 선과 폭이 넓은 선이 나왔다." 그 다음
우드랜드는 500와트 전구를 종이를 통해 비춰, 그가 만든 선 패턴을
'판독기'에 투사해 보았다. 얼마 지나지 않아 우드랜드는 자신의
부호 시스템을 원형으로 배열했는데 그러면 어느 방향에서도 쉽게
스캔할 수 있었다.

1949년 10월 20일, 실버와 우드랜드는 자기들의 '분류 장치와
방법'에 대해 특허를 신청했다. 이들은 직선과 둥근 형태의 인쇄
패턴을 둘 다 포함시켰고, 개별 코드를 읽는 데 필요한 기계적이고

전자적인 장치의 밑그림을 그렸다. 이들의 특허는 1952년 10월 7일에 승인되었고(미국 특허 2,612,994) 두 젊은 발명가는 그들의 미래가 탄탄대로라고 자신했다. 하지만 1951년, 우드랜드는 IBM에 취직했고 특허가 등록되자마자 그는 자신의 디자인을 회사에서 제작하는 게 어떤지 상사들에게 제안했다. 하지만 우드랜드의 제안은 단호하게 거절 당했고 그는 상사들의 마음을 돌리고 설득하느라 이후 10년을 보냈다. 1955년에는 미국 상무부는 향후 20년 동안 발전할 기술이 무엇인지 조사한 적이 있었는데, 그중 하나로 꼽힌 것이 재고품 관리와 판매촉진 방식을 개선할 수 있는 전자 계산 시스템이었다. 하지만 이런 상황에서도 IBM의 임원들은 별 반응을 보이지 않았다.

마침내 1961년이 되어서야 IBM은 마음을 바꿨고 이 분야에 대해 연구를 의뢰한 결과 우드랜드와 실버의 디자인이 실용적이면서도 흥미롭다는 결론을 얻었다. 동시에 이들의 기술은 부호를 신뢰성 있게 처리하는 과정이 필요한데 그 과정은 아직 개발되지 않았다는 사실도 알게 되었다. 이렇듯 차질이 예상되었지만 IBM은 이들의 특허를 구매하기로 했다. 하지만 이번에는 우드랜드가 또 다른 전자 분야의 대기업인 필코 사의 제안에 마음이 쏠려 1962년 IBM 대신 이 회사에 특허를 넘겼다.

그러는 동안 데이비드 콜린스(David Collins)라는 한 대학생이 펜실베이니아 철도 회사에서 일하던 중 열차를 자동으로 인식하는 시스템이 필요하다는 사실을 깨닫게 되었다. 1959년 콜린스는 전자제품을 생산하는 실바니아사에서 일을 시작했고 곧 카트랙이라 불리는 시스템을 개발했다. 이것은 열차 곁에 붙은 붉은색과 푸른색의 반사 줄무늬를 인식하는 장치였다. 이 줄무늬는 그 열차를 소유한 회사와 개별 열차를 나타내는 10자리 숫자를 부호화했다. 그러면 빛이 이 줄무늬에 반사되어, 붉은색과 푸른색을 구별할 수 있는 광증폭기에 들어간다. 콜린스의 발명품은 1961년에서 1967년 사이 보스턴과 메인 주 사이를 잇는 철도에서 시험적으로 운영되었고, 1967년에 10월 10일부터는 미국 철도 협회가 카트랙 식별 시스템을 전체 열차에 설치했다. 하지만 불행히도 1970년대 초반 또 한 번의 경제 불황이 닥쳐 산업계 전반적으로 자금 사정이 나빠졌다. 여기에 더해 카트랙 장치에 먼지와 흙이 쌓여 정확도가 떨어지자 1978년 이 장치는 폐기되기에 이르렀다.

비록 철도에서는 실험이 실패로 돌아갔지만 나중에 통행료를 징수하는 뉴저지의 한 다리에서는 이 시스템을 이용해 매달 통행량을 조사했고, 곧 미국의 우체국에서도 같은 기술을 활용해 창고를 드나드는 트럭을 확인했다. 이후 애완동물 사료 제조업체인 칼 캔도 창고 재고와 분류 설비를 단순화하는 저렴한 방식을 공급해 달라고 실바니아 사에 의뢰했다. 마침내 잠자던 거인 IBM 사도 이 아이디어를 받아들였고, 모든 상품에 부착할 수 있는 바코드 시스템을 개발해 달라고 의뢰했으며 1973년에는 많은 식료품 제조업자와 소매업체들이 자기들의 상품을 모두 인식할 수 있는 새로운 스캔 시스템이 도움이 된다는 사실을 확신했다. 시스템의 개발자들은 1975년까지는 모든 소비재의 75퍼센트에 바코드 라벨이 부착되리라 예상했다. 하지만 그로부터 2년이 지나도 실제로 계산대에 스캐너를 설치한 소매 판매점은 200곳에 지나지 않았다.

범용 스캐닝 시스템이 효과적으로 기능하려면 소매점 대부분이 스캐너를 설치해야 한다는 점은 확실했다. 그러지 않는다면 각 제조업체들은 상품의 포장지에 고유의 바코드를 할당해 인쇄하는 데 돈을 쓰려 하지 않을 터였다. 제조업체와 소매업자 사이에 이도 저도 못하는 교착상태가 벌어졌다. 어느 한 쪽이 먼저 힘들게 얻은 자원을 투자하지 않는다면 다른 한 쪽도 그렇게 하지 않으려 했기 때문이었다. 모든 상품에 바코드가 부착되지도 않았는데 소매업자들이 과연 애써 비싼 스캐너를 구입하려 하겠는가? 그리고 모든 소매업자들이 바코드를 읽어 들일 수단도 없는데 제조업체가 과연 바코드를 일괄적으로 인쇄해 부착하려 하겠는가? 이런 상황을 두고 『비즈니스위크』지는 "슈퍼마켓 스캐너는 실패했다"라고 전체 상황을 결론 내렸다.

하지만 스캐너를 설치한 소매업자들은 첫 6주 안에 매출이 10~12퍼센트 늘고 이 매출이 계속 이어진다는 소문이 퍼지기 시작했다. 스캐너 제조업체들은 곧 스캐너를 설치할 경우 투자 수익률이 40퍼센트를 넘는다는 통계를 제시했고, 1970년대 말이 되자 매출을 계산하기 위해 스캐너를 들인 소매점이 8,000곳을 넘어섰다. 하지만 전 세계적으로 보면 이것은 충분한 수치가 아니었다. 게다가 전혀 예상치도 못한 곳에서 반대의 목소리가 나왔다. 음모론자들은 바코드 스캔 기술이 감시의 수단이라고 주장했고, 몇몇 기독교인들은 바코드가 악마의 숫자인 666을 몰래 사용한다고 큰소리로 불평했다. 텔레비전 프로그램 사회자들 가운데는 바코드가 "평범한 소비자들에 대한 기업의 음모"라고 경고하는 사람들도 있었다. 하지만 다행히도 이런 무분별한 반대는 마침내 모두 극복되었고 바코드 시스템은 최신식으로 개량되어 전 세계로 퍼졌다. 그리고 곧 의약품, 비행기 표, 손목 보호대를 비롯한 상상할 수 있는 거의 모든 상품에 부착되었다. 1948년 버나드 실버와 노먼 우드랜드가 제시한 초기의 아이디어는 고난과 역경을 뛰어넘어 반세기가 지나서야 마침내 우리 일상의 일부가 되었다. 오늘날 우리가 슈퍼마켓에서 주말마다 줄을 길게 서지 않아도 되는 것은 다 바코드 덕분이다.

런던 지하철
탄생 비화

　런던에서 지상으로 달리는 철도가 처음으로 생긴 것은
1836년이었는데, 그리니치에서 런던교를 연결하는 노선이었다. 이
철도를 만들자고 처음 제안한 사람은 전직 왕립 기술자였던 조지
랜드먼(George Landmann) 대령이었는데, 무려 1824년의 일이었다.
1833년이 되어서야 의회 법령에 따라 마침내 영국에서 유럽으로
통하는 관문인 도버를 경유할 이 철도의 건설이 허가되었다. 로버트
스티븐슨의 증기기관 로켓이 처음 선을 보인 것은 1829년이었지만
국영 철도망을 만들자는 논의는 1700년대부터 있었다. 선로를 따라
말이 끌어 움직이는 열차가 영국 주요 도시의 일상적인 광경이었던
시절이었다. 이런 상황에서 증기기관이 등장하자 더욱 야심찬
계획이 가능해졌다. 사실 런던에서 철도망 건설에 대한 계획은 꽤
앞서나가는 편이어서 지상 노선이 완공되기 6년 전인 1830년부터
이미 지하 노선이 처음으로 제안되었다. 도시와 도시를 잇는
교통망이 발달하면서 런던의 주요 터미널을 우선적으로 연결하는

지하 교통망을 건설한다는 계획이 제안되었지만, 의회는 여기에
저항했고 반대의 목소리가 높았다. 런던 시가지 지하 깊숙한 곳에서
폐쇄된 터널을 따라 승객들이 가득 찬 증기기관차를 달리게 한다니
말도 안 된다고 여겼던 것이다.

　그로부터 20년 동안 지하 철도망에 대한 논쟁이 들끓는 동안
지상 철도망은 점차 승객들로 붐비며 성공을 거두었다. 도시
노동자들이 런던에서 한 시간 거리까지 전차로 출퇴근하는
통근자가 되면서, 사람들이 대규모로 이동하고 역 주변의 마을이
북적였다. 하지만 런던 당국은 여전히 금융 중심지인 시티 오브
런던과 웨스트민스터, 플리트 가를 지하 노선으로 연결하는 데
대해 반대를 표명했다. 그리고 수도 런던으로 들어오는 지상 열차
또한 이미 완성된 철도망 이상으로 확장하지 못하도록 했는데,
이것은 새로 늘어난 거의 100만 명에 달하는 통근자들이 매일 아침
걸어가는 것 말고는 직장에 출근할 수단이 없다는 것을 뜻했다.
1850년대까지 런던은 전 세계에서 가장 큰 산업 도시였을 뿐만
아니라 국제적 교역의 금융 중심이었고 유럽에서 가장 북적이는
항구이기도 했다. 이렇듯 교통량이 크게 증가하자 자연히 런던에는
엄청난 정체 현상이 나타났다. 말이 끄는 탈것들, 통근자들, 손수레,
수입품과 수출품, 남자와 여자, 어린아이와 동물까지 모두 좁은
도로에서 갈 길을 가려고 서로 싸웠다. 그 때문에 런던의 여러
역들을 중심지와 연결하는 야심찬 해법이 무엇보다 필요했고, 결국
방법은 단 하나였다. 바로 지하철을 만드는 것이었다.

　지하철을 건설하자는 주장을 처음으로 내세운 사람은 시티
오브 런던의 사무 변호사이자 런던 남부의 자치구인 램버스의

급진적인 하원의원이었던 찰스 피어슨(Charles Pearson)이었다. 그는 패딩턴과 시티 오브 런던을 연결하는 노선을 만들자는 운동을 벌였다. 피어슨은 여성 인권운동을 비롯해 사형 제도의 폐지, 배심원의 판단에 따른 부정부패의 엄격한 처벌을 주장한 인물이었다. 서민에게 인기가 높았던 피어슨은 시티 오브 런던의 사무 변호사라는 직업을 활용해 터널을 비롯한 교통수단을 개선해 달라고 런던 시에 요청했다.

1845년, 피어슨은 런던 금융가에 압착 공기를 이용해 터널 안으로 객차를 밀어내는 방식의 교통수단을 도입하자는 팸플릿을 제작해 사람들에게 배포했다. 하지만 그의 제안은 말도 안 되고 우스꽝스럽다는 이유로 거부되었다. 다음 해 피어슨은 패링턴까지 이런 직통 노선을 만들어 달라고 시티 오브 런던 자치단체에 도움을 요청했지만, 대도시 기차역 왕립위원회는 다시 한 번 퇴짜를 놓았다. 1856년에 런던의 교통 체증을 보고하기 위해 또 다른 왕립위원회가 꾸려지자 피어슨은 다시 한 번 논쟁에 참여했다. 그리고 다음과 같은 글을 남겼다. "런던이라는 도시에 이렇게 교통체증이 생긴 첫 번째 이유는, 주변 지역의 인구와 면적이 자연스레 증가했기 때문입니다. 그리고 두 번째 이유는 런던 북부에 큰 철도가 들어서면서 지방에서 온 승객들이 런던으로 유입되었기 때문입니다. 또 인근 역에서 출발한 버스와 택시가 승객들을 도시 중심부로 실어 나르면서 도로가 꽉 막히고 있습니다. 그 다음으로 지적하고 싶은 사실은, 아침이면 시티 오브 런던으로 출근했다가 저녁이면 퇴근해 집으로 돌아가며 교외와 도심 사이를 계속 오가는 사람들, 제가 '이동 인구'라고 부르는 사람들이 크게 늘었다는 점입니다."

　이때쯤에는 피어슨 말고도 지하철을 건설하자는 청원이
많아졌지만 역시 모두 거절당했다. 지하철을 반대하는 사람들이
내놓았던 큰 이유는 땅속 깊이 터널을 파는 것은 어려운 일인데
특히 지하수층이 있다면 더욱 힘든 작업이고 이전의 비슷한 작업이
상당수 실패로 끝나거나 인부들의 목숨을 앗아 갔다는 점이었다.
우리가 여기서 기억해 둬야 할 점은 1830년에서 1860년 사이에는
전기가 보급되지 않았다는 사실이다. 그래서 증기기관이나 사람의
힘만으로 깊은 땅굴을 파 지표면까지 엄청난 흙을 옮겨야 했는데,
이것은 최고로 솜씨 좋은 엔지니어와 열심히 일하는 일꾼이
있더라도 몹시 까다로운 작업이었다. 하지만 골칫거리는 여기에
그치지 않았다. 지하철이 건설되더라도 통근자들이 이용하려 할
것인지도 미지수였다.

　당시 대부분의 사람들은 광부가 아닌 이상 땅속으로
들어가 본 경험이 없었기 때문에 지하 터널을 따라 빠른 속도로
이동한다는 생각만으로도 피가 차갑게 얼어붙었다. 빅토리아
시대의 소설가들은(오늘날로 치면 록스타에 해당한다) 지하철이 죽음과
파괴의 현장이 될 것이라 예측했다. 공포소설 작가들은 전성기를
맞았고 보통 사람들은 묘지와 하수도 밑을 지나간다는 생각에
죽음의 공포를 느꼈다. 더군다나 『타임스』를 비롯해 전국적으로
배포되는 신문들은 지하철을 강력하게 반대하는 사설을 실었고,
지하철을 타는 승객들이 터널에서 떨어지는 구정물에 흠뻑 젖고
쥐에게 병이 옮으며 가스 공급관에서 스며 나오는 독가스를 잔뜩
들이마실 것이라 예측했다. 귀가 떨어질 듯한 소음과 증기, 매연,

승객들의 질식 문제를 경고하기도 했다. 1861년에 작성된 한 유명한 사설은 다음과 같이 주장했다. "말이 끄는 객차를 타던 사람들이 런던의 더러운 하층토를 뚫고 손에 잡힐 듯한 어둠 사이로 끌려가는 것을 선택한다니, 전혀 상상할 수 없다." 또한 이 사설은 지하철이라는 개념 자체가 마치 미래에 영국 해협 아래로 터널이 뚫린다는 것과 마찬가지로 터무니없다고 주장했다. 어떤 사람들은 지하철 터널에 노숙자 가족들이 잔뜩 이사 올 것이고 그에 따라 햇빛을 보지 못하고 '그르렁 소리를 내는' 선천성 색소 결핍증 아이들이 도시 전체에 퍼질 것이라고 주장했다.

하지만 지표면 위의 문제는 점점 심해졌고 런던 시내의 도로의 체증은 더욱 악화되었다. 마침내 의회가 개입했고 1854년 8월 7일에는 패딩턴과 패링던 사이를 연결하는 지하철을 건설하겠다는 일반의원 발의 법안이 통과되었다. 피어슨이 이미 9년 전부터 제안했던 내용이었다. 그러자 비록 직접 관여하지는 않았지만 피어슨은 자신의 영향력을 이용해 100만 파운드의 건설비를 충당하고자 모금 운동을 펼쳤고 홍보용 팸플릿을 더 많이 만들었다. 피어슨 자신은 런던 남부의 원즈워스에 살았기에 그 노선을 이용할 일이 없는데도 이렇듯 열성을 보였던 것이다. 그 결과 1860년에는 목표 금액이 모금되었고, 빈민가를 철거하고 런던의 가장 혼잡한 시가지 아래로 터널을 파는 작업이 시작되었다. 하지만 불행히도 피어슨은 세계 최초의 지하철이 완공되는 모습을 보지 못하고 1862년 9월 14일에 수종(체액이 지나치게 괴어 몸이 붓는 병)으로 숨을 거뒀다. 지하철이 완공되기 4달 전이었다.

운행된 지 1년 만에 런던 지하철의 이용객은 900만 명을 넘겼다.

2년 전까지만 해도 영향력 있는 언론『타임스』에서 "아무도 이용하지 않을 것"이라 호언장담했던 그 지하철이었다. 이후 50년에 걸쳐 '런던 지하철'은 전 세계에서 가장 크고 수익성이 좋은 지하철로 성장했으며, 인구가 많은 도시 수백 곳이 런던의 사례를 본보기로 지하철을 건설했다.

자기 발명품에
목숨을 잃은
발명가들

    다음은 자기가 만든 발명품 때문에 목숨을 잃었던 발명가들에 대한 짧은 이야기다. 이 발명가들이 가졌던 몇몇 아이디어는 즉각 폐기되었는데, 읽어 보면 그 이유는 쉽게 눈치 챌 수 있다. 하지만 몇몇 발명품들은 오늘날까지도 매일 사용된다. 낙하산은 왜 여기서 다루지 않는지 궁금한가? 여기에서 다루는 다른 이야기들과 비슷한 비중으로 신기에는 너무 많은 발명가들이 희생되었기 때문이다.

암 치료법

    마리 퀴리(Marie Curie)는 아마 과학사에서 가장 유명한 여성일 것이다. 퀴리는 살아있는 동안 수많은 상을 받았다. 그 가운데는 노벨 물리학상(1903년), 노벨 화학상(1911년)이 포함되는데, 남녀를 통틀어 노벨상 2회 수상이라는 기록을 달성한 과학자는 처음이었다. 심지어 퀴리는 사후에도 많은 상을 받았다. 폴란드 바르샤바에서 태어난 마리 스클로도프스카(Marie Sklodowska)는 파리 소르본

대학에서 공부했다. 마리는 학비가 부족해 빵과 차로 연명했고 그 때문에 만성적인 건강 문제가 생겼다. 하지만 이런 역경을 딛고 1893년에 물리학 석사 학위를 땄으며, 다양한 금속을 연구해 자기적인 성질을 밝히는 것으로 돈을 벌었다. 이때부터 마리에게는 행운이 찾아왔는데, 일자리를 구하던 중에 한 친구가 프랑스 출신의 물리학자인 피에르 퀴리(Pierre Curie)를 소개해 주었기 때문이었다. 당시 피에르는 전도유망한 과학자였고, 더욱 중요한 사실은 그에게 드나들 실험실이 있다는 점이었다. 마리와 피에르는 얼마 지나지 않아 연애 감정을 싹 틔웠고, 굳건한 학문적인 협력 관계를 이뤘다.

얼마 지나지 않아, 마리 퀴리는 앙리 베크렐(Henri Becquerel)과 빌헬름 뢴트겐('우연히 발견된 엑스선' 참고)의 작업을 참고해 우라늄 선을 실험하기 시작했다. 그리고 그 과정에서 '방사능'이라는 말을 처음으로 만들었다. 그러자 마리와 결혼한 새신랑 피에르는 곧 자신의 연구를 보류하고 아내의 실험에 합류했다. 그리고 1898년, 이 부부는 새로운 방사능 원소를 발견하고 마리의 고향 이름을 따서 폴로늄이라고 이름 붙였다. 하지만 1903년 피에르는 파리에서 마차에 치여 두개골에 치명적인 골절상을 입는 바람에 짧은 생을 마감하고 말았다. 마리는 상심했지만 연구에 집요하게 매달렸다. 1차 세계대전 동안 마리는 휴대용 엑스선 기계를 적극적으로 홍보했는데, 이 장치는 '작은 퀴리'라는 애칭으로 불렸다. 또한 마리는 실험실 가운 주머니에 우라늄이 가득 든 시험관을 들고 다니는 것으로 유명했다. 하지만 이런 습관과 과학에 대한 헌신이 결국은 마리 퀴리를 비극으로 내몰았다. 1934년, 마리는 프랑스 파시의 산셀모즈 요양원에 들어갔지만 같은 해 7월 4일 오랫동안

방사능에 노출되어 생긴 재생불량성 빈혈(백혈병)로 결국 숨을
거뒀다. 20세기에 인류가 암 치료를 위해 방사선 요법을 활용할 수
있게 된 것은, 마리 퀴리의 획기적인 업적 덕분이다.

포탑식 전함

쿠퍼 핍스 콜스(Cowper Phipps Coles)는 영국 출신 해군 대령이자
발명가였다. 1830년, 겨우 11살의 나이에 콜스는 해군에 들어갔고
이후로 여러 군사 작전에서 공을 세웠다. 그중에는 1855년 러시아에
맞선 크림전쟁의 세바스토폴 포위전도 포함되었다. 다음해 콜스는
노가 달린 범선인 스트롬볼리 호의 지휘관으로 승진해, 전쟁이
끝날 때까지 흑해를 순찰했다. 이 시기 동안 콜스와 다른 몇몇
장교들은 빈 통으로 15미터짜리 뗏목을 설계해서 만들었는데,
여기에 '레이디 낸시'라는 이름을 붙였고 그 갑판에 32개의
대포를 붙들어 매 설치했다. 콜스는 이 탈것을 통해 얕은 물에서도
대포를 쏠 수 있었고 타간로크에 있던 러시아의 물품 창고를
공격했다. 깊은 물로만 다닐 수 있는 기존의 배로는 불가능했던
일이었다. 이 공적으로 콜스는 영웅이 되었고 다른 군사 발명품들도
설계해서 실험하기 시작했으며, 여기에 깊은 인상을 받은 영국
해군 원수는 콜스를 런던으로 보내 그리니치의 권력가들 앞에서
그의 아이디어를 설명하게 했다. 콜스의 창의적인 발명품들은 좋은
반응을 이끌어냈지만 전쟁이 끝나기 전에 실제로 만들어 활용할
수는 없는 상황이었다.

그래도 대령이 된 콜스는 단념하지 않고 포탑식 전함을
설계했다. 이 전함은 회전하는 거치대에 대포를 탑재한 다음

어느 방향이든 빠르게 겨눌 수 있었는데, 이것은 당시 바람 속에서 비교적 천천히 조준했던 예전 방식의 군함에 비하면 대단한 발전이었다. 콜스의 회전식 대포 거치대는 1859년 3월 10일에 특허를 받았고, 이후 대포 탑재 군함의 발전을 이끌었다. 콜스의 발명품은 열광적인 지원을 받았는데, 그중에는 영국의 앨버트 왕자도 포함되었다. 그는 1862년에 최초의 포탑식 전함을 건조하도록 해군 본부에 지시했다. 하지만 포탑식 전함 전체를 콜스 혼자서만 만들었던 것은 아니었다. 해군의 선임 엔지니어 아이작 와츠(Isaac Watts)가 포탑이 설치될 선체를 만들어야 했다. 콜스는 자신의 설계를 더 발전시키고 스스로 만들고 싶었던 다른 군함도 제안했지만, 번번이 기회를 얻지 못했다.

　비록 해군 본부 위원회의 의견이 갈렸지만 마침내 콜스는 대중적인 지지를 얻어 최신식 군함의 제작을 감독할 권한을 얻었다. 사실 위원회는 의견이 너무 분분한 나머지 그 프로젝트에 대해 공식적으로 '승인'하지 않았지만 대신 '반대하지 않음' 도장을 찍었다. 그에 따라 1867년 캡틴 호가 건조되기 시작했고, 해군의 새로운 선박 건조 담당자 에드워드 리드(Edward Reed)가 콜스의 선박이 항해에 적합하지 않다고 대놓고 우려를 표했지만 결국 1870년 1월에 성공적인 첫 항해를 끝마쳤다. 여전히 납득하지 못했던 리드는 결국 같은 해 7월 논란 끝에 사임했다. 반면에 콜스는 그 다음 달 새로 만든 배를 직접 타고 공식적으로 진수시키면서 자신의 정당성을 입증했다. 하지만 한 달이 더 지나 대양으로 항해를 떠난 캡틴 호는 기상이 악화되어 폭풍우와 허리케인이 포탑과 돛에 몰아치는 바람에, 배가 급선회하면서 뒤집히고 말았다.

결국 콜스를 비롯한 500명의 선원들은 배와 함께 바다 속에
가라앉았다.

진정한 우주비행사

16세기 중국 명나라의 관리 만호(万戶)는 우주여행을 시도한
최초의 인물이라는 신화의 주인공이다. 만호는 중국의 발전된
불꽃놀이 기술을 활용해서 로켓을 만들고, 여기에 의자를 달아
비교적 쉽게 하늘 위로 발사하겠다는 야심찬 계획을 세웠다. 하지만
지구로 안전하게 귀환할 수 있을지는 모르는 일이었다. 만호는 몇
번의 실험을 거쳐 생각해 둔 날이 오자, 47개의 가장 강력한 로켓을
커다란 의자에 부착한 다음, 위풍당당함이 느껴지는 옷을 입고
의자에 올라 발사를 준비했다.

그러자 47명의 믿음직한 하인들이 각 로켓의 도화선에
불을 붙였고, 종종걸음을 치며 몸을 피했다. 벽 뒤에서 발사
광경을 지켜본 하인들에 따르면, 거대한 폭발이 있었고 그로 인한
연기가 가시고 나자 용감무쌍했던 우리의 발명가와 그의 의자는
온데간데없었다고 한다. 이후로 만호에 대한 소식은 알 길이 없지만,
그의 이름은 달의 반대편에 '만호 크레이터(Wan Hoo Crater)'라는
이름으로 남아 있다. 몇몇 열성적인 그의 숭배자는 그가 실제로
여기에 착지했다고 믿는다. 하지만 많은 사람들은 이 문제에 대해
더 현실적인 결론을 내리고 있을 것이다.

수혈 실험

알렉산더 보그다노프(Alexander Bogdanov)는 논쟁적인 인물이자

러시아 혁명이 일어나기 오래 전 공산당에서 물러난 오래된 볼셰비키였지만, 그는 블라디미르 레닌(Vladimir Lenin)의 동지였고 레닌은 보그다노프를 과학자로서 계속 존경했다. 또한 그의 의견에 높은 가치를 부여하기도 했다. 보그다노프는 20세기 첫 10년 동안 레닌의 경쟁 상대였지만 나중에는 그를 지지하게 되었다. 레닌 또한 보그다노프가 정치를 떠나 과학에 전념하는 한 그를 용서하기로 했다. 그래서 보그다노프는 이후로 25년 동안 의사이자 경제학자, 과학자, 교사, 발명가(많은 직업 중에서도 하필)로 일했으며 일찍부터 사이버네틱스에 열광했다. 세계 최초로 오늘날 수혈이라 불리는 것에 대한 연구에만 집중하는 연구소를 설립하기도 했다. 볼셰비키를 떠나고 10년이 지났지만 보그다노프는 거처를 계속 옮겨야 했다. 요주의 인물이었던 그는 러시아 차르 지지자들로부터 쫓겼고, 여러 가명을 사용하다가 볼셰비키 정권이 차르가 머물던 겨울 궁전을 습격한 이후에야 본명을 되찾았다.

보그다노프는 1924년부터 젊음을 되찾거나, 적어도 오래 살려는 열망에서 혼자 수혈 실험을 하기 시작했다. 레닌의 누이였던 마리아 울리야노바(Maria Ulyanova) 또한 이 실험에 자원했으며, 보그다노프 자신은 11번의 수혈을 성공적으로 받은 뒤 시력이 좋아지고 탈모가 멈췄다는 기록을 남겼다. 다른 자원자들의 기록에 따르면 보그다노프는 수혈을 받은 뒤 최소한 10년은 젊어 보였다고 한다. 1925년, 보그다노프는 혈액학과 수혈 연구소를 설립한 뒤 훌륭한 연구를 계속했다. 하지만 수명을 연장하겠다는 꿈이 무색하게도, 보그다노프가 자기도 모르게 결핵과 말라리아에 걸려 있던 학생으로부터 12번째 수혈을 받게 되면서 수혈 연구는 급작스레 중단되었다. 보그다노프는 즉시 감염되었고 병을 이기지 못한 채 1928년 4월 7일에 눈을 감았다. 아이러니하게도 이미 감염되었던 학생은 보그다노프의 피를 대신 받고 나중에 완쾌되었다고 한다.

날아다니는 택시

마이클 데이커(Michael Dacre)는 선견지명이 있는 사람이었다. 그는 현대 사회에서, 특히 고층건물이 빼곡한 대도시에서 무엇이 필요할지 잘 알았고, 1998년 날아다니는 택시를 발명했다. 제트포드라 불리는 이 택시는 아주 짧은 거리에서 이륙하고 착륙할 수 있었다. 데이커는 최대 속력이 시속 560킬로미터라면 고급 교통수단으로 완벽할 것이라 생각했다. 당시에는 이보다 느리고 시끄러운 헬리콥터에 의존했기 때문이었다. 데이커는 자신의 제트포드가 승객들을 히드로 공항에서 런던 중심부까지 4분 안에 겨우 50파운드의 비용으로 운송할 수 있다고 주장했고, 손님이 오면 비행을 시작하는 이 방식을 열광적으로 선전했다. "제트포드는 열심히 일하는 기계다. 교통 체증 없이 고객이 있으면 언제든지 공중을 날아다니는 택시다." 데이커는 소음을 줄이는 방식으로 날아다니는 제트포드야말로 어느 도시든 가장 빠르고 저렴하게 여행할 수 있는 교통수단이라고 설명했다.

데이커는 확실히 항공 분야의 선구자였고, 그의 발명품은 뜨거운 반응을 이끌어냈다. 하지만 문제는 그의 기계가 날아오르지 못했다는 것이었다. 2009년 8월 16일, 이 53세의 발명가는 말레이시아의 수도 쿠알라룸푸르에서 북쪽으로 240킬로미터 떨어진 타이핑이라는 외진 마을에서 최초로 시험 비행을 했다. 근처 연못에서 새우를 잡던 한 지역 주민은 이 광경을 목격하고는, 나중에 항공 관련 관리에게 다음과 같이 진술했다. "그 기계는 활주로를 따라 달리다 이륙을 시도했지만 처음 세 번은 성공하지 못했어요. 그러다 네 번째 시도 만에 공중에 떠올라 200미터 가량 이리저리 움직이게 되었지만, 왼쪽으로 방향을 틀려는 찰나 갑자기 공중으로 치솟았고 이내 곤두박질 쳤지요." 이 기계는 화염과 함께 폭발을 일으켰지만 소방관이 아주 빨리 현장에 도착해 불을 끄는 데 성공했다. 그렇지만 불행히도 마이클 데이커는 기계가 추락할 때 일어난 충격으로 사망했다.

바다 속 여행

호러스 로슨 헌리(Horace Lawson Hunley)는 미국 테네시 주에서 태어나 뉴올리언스에서 자란 남부 출신 구식 소년이었다. 헌리는 법학을 공부했고 루이지애나 주의회의 일원이 되었다. 그러다 남북전쟁이 발발하자, 헌리는 남군이 우세를 점하게 도와 줄 무기를 발명하고자 했다. 여러 무기 가운데서도 그가 몰두했던 것은 잠수함 기술이었다. 그는 백스터 왓슨(Baxter Watson), 제임스 R. 매클린톡(James R. McClintock)에게서 설계의 도움을 받아 첫 잠수함 파이오니어 호를 완성했다. 하지만 뉴올리언스 주는 곧 적군의 손에 들어갔고, 헌리는 파이오니어 호를 적에게 빼앗기거나 설계상의 특징을 들키지 않도록 일부러 가라앉혔다. 이어서 그는 앨라배마 주에서 두 번째 잠수함을 만들었지만 모빌 만에서 첫 시험 출항에 나섰다가 가라앉고 말았다. 하지만 헌리는 좌절하지 않고 자신의 발명품이 남부 해군의 주된 비밀병기가 되리라 확신한 채 세 번째 잠수함 제작에 들어갔다.

　이번에는 제작에 필요한 비용을 혼자서 감당해야 했던 그는 손수 설계를 해서 바로 이전 잠수함을 시험했던 모빌 만에서 다시 성공적으로 시험 출항했다. 자기 이름을 따서 헌리 호라고 이름 붙인 이 잠수함은 1863년 비밀리에 찰스턴 항에 운송되었다. 바다에서 도시를 공격하는 적군을 막으라는 임무를 받았기 때문이었다. 1863년 10월 15일, 헌리 호의 선장이었던 딕슨 중위가 마침 휴가를 떠나자 헌리는 직접 잠수함을 타고 여러 시험을 해 보기로 했다. 하지만 잠수함은 물속에 들어가 정박한 배 아래에서 길을 찾던 중, 항구 밑바닥의 깊은 진흙 속에 앞부분이 묻히고 말았다. 승무원 7명이 익사했고, 헌리는 비상문에서 기다렸지만 구조되기 전에 질식해서 사망했다. 잠수부들이 물속에 처박힌 헌리 호를 찾아 사체를 수습하는 데는 사흘이 걸렸다.

발명가를 죽인 구명기구

　헨리 윈스탠리(Henry Winstanley)는 영국 에섹스 주 새프런 월든에서 태어났다. 아버지는 사냥터지기였는데, 나중에는 서포크 백작의 저택이었던 오들리 엔드 하우스에 일자리를 얻었다. 젊은 시절 윈스탠리도 이곳에서 일했다. 처음에는 문지기로 일하다가 나중에 이 집이 찰스 2세가 뉴마켓에서 경마를 즐기며 한가롭게 보낼 때 왕이 머무는 처소가 되면서, 비서로 일을 하게 되었다. 윈스탠리는 판화에도 깊은 관심을 보여 1669년에서 1674년 사이에 유럽을 일주 여행하는 동안에는 유럽 대륙의 건축 양식에 열광하게 되었다. 여행에서 돌아온 뒤 그는 10년에 걸쳐 건축물을 자세하게 묘사한 판화를 만들었고, 그것이 영국 장원 저택의 설계에 대한 중요한 역사적 기록으로 오늘날까지 남았다. 윈스탠리는 또한 트럼프 카드를 디자인하기도 했는데, 이것은 인기가 좋아 꽤 많이 팔렸다. 그는 1679년에 오들리 엔드 하우스의 보수 담당자로 임명되었고, 창의적인 기계와 수력학적 설계, 작은 기계장치에 대한 애착으로 사람들에게 유명세를 얻었다. 실제로 윈스탠리는 리틀버리의 자기 집을 매력적인 새로운 디자인으로 가득 채웠고 '에섹스의 명물 주택'으로 호기심 어린 여행자들에게 인기 있는 방문지가 되었다.

윈스탠리는 1690년에 런던 피카딜리에 분수 극장을 열어 즉각 굉장한 인기몰이를 했으며, 돈을 많이 벌어 그 대부분을 선박에 투자했다. 당시 영국은 전 세계에서 제일가는 해양 국가여서, 외항용 범선 갈레온선을 소유한다는 것은 최고의 투자였다. 윈스탠리는 마침내 범선 다섯 척을 갖게 되었지만, 항해에는 위험 요인도 있었다. 그중 하나가 에디스톤 암초로, 콘월 해안에서 22킬로미터 떨어진 곳에 늘어선 바위 암초였다. 그동안 이 암초 때문에 수백 척의 무역선이 끊이지 않고 침몰해 수많은 생명을 앗아갔다. 이중 두 척이 윈스탠리의 배였고, 해양 사고가 거듭되자 그는 해군성에 찾아가 대담한 제안을 했다. 암초에 곧장 닿는 구조물을 세우고 그 꼭대기에 경보등을 달자는 것이었다. 윈스탠리는 런던 시 당국을 설득해 자기가 그 일을 하겠다고 자청했다.

1696년, 윈스탠리의 계획은 당국의 승인을 얻어 그해 7월 14일부터 공사에 들어갔다. 나중에야 밝혀졌지만 윈스탠리는 현대적인 등대를 발명한 셈이었다. 하지만 공사가 쉽지만은 않았다. 기초가 완성되던 어느 날 아침에는 프랑스의 한 선박이 구조물을 마구 부수고는 윈스탠리를 납치해 갔다. 이 선박은 민간 소유이지만 프랑스 정부로부터 적국을 공격해도 된다는 권리를 인정받은 배였는데, 프랑스로 끌려간 스탠리는 풀려나려면 몸값을 지불하라는 요구를 받았다. 그래도 사건이 오래 끌지는 않았던 것이, 당시 프랑스 국왕이던 루이 14세가 자초지종을 듣고는 윈스탠리를 풀어 주라고 명령했기 때문이었다. 루이 14세는 자기가 목적하는 바를 다음과 같이 밝혔다. "우리는 영국과 전쟁을 하는 것이지, 인도주의와 전쟁을 하는 건 아니다." 윈스탠리는 돌아오자마자 공사를 계속했다. 하지만 구조물이 완공되자, 폭풍우가 한 번만 불어 닥쳐도 목재로 만든 구조물이 버티지 못할 것이라며 원래 설계자가 난색을 표했다. 그러자 윈스탠리는 그것을 부수고 다시 만들라고 지시했다.

결국 두 번째 시도 만에 윈스탠리는 일부가 석재로 만들어진 섬세한 유럽 본토식 설계의 튼튼한 구조물을 완성했고, 내부에는 고급스런 객실과 숙박용품도 딸려 있었다. 윈스탠리는 자신의 등대가 어떤 자연적인 재난에도 끄떡없다는 점을 자랑스럽게 세상에 알렸다. 윈스탠리의 가장 큰 소원은 '폭풍우가 가장 심하게 치는 날 이 등대 안에 들어가 있는 것'이었다. 이후 5년이 흐르도록 에디스톤 암초 때문에 사고를 당하는 배는 단 한 척도 없었고, 윈스탠리의 발명품은 대영제국의 여러 곳에 전파되었다.

하지만 불행히도 윈스탠리는 얼마 지나지 않은 1703년 12월 7일 스스로의 소원을 이루면서 목숨을 잃었다. 그날은 영국 남부에 그동안 기록으로 남은 것 가운데 가장 심한 폭풍우가 몰아치던 날이었다. 런던에서는 2,000개 넘는 굴뚝이 무너져 내렸고 웨스트민스터 사원의 지붕도 날아갈 정도였다. 당시 윈스탠리는 먼 바다에서 육지와 단절된 채 자기가 만든 등대 안에서 안전하게 지내며 조사를 진행하고 있었다. 그는 자신의 등대가 안전한 대피처라고 자신한 나머지 밤까지 그 안에서 버티기로 했다. 하지만 동이 트고 다음날 아침이 되자 에디스톤 등대는 사라졌고 윈스탠리도 같이 실종되고 말았다.

자기 침대에서 목이 졸리다

토머스 미즐리 주니어(Thomas Midgley Jr.)는 기계 공학을 공부해 1911년 미국 코넬 대학교를 졸업했다. 그리고 오하이오 주 데이토나의 내셔널 캐시 레지스터 사에 설계 담당으로 취직해 커리어를 쌓기 시작했다. 그로부터 1년이 되지 않아 미즐리의 아버지는 가족 경영 회사인 미즐리 타이어 고무 회사에 아들을 데려갔고, 미즐리는 이곳에서 선임 엔지니어로 자리 잡았다. 하지만 얼마 지나지 않아 회사가 망하는 바람에 1916년, 미즐리는 퇴사해 자기 뜻대로 인생을 살기 시작했다.

같은 해에 미즐리는 제네럴 모터스 사의 자회사로 새로 설립된 데이스톤 엔지니어링 연구소의 연구 부서에 입사했다. 여기에는 존경받는 엔지니어였던 찰스 케터링(Charles Kettering)도 근무하고 있었다. 미즐리와 케터링 두 사람은 동료로서 꽤 잘 맞아서, 나중에 케터링이 인생 최고의 발견은 바로 미즐리였다고 말했을 정도였다. 이 시기에 미즐리는 기계 공학자에서 화학자로 변신을 꾀했는데, 그 이유는 실험을 좋아했기 때문이었다. 곧 미즐리는 테트라에틸납을

휘발유에 첨가하면 엔진의 소음을 줄여 준다는 사실을 알아냈다. 또한 바닷물에서 브롬을 뽑아 내, 엔진 부품의 일부인 납이 부식하지 않도록 처리하는 방식도 개발했다. 그뿐만 아니라 천연고무와 합성고무에 대한 연구에도 큰 공을 세웠고, 프레온을 무독성, 불연성 냉매로 활용할 수 있다는 사실도 발견했다. 프레온은 곧 전 세계적으로 보급된 냉장고와 에어컨에서 꼭 필요한 존재가 되었다.

미즐리는 나중에 에틸 사의 부사장이자 에틸-다우 화학 회사의 이사가 되었다. 미국 화학 협회는 미즐리가 화학 분야에서 세운 공로를 인정해 1941년 프리스틀리 메달을 수여했다. 그는 오늘날 역사상 가장 창의적인 화학자로 여겨진다. 하지만 불행히도 미즐리는 일을 열심히 했던 탓에 목숨을 잃었다. 1923년, 그는 테트라에틸납으로 실험을 했던 탓에 납 중독 증상을 겪었고 그해 상당한 시간을 플로리다 주에서 요양해야 했다. 당시 그는 다음과 같은 글을 남겼다. "폐가 나빠지는 바람에 하던 일을 모두 놓고 신선한 공기를 듬뿍 쐬러 가야만 한다." 이후 프리스틀리 메달을 받을 즈음에는 이미 소아마비에 시달리던 상태라 다리를 쓸 수 없었다. 하지만 이런 역경 속에서도 미즐리는 창의적인 정신을 계속 발휘했다. 유머 감각 또한 잃지 않아서, 1944년에는 '젊음이란 얼마나 좋은가'라는 제목의 한 연설에서 인류의 가장 위대한 발명품은 25세와 40세 사이의 과학자들에 의해 세상에 나왔다고 운을 띄우면서, 자신의 훌륭한 발견 두 가지 역시 33세와 40세에 이루어졌다고 너스레를 떨었다. 또한 미즐리는 젊은 후배들이 잠재력을 펼치도록 자기 같은 나이 든 과학자들은 자리를 비켜야 한다고 역설했다.

그리고 미즐리는 청중을 감동시킨 짧은 시로 연설을 마무리했다.

늙음이 다가옴을 느낄 때
그리고 숨이 가빠올 때
눈이 점점 흐려지고
머리카락이 희끗희끗해지면
나는 예전의 야망을 잃는다
밤에 밖을 거닐다 보면 드는 생각들
비록 많은 선배들이
내가 가도 남아 있겠지만
나는 아무런 유감이 없다
후배들에게 내 자리를 물려주고 있으니까
이 글을 내 묘비명으로 새겨 주오
묘지는 간소하게 마무리하고
이 사람은 사는 동안 많은 일을 했다고
짧지만 굵게 말이지.

예언자의 기질이 있었는지, 미즐리는 이 연설을 하고 겨우 한 달
뒤에 55세의 나이로 침대에서 사망한 채 발견되었다. 불편한 자기
몸을 똑바로 세우려고 도르래와 밧줄을 활용해 장치를 만들었다가
목이 졸린 것이 사인이었다.

신문 인쇄기를 발명한 사람

윌리엄 불럭(William Bullock)은 미국 뉴욕의 그린빌에서 태어났다. 불럭은 태어나자마자 얼마 안 돼 고아가 되었고 큰 형의 손에 키워졌다. 겨우 8살에 불럭은 형의 일을 배웠고 주철 공장에서 기계 운전 일을 해야 했다. 이후 10년에 걸쳐 기계에 매료되고 책을 좋아했던 불럭은 조지아 주 서배너에 기계 조립 공장을 운영했는데, 그때 그의 나이는 겨우 21살이었다. 이 시기에 불럭은 지붕널 절단기를 발명했지만 판매할 곳을 찾지 못해 공장이 도산하고 말았다. 하지만 그의 개인적인 생활은 이보다는 성공적이어서 조지아 주에서 앤절린 킴블이라는 여성과 결혼해 일곱 아이를 낳고 살았다. 그러다 1850년에 앤절린이 사망하자 불럭은 처제였던 에밀리와 결혼했고 에밀리는 먹여 살려야 할 아이를 연이어 여섯 명 더 낳았다.

이런 결혼 생활 속에서 불럭은 왕성하게 그리고 성공적으로 직업적 삶을 이어 갔다. 면직물 압착기와 건초 압착기, 파종기, 절단 선반, 다양한 의족 등을 발명했던 것이다. 1849년에는 곡식이나 씨앗을 뿌리는 기계인 조파기를 발명한 공로로 프랭클린 연구소에서 상을 받았으며, 그의 명성은 점점 멀리까지 퍼졌다. 1850년대 초반에는 필라델피아 주에서 발간하는 신문인『배너 오브 더 유니언(Banner of the Union)』의 편집인을 지냈고, 이 경험을 바탕으로 인쇄기에 관심을 가졌다. 그에 따라 불럭은 손으로 돌아가는 자동 공급식 목제 인쇄기를 만들었고, 자신이 당시의 수동 인쇄기에 큰 진전을 불러일으켰음을 재빨리 깨달았다.

1863년, 불럭은 자신이 새로 만든 인쇄기에 대해 특허를 신청해

등록했다. 그리고 이 기계를 다음과 같이 묘사했다. "내가 만든
발전된 이 인쇄기는 활자가 움직이는, 즉 연판법으로 인쇄를 하는
자동 인쇄기의 한 종류다. 이런 예전 인쇄기에서는 그물이나 원통이
계속 돌면서 기계에 자동으로 종이가 공급되며, 그물에서 큰 종이가
잘려 나가 양면으로 인쇄가 이루어진 다음 인쇄기에서 빠져나온다.
하지만 내가 만든 기계는 전달 장치가 하나뿐이어서 제작하기도
간단하고, 기계가 작동해 종이가 인쇄되는 속도도 빠르다. 즉, 내
발명품은 예전 인쇄기가 빠르게 작동하지 못했던 큰 장애물을
성공적으로 극복했다." 이 모든 설명은 그가 종이를 기계로
전달하는 새로운 방법을 찾았다는 뜻이다. 커다란 원통에서 종이가
전달되며 양면에 인쇄가 된 다음 알맞은 크기로 잘려 기계의 반대쪽
끝으로 나오는 것이다. 불럭의 기계는 그동안 인쇄소들이 의존해
왔던 수동 인쇄 방식에서 대단한 진전을 이루었다.

이 인쇄기는 자동 조정이 가능해서, 종이를 접어 정확하게
잘라냈다. 불럭의 인쇄기는 한 시간에 1만 2,000장을 인쇄할 수
있었으며, 나중에 더 개량된 이후에는 이 숫자가 한 시간당 3만
장으로 늘었다. 이것은 당시 빠르게 성장하던 인쇄 산업에 엄청난
도움이 되었다. 1866년에 남북전쟁이 끝나자 불럭은 일간신문
사업에 뛰어들었고 자기가 만든 인쇄기를 설치해 가능한 한 빠른
속도로 신문을 찍어 냈다.

하지만 불행히도 윌리엄 불럭은 자신의 업적에 대한 가장
큰 보상을 받기 전에 숨을 거두었다. 1867년 4월 3일, 동료와
함께 『필라델피아 리퍼블릭 레저(Philadelphia Republic Ledger)』라는
신문사에 새로운 인쇄기를 설치할 때였다. 불럭은 기계 아래에

쭈그리고 앉아 구동 벨트를 발로 차서 도르래에 집어넣고 있었다. 이때 아차 하는 사이 다리가 기계에 빨려 들어가 으스러지고 말았다. 며칠이 지나자 다리에는 괴저가 생겼고, 1867년 4월 12일, 다리 절단 수술을 하던 중 불럭은 숨을 거뒀다. 윌리엄 불럭의 창의성이 공식적으로 인정받기까지는 오랜 세월이 걸렸다. 1964년이 되어서야 마침내 필라델피아 주가 낳은 천재라는 칭호를 얻었고 동상도 세워졌다. 동상에는 이런 글귀가 새겨졌다. "1863년 그가 발명한 윤전기 덕분에 비로소 오늘날의 신문이 만들어질 수 있었다."

하늘을 난 최초의 인간

인간은 직립보행이 가능한 시절부터 비행에 대한 소망을 끈질기게 품어왔을 것이다. 선사 시대 인류가 하늘을 날고 싶다며 절벽에서 뛰어내렸는지에 대한 증거는 없지만, 그랬던 사람이 아마 한둘은 확실히 존재했을 것이다. 그리스 신화에는 이카로스와 그의 아버지인 다이달로스에 대한 이야기가 등장한다(학교 수업 시간에 졸지만 알았으면 분명 기억날 것이다). 다이달로스는 솜씨가 좋은 장인이어서 나무와 새의 깃털, 밀랍으로 날개를 만들어 멋지게 하늘을 날았다. 신화에 따르면, 이카로스는 태양에 너무 가까이 날았다가 밀랍이 녹는 바람에 깃털이 모두 떨어졌고 결국 땅에 곤두박질해 목숨을 잃었다. 반면에 아들보다 모험 정신이 덜했던 아버지는 낮게 날아다니다가 안전하게 착륙했다. 이 이야기는 배경이 기원전 1,400년경인 만큼 실화라고 심각하게 받아들일 필요는 없다. 하지만 고고학자들에 따르면 무려 기원전 2,500년의 동굴 벽화에 깃털 날개가 달린 사람이 그려져 있다고 하니, 사실은 어땠을지 모르는 일이다. 한편 16세기의 역사를 다룬 로버트 파비언(Robert Fabyan)의 『연대기(Chronicle)』에 따르면, 브리튼의 왕 블라두드(Bladud)는 날개 한 쌍을 만들어 오늘날의 런던에 자리한 아폴로 신전 꼭대기에서 비행 실험을 했다가 목뼈가 부러지고 말았다. 확신할 수는 없지만 블라두드는 죽은 사람과 대화를 나눌 수 있다고 믿었을 뿐만 아니라 돼지가 사는 진흙에 뒹굴면 나병이 낫는다고 믿을 정도로 제정신이 아니긴 했다. 이보다 신뢰할 만한 이야기도 있다. 서기 60년에 로마에서 날개를 단 배우 한 명이 네로 황제를 기쁘게 하려고 절벽 꼭대기에서 날갯짓하며 그대로 떨어졌다는 사연이다. 마르코 폴로(Marco Polo)에 따르면 1,295년 중국에서도 사정이 비슷하고 결과가 같았던 일들이 있었다고 한다.

하지만 그럼에도 사람들은 하늘을 날려는 시도를 멈추지 않았다. 프러시아 출신의 형제 오토 릴리엔탈(Otto Lilienthal)과 구스타프 릴리엔탈(Gustav Lilienthal)은 새들의 비행에 대해 정식으로 공부한 다음 날개를 메고 실험에 들어갔다. 하지만 이들은 그래도 상식이 있어서 처음에는 헛간 지붕처럼 지나치게 높지 않은 곳부터 시작했다. 1867년에는 당시 직업적 엔지니어였던 오토가 광산 설계에 대한 특허를 받고 증기기관과 보일러를 제작하는 회사를 차렸다. 하지만 오토는 새와 비행에 대한 집착을 버리지 못하고 1889년에 오늘날까지도 유명한 저서인 『항공의 기초가 되는 새들의 비행(Bird Flight as the Basis of Aviation)』을 출간했다. 당시 오토는 41세의 나이로 1,000번이 넘는 비행 실험을 거쳤고, 1891년에는 오늘날의 행글라이더와 흡사한 날개를 달고 주기적으로 공중으로 뛰어올랐다. 심지어 언제 어떤 방향으로든 날 수 있도록 베를린 근처에 높이 60미터의 언덕을 만들었고, 250미터까지 나는 데 성공했다. 오토의 실험과 스케치, 그리고 비행 실험을 하는 그의 사진은 사람들에게 널리 퍼졌고 전 세계적으로 동시대의 많은 비행기 제작자들에게 영향을 주었다. 미국의 라이트 형제도 오토의 작업과 성취에 대해 자세히 연구했다. 오토 릴리엔탈은 당시 '인간 비행'이라 불리던 업적을 달성한 최초의 인물로 널리 이름을 떨쳤다.

전 세계 신문과 잡지에 오토의 비행을 다룬 사진과 판화가 실렸고, 사람들은 인간이 날개를 달고 공중을 나는 장면에 놀라움을 금치 못했다. 당시에는 그것이 모든 사람들에게 난생 처음 보는 광경이었고, 1895년에 이르기까지 과학자로서 최초로 상원의원이 된 켈빈 경조차도 "공기보다 무거운 물체가 하늘을 난다는 것은 불가능하다"라고 선언할 정도였다. 다음 해에도 켈빈 경은 다음과 같은 말을 남겼다. "나는 기구 여행 말고 다른 형태의 공중 비행에 대해서는, 가장 작은 분자만큼의 믿음도 없다. 나는 비행 학회의 회원이 되는 데 조금도 관심이 없다" 여러분에게 다시 기억을 떠올려 주자면, 켈빈 경은 무선 라디오 기술에 '미래가 없다'고 예측한 인물이기도 했다. 그렇더라도 당시 관점에서는 크게 봤을 때 켈빈이 옳았을 수도 있다. 그때까지 비행을 시도했던 선구자들은 전부는 아니라도 대부분이 실험 도중에 죽었기 때문이다('무수히 많은 시도, 낙하산' 편 참고). 하지만 그럼에도 오토 릴리엔탈의 비행 사진은 전 세계 방방곡곡의 신문 가판대를 장식했다. 확실히 과학적인 논리에서 벗어나는 일이었다.

그러던 중 1896년 8월 9일 오토의 글라이더는 영화처럼 추락했고 비행사는 15미터 아래로 곤두박질쳤다. 오토는 즉시 베를린의 병원으로 이송되었지만 다음날 숨을 거두고 말았다. 많은 사람들은 오토 릴리엔탈이 스스로의 발명품에 의해 사망한 사건이 '공기보다 무거운 물체의 비행' 또는 '인간 비행'의 진보 과정에 큰 차질을 불러일으켰다고 여겼다. 하지만 그럼에도 하늘을 나는 시도를 멈추지 않는 사람들이 있었고, 7년 뒤에 나타난 라이트 형제가 그들이었다. 오토 릴리엔탈이 동생 구스타프에게 남긴 마지막 말은 다음과 같았다. "무슨 일이든 희생이 따르는 법이지."

형편없이 빗나간 예측

　『20세기의 발명(20th Century Inventions)』의 저자인 미국 작가 조지 서덜랜드(George Sutherland)는 1900년에 다음과 같이 말했다. "19세기 잠수함과 항공술이라는 문제 많은 두 가지에 그토록 창의력 있는 인재들이 발을 잘못 들여 공들였다는 사실은, 기술 발전을 연구하는 미래의 역사학자들에게 흥미로운 연구 거리일 것이다."

　영국 육군 원수의 군사 고문이었던 더글러스 헤이그(Douglas Haig)는 1915년 한 탱크의 시운전을 보고 다음과 같이 말했다. "저 철갑마차가 기갑부대를 대체할 수 있다니 터무니없는 소리다. 거의 반역에 가까운 짓이다… 설계자를 쏴라! 다른 모든 반역자들과 함께 새벽에 총살형에 처하라!"(마지막 구절은 헤이그가 직접 말한 것이 아니다. 내가 지어 냈다.)

　"미국인들은 겉만 번지르르한 자동차나 냉장고를 만드는 데는 능할지 모르나 그렇다고 비행기까지 잘 만드는 것은 아니다. 그들은 허세를 부리고 있다. 미국인들은 허세 부리기의 달인이다." 1942년, 독일 나치스의 공군 사령관이었던 헤르만 괴링(Hermann Göring)의 말이다.

chapter 3

우연히
탄생한
것들의
역사

사람이 달까지 날아가 여행한다는 것은
마치 폭풍우 치는 북대서양을
증기선으로 항해하는 것과 마찬가지다.

- 런던 대학교의 자연철학/천문학 교수 디오니수스 라드너 박사

아르키메데스
나사

전해오는 이야기에 따르면, 그리스 시라쿠사 출신의 수학자이자
엔지니어였던 아르키메데스는 당시의 국왕 히에로 2세로부터 부탁
하나를 받았다. 왕이 신전을 장식하려고 구입한 금이 정직하지 못한
상인에 의해 값싼 금속이 섞인 금인지 아닌지 여부를 알아달라는
것이었다. 히에로 2세는 아르키메데스에게 자기가 순금이라고
알고 있는 왕관과 함께, 상인에게 산 두 개의 금 표본을 주었다.
아르키메데스는 왕관을 깎거나 파손을 입힐 수 없었기에, 더구나
녹인다는 것은 말도 안 되는 일이었기에 고민이었다. 왕관의 밀도를
계산할 다른 방법을 찾아야 그 밀도를 상인의 금 표본과 비교할 수
있었다. 아르키메데스는 욕조에 들어가 이 문제를 깊이 숙고하던
중, 자기가 욕조 물에 몸을 담그자 수면이 높아지는 것을 알아챘다.
이후의 내용은 교과서에 실렸기 때문에 학생이라면 누구나 알
것이다. 아르키메데스는 이 현상을 응용해 왕관의 밀도를 알 수
있다는 사실을 깨달았다. 왕관을 물에 넣었을 때 넘친 물의 부피는

왕관의 부피와 같기 때문이었다. 전해지는 바에 따르면 바로 그 순간 아르키메데스는 욕조에서 뛰쳐나와 벌거벗은 채 '유레카' 라 소리쳤다고 한다. 그리스어로 '내가 발견했다'라는 뜻이다(이 이야기를 처음 듣는다면, 수업 시간에 딴짓을 많이 했던 사람이 아닐까?).

실제로 그는 대단한 발견을 해냈다. 이 '아르키메데스의 원리' 라는 측정법을 활용하면 물에 완전히, 또는 부분적으로 잠긴 모든 물체는 그 물체 때문에 넘쳐흐른 액체의 무게와 똑같은 힘에 의해 위로 떠오른다. 다시 말하면, 이 원리 덕분에 아무리 커다란 배라도 계속 물에 떠 있는 것이다. 또한 아르키메데스는 이 원리를 활용해서 금 표본에 값싸고 밀도가 낮은 은이 섞여 있었음을 증명했다. 이후에 왕이 금 상인에게 어떻게 했는지는 알려져 있지 않지만, 아마 환불해 달라고 영수증을 내미는 정도로 끝나지는 않았을 것 같다. 우리에게 알려진 사실은 아르키메데스가 히에로 왕의 요청으로 당대 가장 커다란 선박 시라쿠시아 호를 설계했고, 이때 배 밑바닥에서 물을 퍼내기 위해 물을 위쪽으로 끌어올리는 방식을 개발했다는 것이다. 이 배에는 나사처럼 생긴 날을 원통 안쪽에 장착한 '아르키메데스 나사'와 당시로서는 혁신적인 설계 공정이 동원되었다. 중력을 거슬러 물을 위로 끌어올리는 이런 방법을 몰랐다면, 로마인들은 분수나 수도교를 만들지 못했을 것이다.

아르키메데스 나사는 오늘날까지도 액체를 펌프질하거나 곡물이나 석탄 가루를 옮기는 데 활용된다. 여러 해에 걸쳐 먼 바다로 나가는 선박에 변화를 일으킨 것도 나선형 프로펠러였다. 나선형 프로펠러를 단 최초의 증기선이 출항한 것은

1839년이었는데, 이 배는 그 탄생을 가능하게 해 준 이의 이름을 따서 아르키메데스 호라고 불렸다. 아르키메데스는 기중기 비슷한 장치에 집게발을 달아 적선 위로 떨어뜨려 물 위로 들어 올리는 도구를 발명하기도 했다. 이것은 오늘날 기계식 기중기의 선조 역할을 했다. 그뿐만 아니라 아르키메데스는 여러 개의 거울에 태양 빛을 비춰 시라쿠사 항구에 접근하는 적선에 조준해서 쏘는 도구를 만든 적도 있다. 적외선을 활용했던 것이다. 그러면 얼마 지나지 않아 적선에 불꽃이 일어났다. 도르래라든지, 여러 세기에 걸쳐 대량 학살을 일으키는 효과적인 무기였던 투석기를 만든 사람도 아르키메데스였다.

잡지 인쇄를
위해 태어난
에어컨

　인류가 시작된 날짜가 정확히 몇 월 며칠인지 아는 사람은
아무도 없다. 여러 역사학자들은 불을 조절해 피웠다는 최초의
증거가 발견된 100만 년 전이라고 추정하지만, 다른 학자들은
음식을 조리해서 먹었다는 증거가 발견된 190만 년 전이라고
주장한다. 모두가 동의하는 한 가지가 있다면 불이 없었다면 인류가
지금 모습으로 진화하지 못 했으리라는 사실이다. 그러니 두 가지
주장은 불가피하게 연결되어 있다.

　그리고 불은 인류의 시초부터 오늘날에 이르기까지 추운
기후에서 살아남게 해 주었던 만큼 확실히 필수적인 존재였다.
2,000년 전부터 바닥 아래에 설치하는 난방 기술을 활용하고
있던 로마 사람들이었지만 건물을 둘러싼 수도관에 차가운 물을
순환시켜 방을 시원하게 만들기 위해서는 수많은 시도를 해야
했다. 그로부터 몇 세기 뒤에 중국 사람들은 선풍기를 발명했는데
이 물건은 이후 1,700년 동안 사람들을 시원하게 해 주는 가장

효과적인 도구로 남았다.

　여름이 긴 미국에서는 새로 생긴 대도시 생활을 더욱 쾌적하게 하려는 노력이 있었고, 1758년에 벤저민 프랭클린(Benjamin Franklin) 과 케임브리지 대학교 교수였던 존 해들리(John Hadley)는 알코올과 다른 여러 휘발성 액체들을 증발시켜 물을 얼리기 충분한 온도까지 물체를 냉각하는 실험을 했다. 하지만 19세기 후반까지도 건물 내부의 환경을 완전히 통제한다는 생각은 비를 멎게 하거나 태양이 빛나지 못하게 하는 것처럼 터무니없이 들릴 뿐이었다.

　1901년 코넬 대학교를 졸업한 젊은 전자공학도 윌리스 캐리어 (Willis Carrier)는 전기로 돌아가는 선풍기를 전문으로 생산하는 뉴욕 버펄로의 버펄로 제작사에 취직했다. 그의 첫 번째 고객은 브루클린의 새킷 앤 빌헬름 인쇄소였는데, 이곳은 미국에서 당시에 가장 인기 있던 총천연색 잡지였던 『저지(Judge)』를 인쇄하는 일을 맡고 있었다.

　하지만 몹시 더웠던 1902년 7월, 새킷 앤 빌헬름 인쇄소는 커다란 문제에 부딪혔다. 회사 건물의 습도가 높아져서 잡지 표지를 인쇄하는 데 쓸 새 컬러 잉크가 종이에 달라붙지 않고 미끄러졌던 것이다. 캐리어는 인쇄하는 실내의 온도를 약 섭씨 12도로 떨어뜨리고 습도도 가능한 한 빨리 떨어뜨릴 방법을 찾아야 했다. 그렇지 않으면 인쇄소에서 담당한 월간 잡지는 수많은 구독자들에게 배달되지 못할 참이었다.

　캐리어는 몇 주 동안 밤낮으로 이 문제를 고민했다. 그러던 한 이른 아침, 캐리어는 안개가 낀 기차역 플랫폼에 서 있던 중 인생을 바꿀 돌파구와 마주치게 되었다. 엔지니어였던 그는 '안개란 물이

포화된 공기'라는 사실을 알았고, 만약 실내 습도를 100퍼센트로 만든다면 건조한 공기를 주입해 습도를 특정 수준으로 낮출 수 있다는 사실을 깨달았다. 원하는 습도 수준을 자유롭게 조절할 수 있는 것이다.

그날은 7월 17일이었다. 캐리어는 8월호가 별 탈 없이 출간되려면 자신의 이론을 즉시 시험해 보아야 하는 시간과의 싸움에 접어들었다. 그는 뜨거운 코일에 공기를 통과시켜 얻은 증기로 물체를 데우는 방법을 이미 알고 있었고, 이 과정을 반대로 뒤집어 보기로 했다. 물로 차갑게 식힌 코일에 공기를 불어넣는 것이었다. 캐리어는 선풍기를 활용해 온도와 습도, 공기의 순환과 환기를 통제할 수 있다는 사실을 깨달았다. 온도와 습도를 낮춘 결과, 즉시 인쇄실에서는 종이에 잉크가 가지런히 안정적으로 인쇄되었다. 미국 대중은 다음 달에 인기 있는 잡지를 볼 수 있게 되었다.

1907년까지 캐리어는 그가 만든 장치의 디자인을 개선했고, 나중에 에어컨 엔지니어들에게 '이슬점 격차 일정의 법칙'이라 불리게 될 법칙을 소개했다. 그는 5월 17일에 여기에 대해 특허를 신청했고, 이 특허는 1914년 2월 3일에 마침내 등록되었다. 하지만 유럽발 세계대전이 터지는 바람에 미국의 제조업계는 생산 능력을 다른 분야에 집중해야 했고, 캐리어는 버펄로 제작사를 떠나기로 결정했다. 그리고 그는 6명의 다른 젊은 엔지니어와 함께 뉴욕에 캐리어 공학 회사를 설립했다. 이 회사에서 만든 에어컨 기기의 수요는 꾸준했지만 일반인들에게 통제된 실내 온도 환경이 처음으로 소개된 것은 1925년 브로드웨이의 리볼리 극장에 에어컨

시스템을 들이면서부터였다. 리볼리 극장은 서까래로 덮인 지붕을 갖춰 뉴욕 시민들이 어떤 영화를 보든, 밤낮을 가리지 않고 찜통 같은 도시의 여름을 피할 수 있는 휴식처가 되어 주었다.

불행히도 1929년 주식시장이 붕괴하고 대공황이 닥치면서 회사의 성장세는 둔화되었지만, 캐리어의 회사는 1937년까지도 뉴욕 중심부에서 종업원 수가 가장 많았다. 그러다 1940년대 후반에서 1950년대에 전후 경제의 활황세를 타고 캐리어의 발명품은 미국에 일대 혁신을 일으켰다. 영화관과 레스토랑, 공장, 학교, 병원, 공공기관, 쇼핑몰을 비롯해 중서부와 서해안, 남부 여러 주의 개발 중인 도시까지 캐리어의 에어컨이 날개 돋친 듯 팔려나갔다.

오늘날 미국에서는 에어컨 덕분에 수백만에 이르는 동부 사람들이 예전에는 살기 좋은 환경이 아니었던 서부와 남부로 이주할 수 있게 되었다. 그 결과 경제력과 정치적인 힘이 같이 이동했다. 한때는 미국인의 생활방식을 지배했던 곳은 동부 해안의 도시들이었지만, 이제는 댈러스, 피닉스, 애틀랜타, 마이애미, 로스앤젤레스가 영향력 있는 중심 대도시로 성장했다. 예전 동부 도시 가운데는 뉴욕, 시카고, 필라델피아만이 미국 10대 도시에 이름을 올릴 뿐이다. 이 모든 것이 에어컨 덕이다.

캐리어는 평생 에어컨 덕분에 상도 많이 받고 사람들로부터 인류의 존재 양식을 바꾼 발명품이라는 찬사를 들었다. 오늘날 동남아시아나 아프리카에서 에어컨 없이 사는 삶을 상상할 수 있는가? 이것이 다 25세의 한 엔지니어가 인쇄실의 습도를 낮추는 숙제를 떠안고 고민하다가 뉴욕의 안개 낀 기차역 플랫폼에서

영감을 받아, 그동안 불가능하다고 여겨졌던 무언가를 결국 이뤄
놓은 덕분이다. 윌리스 해빌런드 캐리어는 부자가 되어 1950년에
사망했다. 그리고 그의 이름을 붙인 회사는 연간 매출이 150억 달러
이상이며 4만 5,000명의 유능한 직원들이 다니고 있다.

나는 잠수함이란 승무원들을 바닷물에 빠져
허우적거리게 만들 뿐이라고 생각했다는 사실을
고백해야만 한다.

영국의 과학소설 작가 H. G. 웰스

우연한 발견,
엑스선

　많은 위대한 의학적 발견이나 혁신이 그렇듯 엑스선도 사실은
우연의 산물이었다. 빌헬름 뢴트겐(Wilhelm Röntgen)은 독일의
물리학자로, 취리히 대학교에서 기계공학을 공부하고 뷔르츠부르크
대학교 농과대학의 교수가 되었다. 뢴트겐은 음극선에 대한 일련의
실험을 했다. 음극선은 1869년에 또 다른 독일의 과학자 요한
히토르프(Johann Hittorf)가 처음으로 발견했지만 당시에는 사실상 그
정체가 알려져 있지 않았다.

　1895년, 뢴트겐은 음극선이 진공 상태의 유리관을 지날 때
겉으로 보이는 효과에 대해 연구를 하던 중, 음극선 근처의 형광
표면이 빛을 낸다는 사실을 발견했다. 직사광선을 차단하더라도
마찬가지였다. 그리고 그는 이때 유리관과 형광 표면 사이에 두터운
금속판을 두면 어두운 그림자가 드리우고, 재킷 같이 밀도가 그보다
낮은 물체로 바꾸면 그림자가 훨씬 연해진다는 사실을 관찰했다.
또한 뢴트겐은 보이지 않는 선이 판지나 다른 밀도 높은 물질에

형광을 띠게 한다는 사실을 알아냈다.

뢴트겐은 생각에 잠긴 채 그날 오후 판지로 유리관을 완전히 덮을 검은색 상자를 만들기로 했다. 그리고 실험실의 불을 모두 끈 다음 몇 가지의 실험을 시작했다. 실험을 한 번 할 때마다 뢴트겐은 희미한 빛이 약 1미터 뒤에서 어른거리는 것을 알아챘다. 그 정체를 알아내기 위해 성냥을 긋고 살펴본 결과, 그 빛은 뢴트겐이 이 실험과는 완전히 다른 용도로 준비한 시안화백금바륨을 잔뜩 칠한 가리개에서 나오는 것이었다. 뢴트겐은 다시 한 번 다양한 밀도를 가진 물체를 그 빛과 음극선 사이에 넣어 보기 시작했다. 그러자 별다른 현상은 나타나지 않았지만 자신의 손임이 분명한 뼈 모양만 가리개에 선명하게 드러났다.

하지만 이 신기한 현상을 일으키는 광선의 정체가 무엇인지 몰랐기에, 뢴트겐은 수학에서 우리가 미지수에 흔히 붙이는 이름 'X'를 활용해 새로운 발견에 이름을 붙였다. 2주 뒤에 뢴트겐은 아내의 손을 처음으로 엑스선으로 찍어 보았고 자신의 뼈를 처음 본 아내는 기절할 듯 놀라 이렇게 말했다. "방금 나는 내 죽음을 보았어요." 얼마 지나지 않아 과학자 사회는 이 새로운 발견에 '뢴트겐선'이라는 이름을 붙여 주었으며, 뢴트겐 본인이 그 이름을 거부하고 대신 '엑스선'이라 불렀음에도 여러 나라에서는 아직도 이렇게 부른다.

하지만 과학자 사회가 이 발견을 인정하는 데는 꽤 시간이 걸렸다. 엑스선이 발견된 지 4년이 지난 1899년 저명한 스코틀랜드 출신 과학자 윌리엄 톰슨(William Thomson, 켈빈 경)은 "엑스선은 거짓으로 판명될 것이다"라고 선언할 정도였다. 하지만 결코 그렇지 않았다. 여러분에게 한 가지 도움말을 주자면, 톰슨은 찰스 다윈의 진화론을 강력하게 비판했고 "라디오에는 미래가 없다"라고 공공연히 외쳤으며 "공기보다 무거운 비행기는 절대 날 수 없다" 라고 말한 인물이다.

전화선을 통한 문서의 전달은 이론적으로 가능하지만,
여기에 필요한 장비가 너무 비싸기 때문에
결코 실용적인 형태로 나오지 못할 것이다.

영국의 물리학자이자 『미래를 발명하기(Inventing the Future)』의
저자인 데니스 가버, 1962년.

레이더 장비로 튀긴 팝콘,
전자레인지

퍼시 레바론 스펜서(Percy Lebaron Spencer)는 겨우 18개월이었을 때
아버지가 세상을 떠났고 얼마 지나지 않아 이모네 집에 맡겨졌다.
7살이 되자 이모부도 세상을 떠났고 스펜서는 이모와 함께
남겨졌다. 12살이 된 스펜서는 이모와 같이 먹고 살기 위해 학교를
떠나, 해가 떠서 질 때까지 하루 종일 지역의 방앗간에서 일했다.
그러던 스펜서는 16살이 되어 근처에 현대적으로 전기가 들어오는
제지공장이 있다는 말을 들었다. 시골이었던 그의 고향에서는
전기라는 것에 대해 아는 사람이 아무도 없었기에, 스펜서는 새로
떠오르는 이 기술에 대해 독학을 시작했다. 공장에 지원할 무렵
스펜서는 꽤 많은 지식을 갖춰, 따로 훈련을 받거나 전기 이론에
대해 공식 교육을 받은 사람들을 제치고 새로운 전원 장치를 설치할
수 있는 3명 중 한 사람이 되었다. 제대로 학교를 마친 적도 없는
사람치고는 대단한 일이었다.

당시 18살이었던 스펜서는 어느 날 아침 신문을 집어

들었다가 첫 출항한 타이타닉 호의 비극에 대해 읽었다. 대부분의 사람들은 결코 망가질 것 같지 않았던 배가 침몰했다는 사실에 대해 말했지만, 스펜서의 관심을 끈 것은 무선 통신 교환원에 대한 이야기였다. 그는 곧장 이 놀랍고도 새로운 무선 통신 기술을 배우고자 해군에 지원했다. 그는 입대한 지 얼마 되지 않아 라디오에 대해 배울 수 있는 지식을 모조리 습득했다. 나중에 스펜서는 이렇게 회고했다. "당시 나는 밤에 보초를 서면서 산더미 같은 교과서를 붙들고 독학하느라 여념이 없었다."

　2차 세계대전이 시작할 무렵, 스펜서는 세계에서 손꼽히는 레이더 튜브 설계자로 성장했고 레이테온이라는 회사에서 일했다. 이 회사는 미국 국방성에 물건을 납품하는 업체로, 스펜서는 이곳에서 전력 증폭관 부서를 도맡아 이끌었다. 그는 전투용 레이더 장비 개발에 깊숙이 몸을 담게 되었는데, 이것은 전쟁에서 연합군이 원자폭탄을 제조하는 맨해튼 프로젝트 다음으로 우선순위를 두는 분야였다. 당시 스펜서는 마이크로파 신호의 개발에 중심적인 역할을 담당했고, 해당 장비를 개발하는 더욱 효율적인 방법을 시험했다. 그러던 어느 날 능동형 레이더 장비 앞에 서 있던 스펜서는 실험실에 있을 때면 외투 주머니에 넣었던 초콜릿 바가 부드러워져 녹는 경우가 잦다는 것을 깨달았다. 처음 있는 일은 아니었지만, 그런 현상의 이유를 조사한 사람은 호기심 많은 성격인 스펜서가 처음이었다. 가만히 있으면 실내 온도가 올라간 것을 느끼지 못할 정도였으니 관찰력도 대단했다.

　먼저 그는 레이더 장비 앞에 튀기지 않은 팝콘 알갱이를 담은 접시를 가져갔다. 그랬더니 놀랍게도 1분도 되지 않아 팝콘이 튀겨져 이곳저곳으로 날리는 모습을 볼 수 있었다(우연일지도 모르지만 팝콘은 이후에 전 세계적으로 가장 인기 있는 전자레인지 조리 식품이 되었다). 다음으로 스펜서는 찻주전자에 달걀을 담아 실험을 계속했다. 그 결과 찻주전자를 살펴보던 동료의 얼굴로 달걀이 갑자기 폭발하는 진기한 장면이 연출되었다. 그것을 본 스펜서는 세계 최초로 금속 상자 안에 고밀도 전자기장 발생기를 넣은 마이크로파 오븐을 만들었다. 여기서는 더욱 안전하고 통제된 실험을 할 수 있었고, 그의 팀은 온도와 조리 시간을 달리해 다양한 식품을 조리하면 어떤 결과가 나오는지 관찰했다. 스펜서는 자신의 우연한 발견이 가져온 결과를 깨달았고, 레이테온 사는 1945년 10월 8일에 '마이크로파 조리 오븐'에 대한 특허를 신청하고 이 기계를 '레이더레인지'라 불렀다.

최초의 레이더레인지 오븐은 높이가 1.6미터였고 무게는 500킬로그램도 넘었다. 이 덩치 때문에 이 기계는 다량의 식품을 빠른 시간에 조리해야 하는 곳에서만 사용할 수 있었다. 더구나 이 오븐은 가격도 3,000달러에 육박했기 때문에 철도 회사나 조선소, 예산이 부족한 큰 식당에서만 구매를 희망했다. 이 오븐이 가장 성공을 거둔 경우는 1947년 1월 뉴욕의 센트럴 스테이션에 있는 스피디 위니 핫도그 자판기에 설치되어 '지글지글 뜨겁고 맛있는' 핫도그를 빠른 시간에 딱 맞춰서 내는 데 성공했을 때였다. 하지만 이 핫도그를 맛본 음식 평론가들은 프렌치프라이가 바삭하지 않고 고기는 갈색으로 충분히 익지 않았다는 점을 지적했다. 어떤 경우에는 덜 익은 것처럼 보이기도 했다. 하지만 이 마이크로파 오븐의 가장 큰 망신은 레이테온 사의 회장이었던 찰스 애덤스

(Charles Adams)의 개인 셰프가 애덤스에게 계속 레이더레인지로 요리를 해야 한다면 그만두겠다고 선언했을 때였다. 음식 애호가와 셰프들에게 혹평을 받은 마이크로파 오븐은 완전한 실패작처럼 보였다. 그러다가 20년이 지난 1967년 가정용 전자레인지는 495달러라는 비교적 저렴한 가격으로 등장했다. 하지만 퍼시 스펜서의 우연한 발명품을 모든 사람들이 구매할 수 있게 되고 부엌에서 필수 불가결한 일부가 되기까지는 15년이 더 걸렸다. 오늘날 서구에서는 90퍼센트 이상의 가정이 부엌에 하나 이상의 전자레인지를 갖추고 있다. 작지만 아주 중요한 역할을 한 초콜릿 바 한 개 덕분이었다.

약방 창고에서
만들어진
우스터소스

1930년대 미국 우스터에서 리 씨와 페랭 씨가 운영하는 약방 지하 저장고에는 향신료를 친 식초 한 통이 있었다. 이것은 전통 미국 원주민 방식대로 만들어, 인도에서 임무를 마치고 돌아온 영국인 장군에게 팔려던 식초였다. 하지만 먹을 수가 없게 되자 창고에 그대로 보관하게 했다. 몇 년 동안이나 방치되었던 것을 어느 날 저장고를 청소하러 온 두 약사가 통째로 내버리려 했는데, 우연히도 버리기 전에 내용물을 맛보기로 했다. 놀랍게도 이 혼합물은 잘 숙성된 상태였다. 우스터소스가 탄생한 순간이다.

이미 맛이 없어 먹을 수 없던 식품이 저장고에서 몇 년을 묵혔다고 해서 맛있어지다니, 언뜻 들으면 믿기 힘든 사실이다. 이것은 또 다른 위대한 발견을 떠올리게 한다. 바로 우유인데, 옛날 사람들은 어떻게 소의 젖을 손으로 짤 생각을 하게 되었을까? 그리고 손으로 짤 수 있다는 사실을 발견했을 때 사람들은 무슨 생각을 했을까? 우유를 제일 먼저 맛본 사람은 누구일까?

우스터소스에 들어가는 재료가 정확히 무엇인지는 물샐 틈 없이 비밀에 붙여지고 있지만, 적어도 간장과 앤초비가 들어간다는 사실은 알려져 있다. 그 혼합물이 몇 년에 걸쳐 발효되어 맛이 좋아진 것이다. 그러니 우스터소스는 로마의 피시소스인 가룸이 먹을 만하게 발전된 현대적인 소스다. 1838년에는 역설적이게도 '리와 페랭, 우스터소스'라는 상표를 단 상품이 대중에게 첫 공개되었고, 리와 페랭은 독특한 맛을 내는 그들의 발효소스로 큰돈을 벌었다. 이 소스는 오늘날 전 세계적으로 큰 인기를 얻고 있다. 특히 일본에서 인기가 높은데, 이 나라에서는 '감칠맛 (일본에서는 우마미라고 부른다)'을 네 가지 기본 맛에 이은 다섯 번째 맛이라고 좋아하며 요리에 기본적으로 사용하기 때문이다.

포스트잇과
우연히 탄생한
백만장자

스펜서 F. 실버(Spencer F. Silver)는 애리조나 주립대학에서 화학을
공부했고 이어 콜로라도 대학에서 유기화학을 공부해 박사 학위를
취득했다. 이후 실버는 1966년에 유명한 거물 기업인 3M의 중앙
연구소에 수석 화학자로 취직했다. 그는 처음에 5명으로 이뤄진
감압성 접착제를 담당하는 팀에 배속되었고, 이들의 목표는 산업용
초강력 접착제를 개발하는 것이었다. 하지만 어느 날 실버는 우연히
분자를 중합하는 특정 화학 반응물을 권장량 이상으로 첨가하게
되었다. 그 결과는 훌륭한 연구자가 달성했어야 하는 목표와 정확히
반대였지만, 실버는 이 실험에 독특한 무언가가 있다는 사실을 눈치
챘다. 의도치 않게 '잘 붙고' '잘 떨어지는' 속성이 있는 접착제를
만든 것이었다.

스펜서 실버는 즉각 자신이 완전히 새로운 유형의 접착제를
개발했다는 사실을 깨달았지만 이 접착제를 당장 어디에 쓸 수
있을지는 아무도 몰랐다. 붙었다가도 잘 떨어지는 접착제는 실버의

팀이 달성하려는 목표와 정확히 반대였고 당시에는 아무도 그런
상품을 원하지 않을 것이라 생각했다. 실버는 좌절하지 않고
실험을 거듭했다. 그래도 그는 종잇조각을 서로 붙일 만큼은
강하지만 힘을 주면 쉽게 떨어질 정도로 약한 접착제를 만들어 냈을
뿐이었다. 그렇지만 실버는 접착제를 여러 번 다시 쓸 수 있다는
점이 장점이라고 여겼다. 시간이 흘렀지만 실버는 새로운 접착제의
실용적인 용도를 여전히 찾아내지 못했다. 3M의 상품 개발자들
또한 잠재적인 용도를 생각할 수 없다는 이유로 이 접착제를
포기했다. 그러자 실버는 일단 그동안의 노력은 접은 채 회사
내부에서 직원들을 대상으로 강연을 했다. 머리가 잘 돌아가는 신입
직원들이 자신의 잘 떨어지고 잘 붙는 접착제의 상업적인 용도를
발견하지 않을까 하는 기대를 품었던 것이다. 그 과정에서 실버는
3M 안에서 '끈질긴 사람'이라는 별명을 얻었다. 하지만 그로부터
2년이 흘렀어도 사람들이 제안한 실용적인 용도라고는 이 접착제를
스프레이로 만들어 핀을 꽂지 않고도 회사 게시판에 공지를 붙일 수
있게 하자는 것 정도가 최선이었다.

　이것은 꽤 괜찮은 생각이었지만 이 접착제를 전 세계적인
상품으로 만들기에는 부족했고, 3M의 중역들 역시 흥미는 보였지만
확신이 없었다. 그러던 어느 날 테이프 관련 신제품 개발 부서에서
근무하던 아트 프라이(Art Fry)가 동네 골프장에서 두 번째 홀을
치다가 동료에게서 실버의 '신기한 접착제'에 대해 들었다.
프라이는 테이프로 만든다 해도 쉽게 떨어져 버릴 접착제에
실용적인 쓰임새가 있으리라고는 생각하지 않았지만 전문가로서
호기심을 느껴 실버의 강연에 참석했다. 강연을 들으면서도 신기한

접착제가 쓸모 없다고 생각한 프라이는 머릿속 한 구석에 이 기억을 처박은 채 지냈다. 하지만 이 접착제는 프라이의 기억 속에 남아 있다가 어느 순간 영감이 되어 나타났는데, 아마 대부분의 발명가와 제품 개발자들이 꿈꾸는 그런 경험이었을 것이다.

때는 그로부터 5년 뒤 일요일 아침이었고, 교회 합창단원이었던 프라이는 유별나게 지루한 설교를 듣느라 재미가 없어 머릿속으로는 어떻게 해야 찬송가책 페이지를 넘길 때 끼워 두었던 책갈피가 빠지지 않게 할지를 궁리했다. 곰곰이 생각에 잠겼던 프라이는 어느 순간 실버의 강연이 떠올랐고, 그 접착제를 잘 붙고 재활용할 수 있는 책갈피에 사용하면 좋겠다는 생각이 들었다. 프라이는 이 아이디어에 흥분했고 다음 날 아침 바로 실버의 연구소에 들러 남는 접착제를 달라고 부탁했다. 아트 프라이는 합창 연습 때 책갈피로 여러 번 시험 삼아 써 봤지만, 문제는 책갈피를 뗐을 때 책장에 접착제가 조금 묻는다는 점이었다. 하지만 몇 번의 시도를 더 한 끝에 프라이는 책장에 잘 붙으면서도 접착제가 묻어나지 않는 책갈피를 만들었다. 여러 번 사용할 수 있는 것은 물론이었다. 이것은 아트 프라이가 찾았던 혁신적인 결과물이었고, 그래서 그는 이 제품에 대한 설명서를 작성해 3M의 개발 이사회에서 발표했다. 중역들은 처음에는 마음에 들어 했지만 시장 조사 결과 예상 매출액이 눈에 띄게 높지 않았기에 이 접착성 책갈피는 창고에 처박히고 말았다.

그 뒤로 몇 년이 흘렀고, 어느 날 아트 프라이는 보고서를 작성하는 과정에서 의문점이 생겨 맨 앞장에 자기가 만들었던 책갈피를 붙이고는 그 위에 하고 싶은 질문을 적었다. 그것을 본 동료는 책갈피에 자기의 해답을 적고는 그것을 다른 문서에 붙인 채 프라이에게 돌려주었다. 아트 프라이는 나중에 이때를 '머리가 펄떡펄떡 뛰는 유레카의 순간'이라고 기억했다. 드디어 쉽게 떨어지는 접착제의 용도를 발견한 셈이었다. 바로 붙였다 떼는 메모지였다. 프라이는 이웃 부서로 달려가 종이를 찾았는데 마침 카나리아 색, 노란 종이밖에 없었다. 최초의 포스트잇 메모지가 노란색이었던 것은 그 이유였다. 프라이가 만든 샘플 제품은 회사 전체에 퍼져 선풍적인 인기를 끌었다. "회사 중역들이 이 붙였다 떼는 메모지를 얻으러 무릎까지 쌓인 눈을 뚫고 찾아올 정도"였다.

1977년, 3M은 이 제품에 '프레스 앤 필'이라는 상표를 붙여 네 개 도시에 출시했지만 결과는 썩 만족스럽지 못했다. 하지만 이 제품은 3M 직원들 사이에서 인기가 무척 좋았고, 다음 해에 개발자들은 아이다호 주의 도시 보이시 이곳저곳에 직원을 보내 사람들에게 이 제품이 뗐다 붙였다 하며 유용하게 쓸 수 있다는 점을 설명했고 무료 샘플을 나눠 주었다. 그러자 사용자들의 95퍼센트가 이 제품을 다시 사용할 의향이 있다고 답했다. 이것은 꽤 괜찮은 반응이었고, 그에 따라 1980년에 3M은 마침내 새롭고 혁신적인 포스트잇 노트를 출시했다. 이 제품은 판매한 지 첫 해에 5,000만 개가 팔려 나갔다.

그로부터 2년 안에 포스트잇 노트는 사람들의 필수품으로 자리 잡았고 3M은 이 제품만 만드는 생산라인을 따로 만들어야 했다. 포스트잇은 곧 학교와 도서관, 가정, 작업장, 사무실에 없어서는 안 될 물건이 되었고 모양과 크기, 향, 색깔도 다양해졌지만 아직도 가장 인기 있는 제품은 제일 처음에 나왔던 카나리아 색 포스트잇이다. 오늘날 3M은 아직도 매년 35억 달러 어치에 달하는 포스트잇 노트를 팔고 있으며, 1990년대에 특허가 만료되어 다른 많은 회사들과 경쟁하고 있지만 여전히 높은 매출을 유지 중이다. 스펜서 F. 실버 박사와 아트 프라이는 '발명의 영웅'이 되었으며 둘 다 3M에서 최고의 연구 개발자라는 영예를 누렸다. 또한 이들은 국제 규모의 공학, 발명 관련한 상도 수없이 받았다. 후에 스펜서 실버는 다음과 같은 말을 남겼다. "내가 만약 이 아이디어를 진지하게 여겼다면 결코 실험을 이어가지 않았을 것이다. 논문과 참고문헌에는 '이렇게 하지 말라' '할 수 없다'는 사례들이 가득하기 때문이다."

이 폭탄은 인류가 그동안 만들었던(연구했던) 것 가운데
가장 바보 같은 물건입니다.
폭발물 전문가로서 말씀드리건대,
이 폭탄은 절대 폭발하지 않을 것입니다.

미국 해군 장성이었던 윌리엄 D. 리히,
일본 히로시마와 나가사키에 원자폭탄이
떨어지기 1년 전인 1944년.
(트루먼 대통령에게 원자폭탄에 대해 조언하면서 한 말.)

가황 고무:
찰스 굿이어

　천연 자원인 고무의 가치를 처음으로 알아 챈 사람은 크리스토퍼 콜럼버스와 동료 정복자들이었다. 이들이 1400년대 후반에 아메리카 대륙을 발견해 여러 기록을 남기던 때였다. 아메리카 원주민들은 탄력이 있는 공을 가지고 게임을 했는데, 그 공은 그들이 카스티야 엘라스티카라고 부르는, 이 지역에 자생하는 나무에서 얻은 우유 같은 하얀 수액으로 만든 것이었다. 당시 유럽에는 이런 물질이 알려지지 않았다. 하지만 이 유럽인들은 이 수액을 한번 눈길이 가고 마는 지나가는 호기심의 대상으로만 생각했고, 고국에서 원하는 금과 은, 다이아몬드 같은 보석만 배에 잔뜩 실었다. 하지만 (이름이 '고무 사람들' 이라는 뜻인) 올멕 부족이 수지를 말려서 단단하게 만들어 방수가 필요한 물건에 솜씨 좋게 활용한다는 사실은 기록에 남아 전해졌다. 올멕 부족은 이 수지로 신발, 옷, 물병 같은 물건을 만들었는데, 이 지역에서는 이 물질을 '카우츄크', 즉 '나무에서 흘리는 눈물'이라고 불렀다.

유럽의 토지 측량사들이 이 천연자원에 각별한 흥미를 보이게 된 것은 그로부터 200년이 지난 뒤였다. 이들은 이 물질이 다루기가 힘들며 특히 가공되지 않은 액체 라텍스는 안전하게 운반하는 것이 거의 불가능하다는 사실을 깨달았다. 18세기 중반 들어 새로운 과학적 방법이 개발되면서 몇몇 실험을 통해 고무를 성공적으로 활용하는 데 성공했다. 하지만 여전히 이 물질은 불안정해서 따뜻한 날씨에는 끈적끈적하고 냄새가 났으며 추운 겨울에는 단단해져서 깨지고 말았다. 그러다가 1823년에 스코틀랜드의 과학자 찰스 매킨토시(Charles Macintosh)가 끈적이는 고무 층을 가느다란 두 개의 물질 사이에 에워싸는 임시 해결법을 발견했다. 이에 따라 매킨토시는 방수 천을 발명해 자기 이름을 붙였으며 이 천은 오늘날까지도 그 이름으로 통한다. 매킨토시의 방수 천은 하나의 돌파구가 되었고, 곧 전 세계로 널리 퍼졌다. 그로부터 1년이 흘렀을 때 전 세계적으로 고무 생산량은 겨우 100톤에 지나지 않았지만 6년이 지나자 이 생산량은 1,000톤으로 늘었다. 마침내 고무 생산이 본격적으로 가속화했으며, 이 시점은 운 좋게도 산업화 시대와 맞물렸다. 하지만 고무에 화학 첨가물을 넣어 내구성을 높이려는 노력은 계속 실패로 돌아갔다. 그러다가 1839년 미국의 과학자 찰스 굿이어(Charles Goodyear)가 이 천연자원의 성질을 개선하는 믿을 만한 방법을 우연히 발견했다.

찰스 굿이어는 코네티컷 주 뉴헤이븐에서 태어났다. 그의 아버지는 애머사 굿이어(Amasa Goodyear)였는데, 그는 매사추세츠 주에서 곡물을 수확하는 방식에 변화를 가져온 가벼운 건초 쇠스랑을 발명한 사람이었다. 또한 애머사 굿이어는 진주 단추를

처음으로 만들었고, 1812년의 미영 전쟁 때는 그의 공장에서
미국 육군에 철로 된 잠금장치를 공급해 그 과정에서 약간의 돈을
벌었다. 1814년에 찰스 굿이어는 필라델피아에 가서 철물 거래를
배웠고 1821년에는 고향으로 돌아와 아버지와 같이 일했다.
두 사람의 사업은 서서히 성장했다. 이들은 다양한 농사도구를
다시 디자인해서 생산했고, 찰스는 24살의 나이로 성공적인 철물
제조업체의 대표가 되었고 돈도 많이 벌었다. 하지만 1829년,
찰스는 위장병 때문에 건강이 악화되기 시작했고 경영하던 몇몇
사업체가 망했다. 그 결과 굿이어 가족은 파산에 이르렀지만 얼마
지나지 않아 찰스의 건강이 호전되었고 그는 신문을 읽던 중
매사추세츠 주 보스턴의 록스버리 고무 회사에서 탄성 고무 제품을
생산하기 시작했다는 기사를 접했다. 록스버리 사는 그동안 실험을
거듭해 가며 매킨토시의 제품을 개량하는 중이었다.

　이들의 시도에 흥미를 느낀 찰스 굿이어는 뉴욕을 방문해 이
제품을 직접 살펴봤고, 곧 이곳에서 만들어 파는 고무 구명조끼가
품질이 좋지 않다는 사실을 깨달았다. 필라델피아의 자기 집으로
돌아온 굿이어는 고무 제품으로 실험을 시작했고, 튼튼해서
구멍이 나지 않는 구명튜브를 만든 다음 록스버리 고무 회사의
경영자에게 보여 주었다. 그는 굿이어의 제품에 좋은 인상을
받았지만 회사가 경영난을 겪고 있다는 사실을 고백했다. 수천
달러어치의 고무 제품들이 상해서 판매할 수 없게 되어 소매상들이
반품했기 때문이다. 비록 굿이어는 더 튼튼한 고무 제품을 생산할
수 있었지만 그 역시도 재정난을 겪고 있기는 마찬가지였다.
필라델피아로 돌아온 굿이어는 채권자들에게 붙잡혀 교도소에

들어가게 되었다. 그래서 그는 살림살이를 비롯한 모든 소지품들, 아내와 아이가 머물던 하숙집까지 팔아넘겨야 했다. 하지만 이런 상황에서도 그의 아내는 인도 고무 같은 재료를 보내 주어 남편이 쉬지 않고 더욱 좋은 제품을 만드는 실험을 이어가도록 지원했다.

마침내 굿이어는 고무에 산화마그네슘을 섞어 가열한 다음 손수 주형을 만들어 고무 신발을 만들어 냈고, 친절한 친구들의 도움을 받아 빚을 청산하고 자유를 얻게 되었다. 가족의 품으로 돌아온 굿이어는 밤낮을 가리지 않고 일하면서 완벽하고 튼튼한 고무 제품을 만드는 데 매진했다. 그래도 결국은 친구들의 지원도 끊기고 채권자들 역시 하나 둘씩 고무에는 상품 가치가 없다는 결론을 내리기 시작했다. 하지만 찰스 굿이어는 강박적으로 작업을 계속했고, 다시 한 번 무한한 지지를 보내 주는 아내와 함께 뉴욕에 가서 친절한 화학자의 도움으로 다락방에 작은 연구실을 차렸다. 결과물이 조금씩 나아지자 굿이어는 그리니치빌리지의 방앗간까지 매일 4.8킬로미터를 걸어가서 다양한 아이디어를 실험해 보았지만, 이 결과물은 그렇게 좋지 않았다. 그래도 굿이어는 동업을 하기로 또 다른 친구를 설득했고 이들은 방수 기능이 있는 옷, 고무 신발, 초기 시제품 형태의 구명조끼 등 다양한 제품을 생산하는 공장을 열었다. 다행히 이번에는 약간의 성공을 거뒀고, 굿이어는 가족에게 돈을 보내 머물 곳을 마련해 주었다. 하지만 운명의 장난인지 1837년에 불어 닥친 주식 시장의 공황 때문에 그의 노력은 순식간에 물거품이 되었다. 그리고 굿이어 가족은 근 10년 동안 세 번째로 무일푼에 길거리에 나앉았다.

평범한 발명가들이라면 이 정도 상황이면 포기했을 테지만,

굿이어는 가던 길을 계속 밀고 나아가 가족을 보스턴으로 이주시켰다. 보스턴에는 그와 다시 가까워진 록스버리 고무 회사의 J. 해스킨스(J. Haskins)가 있었고 그는 아직 고무 제품의 가능성을 믿고 있었다. 해스킨스는 굿이어를 지원해 주는 거의 유일한 인물이었고 굿이어에게 돈을 빌려 주는 한편 그를 관련자들과 연결해 주었다. 굿이어는 곧 고무 신발로 특허를 얻었고, 그 특허를 로드아일랜드의 프로비던스 회사에 팔았다. 하지만 그는 여전히 추위와 더위, 산 성분에 강하고 부식이 되지 않도록 고무를 개량하는 방법을 찾고 있었다. 굿이어의 실험은 별다른 열매 없이 이후 3년을 더 끌었다. 그러던 어느 날 그는 고무 용액에 황가루를 넣다가 이 샘플 중 하나를 빨갛게 달아오른 표면에 실수로 쏟았고, 이 샘플은 곧장 탄화되었다. 보통 사람이라면 이것을 내버려 좋은 기회를 놓쳤겠지만, 굿이어는 이 쏟아진 샘플을 유심히 살폈고 재료의 일부에 탄성이 생겼다는 사실을 알아챘다. 오늘날 '가황'이라고 알려진 과정을 발견한 셈이었다. 이것은 동일한 원재료로 부드럽고 잘 휘어지는 방수 고무뿐만 아니라, 단단하고 내구성 있어 여러 산업 분야에 사용될 수 있는 고무까지 만들 수 있다는 사실을 의미했다.

찰스 굿이어는 자신이 답을 찾았다고 확신했다. 하지만 이전에 그가 여러 번 모험을 했던 전적 때문인지 친구들이나 잠재 투자자들은 회의적인 시선을 보냈고, 여러 해가 지나도 굿이어와 그의 가족들은 가난하게 지냈다. 그러다가 굿이어는 자신의 방법을 더 개선해 다시 한 번 뉴욕을 찾았고 이곳에서 자신이 만든 가황 고무를 윌리엄 라이더(William Ryder)와 에모리 라이더(Emory Ryder)

형제에게 보여 주었다. 라이더 형제는 굿이어의 발명품이 가진
가치를 즉각 눈치 챘고, 다양한 신제품을 만드는 공장을 세우자고
협의했다. 하지만 굿이어의 불운은 계속되어 라이더 형제의 사업은
실패했고 굿이어에게 남은 것은 초라한 집뿐이었다. 그래도
굿이어는 꿈과 희망을 놓지 않았다.

　　그러다가 운 좋게도 모직 공장을 소유하고 있어 부유했던 처남
윌리엄 드 포레스트(William de Forest)가 도움을 주었다. 1843년
여름에 굿이어의 17세 된 딸 엘렌이 가황 처리법을 자신과 동업자
루이스 형제에게 설명하도록 주선했던 것이다. 설명을 들은 이들은
즉시 굿이어로부터 특허권을 입수했고, 같은 해 9월 코네티컷
주 노거턱에 새뮤얼 J. 루이스 회사를 세워 가황 고무로 덧신을
만들기 시작했다. 1848년이 되자 굿이어에게 특허권을 사서 고무
부츠를 생산하는 회사가 네 곳으로 늘었다. 이것은 이후 150년
동안 노거턱을 중심으로 발전한 국제적인 고무 산업의 시작이었다.
한때는 공장에서 일하는 일꾼의 숫자가 8,000명을 넘길 정도로
규모가 컸다.

　　그렇지만 찰스 굿이어는 자신의 가황 고무 타이어를 사용한
오토바이가 전 세계적으로 팔리는 모습을 보기 전에 숨을 거뒀다.
오토바이는 널리 퍼져 수십억 달러의 수익을 거뒀다. 그러나
굿이어는 발명에 대한 특허권을 판매하는 것만으로는 큰돈을 벌지
못했고 자신의 운명을 실용적인 관점에서 바라보며 죽기 직전에
다음과 같은 글을 남겼다. "이런 산업 분야들과 관련지어 과거를
회상하면서, 나는 불평을 늘어놓지 않고 다만 이렇게 말할 뿐이다.
내가 씨앗을 심었고 다른 이들이 열매를 거뒀다고 말이다. 비록

많은 이들이 그렇게 하지만, 인생에서 직업과 일이 주는 이점은 돈으로만 환산할 수 있는 것이 아니다. 내가 뭔가를 심었는데 아무도 수확하지 못할 때 비로소 마땅히 후회할 만하다."

하지만 찰스 굿이어의 유산은 잊히지 않았으며 발명이나 산업을 공부하는 사람 모두에게 생생하게 기억된다. 이것은 프랭크 세이버링(Frank Seiberling)이 굿이어의 끈질긴 인내를 기려 1898년 회사의 이름을 굿이어타이어와 고무 회사로 지었기 때문이었다. 그리고 마침 자동차와 오토바이가 발전하면서 세이버링은 큰돈을 벌었다. 오늘날까지도 굿이어타이어사는 수십억 달러의 매출을 내는 큰 회사로 남아 있고, 찰스 굿이어의 가황 고무는 전 세계적으로 수백만 가지의 상품들에 성공적으로 쓰이는 중이다.

런던 거리에 등을 켜자고 주장하는 미친 젊은이가 있습니다.
대체 무슨 소용이 있다고 그러는지 모르겠네요.
연기나 날 텐데.

월터 스콧 경,
거리에 가스등을 점화하자는 제안을 듣고 나서 한 말.

고양이
배설용 점토

2차 세계대전이 끝나면서 에드워드 로우(Edward Lowe)는 미국
해군에서 제대해 아주 멀리 떨어진 가족에게 돌아가는 길이었다.
그는 차를 얻어 탄 끝에 미시건 캐소폴리스의 고향 집에 도착했다.
이곳에서 로우의 아버지 헨리 로우(Henry Lowe)는 지역 공장과
농부들에게 공급할 모래와 톱밥을 만드는 사업을 했다. 작업장의
바닥에 무언가를 흘렸을 때 빨아들이는 용도였다. 사업체의 규모는
대단치 않았고, 고객들 상당수가 전쟁 직후에 살림이 빠듯했던
탓에 그 제품은 돈이 없으면 사지 않는 사치품이라 여겼다. 아들이
돌아오자 아버지는 아들에게 상품 배달을 맡긴 채, 수 킬로미터
떨어진 밴데일리아에서 가족이 경영하던 술집에 집중하기로 했다.
　아내와 어린 아이를 부양할 책임이 있었던 에드워드 로우는
고객층을 넓히고 새로운 제품을 소개해 사업체를 확대하기
시작했다. 새 상품 가운데는 '풀러의 흙'이라 불리던 흡착성이
아주 강한 진흙도 포함되었다. 하지만 고객들이 원래보다 더 비싼

진흙 제품에 관심을 보이지 않자 로우는 실망했고, 팔지 못한 몇 톤에 달하는 제품을 주변 사람들이 공짜로 가져가도록 방치했다. 그러던 1947년 1월, 로우는 집에 돌아오다가 이웃인 케이 드레이퍼(Kaye Draper)가 지하실에서 키우는 고양이 상자 안에 깔아 주려고 언 땅에서 모래를 파내는 모습을 발견했다. 그 당시 사람들은 애완 고양이를 밤에 밖에 내놓는 경우가 많았는데, 고양이가 원래 사막동물이라 수분을 유지하려는 특성이 있어 그 결과 고도로 농축되고 희석되지 않은 냄새 나는 배설물을 남기기 때문이었다. 겨울철에 사람들은 낡은 쟁반에 모래, 톱밥, 진흙을 채운 다음 지하실에 놓아 두어 고양이가 추운 날씨에도 버티도록 했다. 그런 이유로 드레이퍼는 로우에게 다가와 팔다 남은 톱밥을 달라고 부탁했는데, 로우는 그 대신 창고에 가득 쌓인 풀러의 흙을 몇 삽 퍼다 주었다. 이 제품을 달리 어떻게 처분해야 할지 몰라 없애기에 급급한 상황이었다.

다음날 드레이퍼는 고양이가 이 진흙을 마음에 들어 할 뿐 아니라 흙의 흡수력이 아주 좋아 배설물 냄새도 나지 않는다는 점을 발견했다. 또한 진흙의 알갱이가 고와 모래나 톱밥을 쓸 때와는 달리 고양이의 발에 달라붙지 않고 집 바닥에 고양이가 지나간 흔적도 남지 않았다. 이후 드레이퍼는 몇몇 고양이 주인들과 함께 로우를 찾아가 진흙이 정말 좋다고 칭찬해 주었고, 로우는 곧 이 진흙의 가능성을 알아차렸다. 그날 오후 로우는 풀러의 흙을 2킬로그램 단위로 포장해 검은 잉크로 '키티 리터(고양이 대소변용 흙)'라고 적었다. 그러고는 이렇게 만든 10봉지를 트럭 뒤에 싣고 가장 가까운 애완동물 용품점으로 갔다.

하지만 애완동물 용품점 주인들은 로우가 이전에 공장이나 작업장에서 만났던 고객들과 비슷한 거부감을 보일 뿐이었다. 주인들은 풀러의 흙 한 봉지를 69센트에 사려는 사람은 아무도 없을 것이라고 말했다. 모래나 톱밥은 그 반값이었고 보통 흙은 공짜로 구할 수 있기 때문이었다. 결국 좌절하고 상심한 로우는 가게마다 몇 봉지씩 남겨 사람들에게 공짜로 나눠주라는 말을 남기고 떠났다. 그로부터 일주일이 되지 않아 가게 주인들은 고양이 애호가들이 키티 리터를 다시 달라고 재촉하는 데다, 심지어는 돈을 주고 사겠다고 하는 것을 보고 깜짝 놀랐다. 로우는 곧 주문을 받기 시작했고, 사람들의 반응에 힘입어 트럭에 제품을 싣고 전국을 돌아다녔다. 그러면서 애완동물 용품점에 사람들에게 공짜로 나눠줄 몇 봉지를 두고 오는 판매 작전을 반복한 다음 재주문을 기다렸다.

그러는 동시에 로우는 꾸준히 제품의 성능과 포장을 개선했고, 환불을 보증했으며 제품에 탈취제와 향을 첨가했으며 옮겨 담는 데 편한 플라스틱 삽도 만들었다. 그러면서 전국을 돌아다니며 고양이 박람회와 지역 축제에서 제품을 보여 주며 홍보했다. 당시 키티 리터를 한 번 써 본 사람은 꼭 다시 찾는다는 사실을 알게 된 로우는, 고심한 끝에 위험을 무릅쓰고 제품을 생산하는 공장을 지었다. 키티 리터를 전 세계에 수출하기 위해서였다.

로우의 공장은 최신 연구개발 중심지에서 일하던 과학자들을 고용했고, 이들은 계속해서 기존 제품을 개량하고 새로운 제품을 만들었다. 120마리의 길거리 고양이들을 키워 과학자들이 새 제품을 시험해 보는 곳도 있었다. 또 로우는 공장 안에 의료진이 완벽히 갖춰진 병원과 24시간 경비시설도 지었다. 에드워드 로우는 하나의 제품을 발명한 데 그치지 않고 전 세계적인 규모의 사업을 창출했으며, 1990년에 은퇴했을 때는 회사의 연간 소매 판매액이 2억 1,000만 달러에 달했다. 오늘날 키티 리터는 5억 달러의 가치가 있다고 추정되며, 한때 아무도 찾지 않을 것이라 말했던 이 제품은 미국에서만 한 해에 16억 달러 매출을 올리는 산업의 일부가 되었다.

우연히 만들어져
아직까지도
많이 쓰이는 것들

사카린

커피나 차를 마실 때를 비롯해 우리가 언제 어디서든 설탕 대신 사용하는 달콤한 알갱이의 이름은 무엇일까? 바로 사카린이다. 1879년, 존스 홉킨스 대학에서 일하던 화학자 콘스탄틴 팔베르크 (Constantin Fahlberg)는 석탄을 생산하는 과정에서 나오는 부산물인 콜타르의 화학적 성질을 분석하던 중이었다. 팔베르크의 업무는 이 천연자원을 활용하는 수익성 높은 대안을 찾는 것이었다. 그러던 어느 날, 실험실에서 여느 때보다 오래 일했던 팔베르크가 집에 돌아와서 보니 아내가 평소 좋아하던 비스킷을 구워놓은 것을 발견했다. 배고팠던 그는 얼른 집어서 입으로 가져갔는데, 비스킷을 한 입 깨문 후 평소보다 비스킷이 훨씬 달다는 것을 깨달았고, 아내에게 설탕을 얼마나 넣었는지 물어 보았다. 아내가 평상시와 똑같은 양의 설탕을 넣었다고 대답하자 팔베르크는 달라진 게 무엇인지 깨달았다. 너무 급하게 집어먹느라 손을 씻지 않았던 것이었다. 손가락을 쪽 빨아 본 팔베르크는 콜타르에서 나온 성분이 천연 감미료라는 사실을 발견했다. 그는 자신이 발견한 물질에 '사카린'이라는 이름을 붙였는데, 이것은 설탕과 '관련이 있음' '닮음'이라는 뜻이었다. 사카린은 곧 칼로리가 전혀 없는 설탕의 대용품으로 상품화되었으며, 1차 세계대전을 겪으면서 설탕이 부족해지면서 팔베르크의 이 우연한 발명품은 전 세계적으로 널리 퍼졌다.

얼음과자

미국 캘리포니아 주 오클랜드에 살던 프랭크 에퍼슨(Frank Epperson)은 1905년 겨우 11살의 나이로 소다 가루와 과일 향, 물을 섞어 소다 음료를 만드는 실험을 시작했다. 당시에 소다와 물을 섞어 마시는 일은 흔해서 사람들은 각자 자기만의 만드는 방식이 있을 정도였으니 그렇게 별난 행동은 아니었다. 하지만 추운 겨울 저녁이라 가족들이 안에 들어오라고 하자, 에퍼슨은 실험하던 것을 현관에 둔 채 집 안에 들어갔다. 밤새 기온은 영하로 떨어졌고, 다음 날 에퍼슨이 현관에 나가 보니 과일 향 나는 소다 음료는 꽁꽁 얼었고 휘젓는 막대기도 중간에 같이 얼어붙은 채였다. 에퍼슨은 그것을 먹어 본 다음 친구들에게 보여 주고 얼은 소다 몇 개를 맛보게 했다. 하지만 그날 이후 에퍼슨은 몇 년 동안 자신의 우연한 발명품을 까맣게 잊고 지냈다.

그러던 중 1922년, 에퍼슨은 지역 소방관의 모금 파티에 초대를 받아 뭔가 파티에서 팔 물건을 가져가기 위해 예전에 만들었던 얼음과자를 잔뜩 만들었다. 그러자 손님들은 마구 몰려들었고 몇 분 지나지 않아 에퍼슨은 얼음과자를 전부 팔았다. 이때의 경험으로 얼음과자가 장사가 된다는 사실을 깨달은 그는 '막대를 꽂은 얼음과자'로 특허를 신청했다. 에퍼슨은 자신의 발명품을 '엡시클'이라 불렀으며 여러 가지 맛으로 만들어 자기 아이들에게 주었다. 아이들은 에퍼슨을 '팝(아빠를 뜻하는 '파파'와 발음이 비슷하다)'이라 불렀기에 얼음과자를 '팝시클'이라 부르기 시작했다. 나중에 전 세계적으로 유명해질 이름이었다. 2년 뒤인 1925년, 에퍼슨은 뉴욕의 조 로이 회사에 팝시클에 대한 특허를 팔았고, 이 회사는 어린아이들을 대상으로 단돈 5센트에 팝시클을 널리 판매하기 시작했다.

머지않아 이 팝시클은 재료에 따라 '퍼지시클', '드림시클', '크림시클' 등으로 다양해졌고, 1965년에는 컨솔리데이티드 푸즈 사가 특허권을 사 갔다. 오늘날 미국에서만 수억 명의 사람들이 매년 팝시클을 사먹고 있으며 맛의 종류는 30가지도 넘는다. 많은 경쟁 제조업체들이 팝시클을 다양하게 변형시킨 제품을 생산했지만 여러분이 어떤 형태의 얼음과자를 먹든 그 기원은 1세기 전 어느 추운 겨울 밤 우연하게 얼음과자를 발명한 11살짜리 프랭크라는 사실을 기억해야 한다.

비아그라

1990년대, 영국 켄트 주 샌드위치에 자리한('샌드위치 백작이 샌드위치를 발명했을까?' 참고) 한 화학 연구소에서는 영국 출신의 과학자들이 실데나필 구연산염이라는 성분을 연구하는 중이었다. 이 연구소는 미국의 대규모 제약회사인 파이저의 사업을 진행하는 곳이었다. 이곳의 과학자들은 고혈압과 협심증, 고산병에 대한 효과적이고 새로운 치료약을 개발하고자 했다. 파이저 사는 이 약이 협심증이 동반하는 가슴 통증을 덜어 줄 것이라 생각했고 샘플 제품을 시험하고자 이언 오스터로흐(Ian Osterloh)가 관리하는 스원시의 모리스턴 병원에 보냈다. 오스터로흐는 이 약을 시험한 결과 협심증에 별다른 효능이 없으며 두통, 안면홍조, 충혈, 눈앞이 흐려짐, 격렬한 발기 등의 해로운 부작용을 나타낸다고 밝혔다. 파이저 사의 관계자는 이 결과를 전해 듣고 이렇게 생각했다. '잠깐, 해로운 부작용이라고?' 파이저 사는 재빨리 이 신약의 잠재력을 알아채고는 1996년에 특허를 신청했다. 그리고 1998년 3월 27일, 미국 식품의약국에서 발기부전에 대한 치료제로 특허를 등록했다.

상품명이 비아그라였던 이 약은 미국 상원의원 밥 돌(Bob Dole)과 브라질의 축구 영웅 펠레(Pelé)가 효능을 보증하면서 유명해졌고, 곧 미국인들을 대상으로 홍보되었다. 극단적인 상황에서 택하는 별난 선택지이기는 했지만 광고는 대단한 성공을 거뒀고 비아그라의 매출은 곧 1년에 20억 달러를 기록했다. 비아그라를 다른 용도로 사용하는 사람들도 있었지만 이들이 어떻게 그런 결론에 도달했으며 누가 임상시험을 했는지는 상상에만 맡길 뿐이다. 비아그라가 햄스터에게 쌓인 시차로 인한 피로를 풀어 준다는 아르헨티나 대학의 연구팀, 특정 부위의 혈관을 확장하면 성적이 좋아진다고 믿은 전문 육상선수, 1밀리그램의 비아그라를 물병에 넣어 주면 줄기를 자른 꽃의 수명이 늘어난다는 결론을 독립적으로 얻어 낸 이스라엘과 오스트레일리아의 연구팀 등이 그렇다. 이 과학자들이 이런 발견을 해 낸 현장에 내가 함께할 수 있었다면 얼마나 좋았을까. 나는 이들이 애초에 밝혀내려 했던 것이 무엇일지 무척 궁금하다.

코카콜라

존 스티스 펨버턴(John Stith Pemberton)은 조지아 주 녹스빌에서 태어났다. 그는 남북전쟁 당시 남부군을 이끌던 전설적인 장군이었던 존 클리퍼드 펨버턴(John Clifford Pemberton)의 조카였다. 십대 시절 조카 펨버턴은 메이컨에 있던 조지아 리폼 의과대학(醫科大學)에 등록해서 졸업했고, 19세에는 약사 자격을 얻었다. 1865년 남북전쟁이 끝날 무렵 조카 펨버턴은 유명한 삼촌을 따라 남부군에 입대했고 제12기병대에서 복무하다가 조지아 주에서 벌어진 콜럼버스 전투에서 부상을 입었다. 백병전을 치르다가 적군의 칼에 가슴을 베인 펨버턴은 당시 부상 군인이 흔히 그랬듯 통증을 완화하는 모르핀 주사를 맞았다가 모르핀에 중독되었다. 약사로 훈련받았던 펨버턴은 중독 증상을 고치기 위해 아편이 들어 있지 않은 대용품을 몇 가지 투여해 보기로 했다. 그가 첫 번째로 실험한 약은 나중에 잘 듣는 기침약으로 인기가 높아진 터글 박사의 금매화 혼합물 시럽이었다.

그리고 두 번째로 실험한 약은 콜라나무 열매와 코카나무를 섞은 음료로 그는 여기에 '펨버턴의 프랑스 와인 콜라'라는 이름을 붙여 지식인 계층에 판매했다. 펨버턴 자신은 이 음료에 대해 "의사, 법률가, 학자, 시인, 과학자, 성직자에게 도움이 되는 처방약" 이라고 기술했다. 펨버턴은 이 처방약이 "극도의 정신노동을 하는" 누구에게나 도움이 될 것이라 주장했다. 사실 펨버턴의 비법은 프랑스 와인에 코카인을 섞은 것으로, 1863년 파리의 약사인 앙젤로 마리아니(Angelo Mariani)가 처음 소개한 방법이었다. 마리아니가 만든 마리아니 와인은 즉각 사회의 명사들 사이에서 인기를 끌었다. 작가 아서 코난 도일(Arthur Conan Doyle), 알렉상드르 뒤마(Alexandre Dumas), 쥘 베른(Jules Verne)도 이 와인을 무척 좋아했다. 특히 교황 레오 13세(Leo XIII) 역시 술병을 어디든 들고 다닐 정도로 이 와인을 굉장히 좋아해서 마리아니에게 와인을 만든 공로로 훈장을 내리기까지 했다. 펨버턴은 이 마리아니의 음료를 자기 식으로 도입해 미국 내에서 많은 사람들로부터 "생식 기관에 놀랄 만큼 자극을 주는 음료"라는 등의 별난 반응들을 이끌어냈다.

1885년에 애틀랜타 카운티와 풀턴 카운티에서 금주법을 도입하자, 펨버턴은 자신의 인기 있는 '처방'에서 알코올을 빼 다시 만들기로 했다. 그리고 운이 좋게도 이 새로운 금주법은 코카 성분을 사용하는 것은 제한하지 않았기 때문에 펨버턴의 무알콜 코카인 처방은 당연하지만 대단한 인기를 끌었다. 하지만 이 처방이 그것을 만든 사람에게는 잘 듣지 않았는지 펨버턴은 병상에 앓아누웠다. 그에 따라 거의 파산 지경까지 갔지만, 펨버턴은 자신의 처방 코카콜라에 대한 특허권을 아들 찰스에게 넘기고자 했다. 그렇지만 역시 파산할 지경이었던 아들 찰스는 아버지를 설득해 1888년 고작 550달러를 받고 특허권을 아사 그리그스 캔들러 (Asa Griggs Candler)에게 팔아넘겼다(나중에 역사가들은 이때 계약서에 등장하는 펨버턴의 서명이 아버지 펨버턴의 것이 아니라 찰스가 위조했다고 주장했다). 57세의 존 펨버턴은 병에 걸려 자포자기한 상태로 여전히 모르핀에 중독된 채, 위암으로 고통 받으며 그해 8월 세상을 떠났다.

아들 찰스는 아버지가 만든 발명품의 대체품을 계속 팔다가 아편에 중독된 채 6년 뒤에 숨을 거뒀다.

코카콜라를 전국적으로 인기 있는 음료수로 만든 사람은 술을 입에도 대지 않는 독실한 감리교 신자 캔들러였다. 그는 이 과정에서 수백만 달러의 돈을 벌었다. 오늘날 애틀랜타 카운티와 풀턴 카운티의 금주법 덕분에 존 펨버턴이 우연히 만들어 낸 처방약인 코카콜라는 매일 전 세계 200개 나라에 걸쳐 20억 병씩 유통되고 있다.

햄버거

햄버거는 오늘날 흔히 미국 고유의 음식으로 인식되며, 미국인들이 매년 햄버거를 먹어 치우는 양은 140억 개 정도라고 추정된다. 그러니 햄버거의 고향을 찾는 것은 무척 중요한데, 미국에서 자기가 햄버거의 고향이라고 주장하는 곳은 위스콘신 주의 시모어라는 작은 마을이다. 시모어에는 햄버거의 역사를 기념하기 위한 '햄버거 명예의 전당'이 있으며, 이 마을에서는 1년에 하루 햄버거 축제일이 되면 가두행진과 함께 햄버거에 들어가는 소스를 소재로 하는 대회를 진행한다. 유명한 케첩 미끄럼틀도 이때 열린다. 1989년에는 이 축제가 열리는 동안 무게가 거의 3톤인 세계에서 가장 큰 햄버거가 만들어졌다. 마을에서 방문객에게 이야기하는 바에 따르면 1885년에 당시 15살이었던 찰스 네이그린 (Charles Nagreen)이 최초로 열린 시모어 축제에서 다진 고기 패티를 가판대에 진열하고 팔았다고 한다. '햄버거 찰리'라는 별명이 붙은 이 소년은 곧 매출이 쉽게 늘지 않는다는 사실을 깨달았는데,

그 이유는 손님들이 이 패티를 손에 들고 다니며 먹기 불편했기 때문이었다. 그래서 찰리는 미트볼을 납작하게 만들어 두 개의 빵 사이에 끼운 다음, 이 음식을 햄버거라고 불렀다. 당시 북부 주에서 인기를 끌던 햄버거 스테이크에서 따온 이름이었다.

찰리 네이그린은 이후로 평생 카운티 축제에서 햄버거를 팔았고 지역의 명사가 되었다. 그리고 죽기 전까지 자기가 이 패스트푸드의 발명자라고 주장했다. 하지만 또 다른 경쟁자가 있는데 이 이야기 역시 1885년으로 거슬러 올라간다. 소시지를 만들던 프랭크 멘체스(Frank Menches)와 찰스 멘체스(Charles Menches) 형제는 어느 날 우연히 고기 공급자로부터 돼지고기 대신 소고기를 받았다. 하지만 시간이 모자라고 재료도 부족했던 형제는 이 소고기를 요리해 샌드위치로 만들어 이리 카운티 축제에서 팔았다. 그리고 이들 고향인 뉴욕 주의 햄버그라는 지명을 따서 이 새로운 요리를 '햄버거 샌드위치'라 불렀다.

하지만 여기에 대해 이의를 제기하는 주장도 무척 많다. 무려 미국 의회도서관에서는 미국에서 최초로 햄버거를 만든 곳이 1895년 코네티컷 주 뉴헤이븐의 루이스 런치라는 식당이라고 기록한다. 하지만 저명한 햄버거 역사가(그렇다, 이런 사람들이 실제로 존재한다)들은 여기에 정중히 반대한다. 기록에 따르면 1904년 세인트루이스의 만국박람회에 '올드 데이브스 햄버거 가판대' 가 있었다는 것이다. 이 가판대는 텍사스 주 애선스에서 식당을 경영하는 플레처 데이비스(Fletcher Davies)가 운영했는데, 그러니 이 사람이 햄버거의 발명가라는 주장이다. 사실 이 주장은 꽤 설득력이 있어서 2006년 11월에는 텍사스 주 의회가 애선스를 '햄버거의

진정한 고향'이라고 확정했을 정도였다. 미국에서는 이런 주장들을
몹시 진지하게 논의하는 중이다.

보안경

1903년, 프랑스의 예술가이자 과학자였던 에두아르
베네딕투스(Édouard Bénédictus)는 작업실에서 혼자 일하던 중
꼭대기 선반의 물건을 가지러 사다리에 올랐다. 베네딕투스는
손으로 더듬거리며 물건을 찾던 중 실수로 무거운 유리 플라스크를
넘어뜨렸고 플라스크는 바닥에 떨어지고 말았다. 큰 소리가 났던
터라 플라스크가 박살이 났을 거라 생각한 그는 난장판을 정리하러
아래로 내려갔다가 플라스크가 깨지기는 했어도 흩어지지는
않았다는 사실에 놀랐다. 원래 모양이 거의 변하지도 않았던 것이다.
베네딕투스는 이런 현상은 듣도 보도 못했던 터라 연구를 해
보기로 결심했다. 곧 그는 플라스크 안이 비어 있었지만 예전에는
질산셀룰로오스 용액으로 차 있었음을 깨달았다. 이 성분은 투명한
액체 플라스틱으로 유리병에 부으면 흘러내리면서 유리 안쪽에
얇고 투명한 필름막을 남긴다. 베네딕투스의 조수가 너무 게을러 이
플라스크를 제대로 씻지 않고 그대로 선반에 넣어 둔 것 같았다.
처음에 이 과학자는 자신의 발명이 그렇게 대단하다고 생각하지
않았다. 하지만 며칠 지난 같은 주 아침에 베네딕투스는 신문을
읽다가 최근 자동차라는 교통수단이 유행하는데, 파리에서
운전자들끼리 자동차가 충돌하는 일이 벌어진다는 사실을 알게
되었다. 이렇게 교통사고가 나면 앞 유리가 깨지고 파편이 튀기
때문에 탑승자는 대부분 심한 부상을 입었다. 나중에 그는 이때의

경험을 일기장에 이렇게 적었다. "갑자기 내 눈앞에는 금이 간 플라스크의 모습이 떠올랐다. 나는 몸을 일으켜 실험실로 뛰어가 내 아이디어를 현실에 옮길 가능성을 찾는 데 집중했다."

이후 24시간 동안 베네딕투스는 유리 표면에 액체 플라스틱 막을 입히고 유리를 깨트리는 실험을 했다. 그러고는 다음과 같이 기록했다. "다음 날 저녁 나는 나중에 트리플렉스라는 이름으로 불릴 첫 번째 제품을 만들었다. 이 제품은 장래성이 대단했다." 하지만 당시에는 자동차 산업계 내부에서 안전유리에 대한 저항이 있었다. 이미 자동차 한 대의 단가를 낮추기 위해 애쓴 상황에서 안전유리는 불필요한 사치품에 불과하다는 이유였다. 당시에는 도로상에서 안전의 책임은 자동차 디자이너가 아니라 운전자에게 있다는 것이 일반적인 인식이기도 했다. 자동차 디자이너들은 교통사고가 났을 때 부상을 피하거나 최소화하는 데는 전혀 관심이 없었다.

베네딕투스는 안전유리가 각광받기까지 10년을 더 기다려야 했다. 1차 세계대전이 발발해 그의 발명품이 방독면에 사용되었던 것이다. 군용품 설계자들은 방독면에 들어가는 작은 타원 모양 유리에 플라스틱 용액의 막을 입히는 일이 간단하다는 사실을 깨달았다. 그러면 당시에 절실하게 필요했던 보호 효과를 얻을 수 있었다. 베네딕투스의 발명품이 없었다면 방독면을 운송하는 과정에서 유리에 금이 갈 확률이 높아 전장까지 옮기지도 못했을 것이었다. 자동차 제작자들이 안전유리의 장점을 깨달은 것은 이렇듯 전쟁을 겪고 나서였다. 마침내 이 새로운 기술은 자동차 산업 안으로 편입되었다.

페니실린

페니실린의 발명은 우연히 만들어진 발명품 가운데서도
시대를 통틀어 가장 유명할 것이다. 여러 대를 거쳐 학교 다니는
어린이들은 이 이야기를 반복해서 듣고 배웠다. 하지만 독자들
중에서 혹시 못 들은 사람을 위해 다시 이야기해 주겠다.

알렉산더 플레밍(Alexander Fleming)은 영국의 식물학자이자
약리학자, 생물학자다. 그는 런던의 선적 담당 부서에서 4년
동안 일하다가 삼촌으로부터 유산을 받고 1903년에 패딩턴에
있는 세인트 메리 병원 의과대학에 등록했다. 당시 21살이었던
플레밍은 과학이나 의학에 특별한 관심은 없었지만 유산으로
받은 돈을 현명하게 사용하라는 의사 형의 권유를 받아 전문직
공부를 시작한 것이었다. 플레밍은 1906년에 우수한 성적으로
졸업하며 학위를 받았다. 의과대학에 다니는 동안 그는 세인트 메리
사격팀의 선발 선수였는데 그를 눈여겨 본 주장이 플레밍을 팀에
남겨놓기 위해 그를 의과대학의 연구 부서에 추천했다. 그에 따라
플레밍은 면역학과 백신 연구의 선두주자였던 앨름로스 라이트
(Almroth Wright) 경의 조수로 일했다. 1914년 1차 세계대전이 터지자,
플레밍은 군대에 지원해 육군 의무대에서 대위로 복무했다. 전 세계
여기저기에서 군인들이 새로 나온 기관총과 폭발적인 포병 사격,
겨자 가스의 희생자가 되던 시기였다.

하지만 젊은 현장 의사였던 플레밍은 최신식 전쟁무기보다 훨씬
위험한 것이 있다는 사실을 깨달았다. 서부 전선을 통틀어 병원에서
치료받는 과정에서 사소한 상처에 생긴 감염으로 죽어가는
군인들이 사망자의 대부분이었던 것이다. 당시 벌어져 있는 상처에

대한 일차적인 처방은 싸구려 소독약을 잔뜩 투하하는 것이었는데,
플레밍이 보기에 이런 처방은 아예 치료를 하지 않는 것보다 위험할
수 있었다. 플레밍은 당시 의학의 무능함을 받아들일 수 없었다.
결국 그는 앞으로 평생 감염과 싸우면서 감염을 확인하고 이해하는
일에 헌신하기로 다짐했다. 플레밍은 당시의 '치명적인' 소독약에
비해 더 안전한 치료법을 찾는 일에 특별히 의욕을 가졌다. 전쟁이
끝나자 그는 세인트 메리 병원에 돌아왔고 앨름로스 라이트의
격려를 받아 소독약과 그 의도하지 않은 효과에 대해 연구했다. 그
결과 1923년에는 인간의 점액에 들어 있는 리소자임이라는 효소를
찾아내는 큰 공을 세웠다. 그 과정에서 플레밍은 이 자연적으로
생겨나는 물질이 특정 세균으로부터 인간의 면역계를 지키는
방식을 관찰했다.

　1928년, 알렉산더 플레밍은 도시 지역에 질병을 퍼뜨리는 주요
세균을 연구하는 팀을 이끌었다. 런던 대학교의 세균학 교수가
된 플레밍은 다른 연구자들의 본보기가 되어야 한다는 기대를
받았지만, 그가 의학계에 변화를 일으키고 질병에 대항하는 인류의
노력을 현대화하며 수백만 명의 목숨을 구했던 것은 사실 그의
지저분함 덕분이었다. 1928년 8월, 플레밍 교수는 페트리 접시를
포함한 모든 실험도구를 지저분한 실험실 한 구석에 쌓아 둔 채
가족과 휴가 여행을 떠났다. 그리고 9월 3일에 여행에서 돌아온
플레밍은, 유명한 일화지만 실험도구를 다시 정리하다가 자기가
휴가를 떠나기 전에 도구를 제대로 세척하지 않았다는 사실을
깨달았다. 그 결과 플레밍은 연구하던 샘플 가운데 하나가 균류에
오염되었고 오염 부위의 세균이 죽었다는 사실을 발견했다.

플레밍은 즉시 그 샘플을 버리려다가 이전 조수였던 멀린 프라이스 (Merlin Price)에게 보여 주며 "이런 식으로 하다가 잘도 리소자임을 발견하겠구나"라고 꾸짖었다. 이후 몇 주 동안 플레밍은 이 균류로 실험을 시작했고, 이것이 병을 일으키는 해로운 세균을 자연적으로 죽이는 성분을 쉽게 생산한다는 사실을 발견했다. 플레밍은 나중에 이렇게 회고했다. "1928년 9월 28일 새벽에 일어났을 때 나는 딱히 세계 최초의 항생제를 발견해 의학 전체에 혁명을 가져올 계획이 아니었다. 하지만 사실 그게 정확히 내가 한 일이었다."

플레밍은 자기가 발견한 물질이 페니실리움 종류의 부분이라는 것을 알아냈고 이후 몇 달 동안 그것을 '곰팡이 주스'라고 부르다가 1929년 3월 7일에야 한 논문에서 '페니실린'이라고 불렀다. 이후 나치로부터 도망쳐 온 언스트 체인(Ernst Chain)과 오스트레일리아 출신의 하워드 플로리(Howard Florey)라는 두 과학자가 플레밍의 페니실린을 약품으로 생산할 수 있도록 더 발전시켰다. 이 약은 즉시 효과가 있었지만 공급량이 제한적이고 값이 비싸다는 문제가 있었다. 1940년대에 2차 세계대전이 터진 이후에야 미국의 제약 회사들은 페니실린을 대량생산하기 시작했다. 그에 따라 알렉산더 플레밍은 우연한 발견 덕분에 전 세계적으로 유명해졌고 1943년에는 왕립학회의 회원으로 선출되었고 1944년에는 의학에 끼친 공을 인정받아 기사 작위를 받았으며, 1945년에는 플로리, 체인과 함께 노벨 생리의학상을 받았다. 그가 인생을 뒤바꿀 발견을 했던 연구소는 오늘날 런던 패딩턴에 있는 세인트 메리 병원 안에 알렉산더 플레밍 연구소 박물관으로 보존되어 있다.

한편 알렉산더 플레밍과 영국의 투지 넘치는 전쟁 시절의 수상 윈스턴 처칠(Winston Churchill) 사이에는 대단한 연결고리가 있다. 하지만 미리 하는 말인데 내가 봤을 때는 신빙성 있는 이야기는 아니다. 그래도 이 이야기는 여전히 대단하며, 줄거리는 다음과 같다.

스코틀랜드의 작은 농장에서 일하는 가난한 농부 휴 플레밍(Hugh Fleming)이 밭에서 일하는 이유는 무엇보다 자식들에게 음식과 옷을 대 주기 위해서였다. 하지만 그는 자식들에게는 자기가 견뎌야 할 삶보다 더 나은 미래를 주고 싶다는 꿈이 있었다. 어느 날 아침 이 농부는 근처 농장에서 도움을 청하는 외침을 듣고 손에 든 농기구를 던지고 소리가 들리는 곳으로 달려갔다. 가보니 그곳에는 허리까지 차오르는 스코틀랜드 특유의 진흙 늪에 한 소년이 갇혀 가라앉는 중이었다. 플레밍은 자기의 안전은 생각하지도 않은 채 곧장 늪에 들어갔고, 소년을 죽을 위험에서 구해 주었다.

다음날 커다란 마차가 플레밍의 초라한 오두막집에 당도했고 고귀한 신분의 귀족이 마차 안에서 나와 농부에게 정중히 인사했다. 그 귀족은 자기가 플레밍이 어제 구해 주었던 소년의 아버지라고 소개했으며 진심 어린 감사의 의미로 농부에게 무언가를 주고 싶다고 했다. 하지만 플레밍은 거절했고 누구든 같은 상황에서 똑같은 일을 했을 거라고 말할 뿐이었다. 그때 플레밍의 아들이 나와 아버지 옆에 섰다. 그러자 귀족은 "이 아이가 당신의 아들입니까?"라고 물었고, 플레밍은 자랑스럽게 그렇다고 말했다. 귀족은 이렇게 말했다. "그렇다면 제가 제안 하나 하죠. 이 소년을 데려다 최고의 교육을 받도록 돈을 대 주겠습니다. 이 소년이 아버지와 닮았다면 우리가 자랑스러워 할 남자로 성장하겠지요."

아들에게 가난한 삶을 탈출할 기회가 생기자 농부는 귀족의
제안에 동의했고, 이 소년은 가장 좋은 교육을 받으며 결국 런던의
세인트 메리 병원 의과대학을 졸업하기에 이르렀다. 그는 나중에
의학에 끼친 공헌을 인정받아 기사 작위를 받아 알렉산더 플레밍
경으로 불렸다. 페니실린을 발견한 그 사람이다. 그리고 나중에 그
귀족의 아들이 폐렴에 걸려 심하게 앓게 되자 농부의 아들이 발견한
페니실린은 그의 생명을 살렸다. 자기에게 호의를 베푼 랜돌프
처칠(Randolph Churchill) 경에게 은혜를 갚은 셈이었다. 랜돌프의
아들이자, 예전에 늪에 빠졌다가 이번에는 페니실린으로 목숨을
건져 플레밍 가문 덕분에 두 번이나 되살아난 이 소년의 이름은
바로 윈스턴 처칠 경이었다.

이 이야기는 오랫동안 사람들 입에 오르내릴 정도로 굉장히
유명했다. 하지만 불행히도 사실은 아니었는데, 플레밍 자신이
직접 저술한 책『페니실린 맨(Penicillin Man)』(부제: 알렉산더 플레밍과
항생제 혁명)에서 이 이야기를 '놀랍게도 꾸며낸 얘기'라고 확실히
말했기 때문이다. 적어도 1946년 6월 27일에 처칠이 포도상구균
감염으로 알렉산더 플레밍 경과 상담했다고는 하지만, 이 감염은
페니실린으로 치료할 수 없었다고 한다. 하지만 어린시절의 처칠이
스코틀랜드의 늪에 빠져 죽을 뻔했고 아버지 랜돌프 처칠이
플레밍의 교육비를 대 줬는지에 대한 공식 기록은 없다. 어쩌면
사실일지도 모르겠다.

형편없이 빗나간 예측

　시가 제조업자 F. G. 앨턴(F. G. Alton)은 1870년 존 플레이어(John Player)에게 궐련 담배 공장을 사들이지 말라고 조언하며 다음과 같이 말했다. "그런 담배는 절대로 사람들에게 인기를 끌지 못할 겁니다."

　2차 세계대전 당시 과학연구개발국의 국장이었던 배너바 부시(Vannevar Bush)는 다음과 같은 글을 남겼다. "그동안 3000마일 곡사포 로켓에 대한 이야기가 난무해 왔던 것이 사실이다. 내 생각에 그런 로켓은 세월이 한참 흘러도 불가능하다.… 기술적으로 말하면, 전 세계적으로 그 로켓을 제작할 수 있는 사람은 한 명도 없다. 단언컨대 앞으로 아주 오랜 시간이 지나도 그것은 만들어지지 않을 것이다. 우리는 그 로켓을 머릿속에서 몰아내고도 충분히 살 수 있고, 그러니 미국 국민 여러분 또한 그것에 대해 생각하지 말기를 바란다."

　1970년 1월, 『라이프(Life)』지는 대기 오염의 증가가 지구 표면에 닿는 태양광선의 양을 적어도 절반 이상 줄일 것이라고 예측하는 특별 기사를 내보냈다. 이 기사는 몇몇 사람들이 동의하지 않으리라는 점을 언급하면서 다음과 같이 주장한다. '과학자들은 이 기사의 예측을 지지하는 확고한 실험적, 역사적인 증거를 가지고 있다.'

chapter 4

당대의
혹평을 들었던
문화상품

영화는 한때의 유행에 불과하다.
그것은 녹화된 연극일 뿐이다.
관객들이 정말로 원하는 것은 무대 위에서
피와 땀을 흘리는 평범한 인간이다.

- 배우이자 프로듀서이자 코미디언이었던 찰리 채플린(1916년)

비틀즈를
거절한
녹음 담당자

    2차 대전이 끝난 리버풀에서 온 세련되지 못한 네 명의 십대가
몇 가지의 코드와 낡아빠진 기타 몇 대에서 시작해, 역사상
유례없을 만큼 가장 영향력 있는 팝밴드가 되었다. 이보다 더 동화
같은 이야기가 또 있을까?

    1957년 7월, 당시 15살, 16살이었던 폴 매카트니(Paul McCartney)
와 존 레논(John Lennon)은 리버풀 교외에서 열린 여름 축제에서 처음
만났다. 기타에 열광하던 두 소년은 곧 의기투합해 밴드를 결성했고,
1958년 매카트니는 학교 친구인 조지 해리슨(George Harrison)을
밴드에 초대했다. 여기에 기타 담당 스튜 서트클리프(Stu Sutcliffe),
드럼 담당 피트 베스트(Pete Best)가 합류했고, 밴드는 곧 도시를 돌며
클럽과 술집에서 공연을 펼쳤다. 1961년에는 독일 함부르크의 한
클럽에서 3개월 체류 공연을 몇 번에 걸쳐 마치기도 했다.

    비록 자신감에 넘쳐 스스로를 믿었지만, 이 밴드의 젊은
멤버들은 런던의 음악업계에 진출하려면 어떻게 해야 하는지 전혀

알지 못했다. 녹음을 하려면 어떻게 해야 하는지도 당연히 몰랐다.

그때 역시 나이가 20대 중반이었던 리버풀의 레코드 가게 주인

브라이언 엡스타인(Brian Epstein)은 도시 곳곳에 붙었던 이 밴드의

이름이 적힌 포스터를 보았고, 지역의 음악 팬 잡지에 난 특집

기사를 읽었다. 마침내 비틀즈가 〈My Bonnie〉라는 제목의 첫 번째

데모 곡을 녹음하자, 손님 한 명이 엡스타인의 가게에 와 앨범을

달라고 했다. 그리고 1961년 11월 9일 비틀즈가 지금은 유명해진

리버풀의 케이번 클럽에서 점심 공연을 할 때 이 손님은 호기심으로

공연장에 들렀다.

비틀즈의 높아 가는 명성을 알았던 브라이언 엡스타인은 기꺼이

이 밴드를 돕고자 했고 자기가 가졌던 런던 음반 유통업자 연락처를

통해 이들의 편의를 봐 주었다. 또한 엡스타인은 비틀즈 멤버들이

모두 자기 레코드 가게의 단골이고 자신을 안다는 사실에 우쭐했다.

비틀즈 또한 엡스타인과 가까이 지내는 것이 그들에게 유리하다는

사실을 깨닫고 엡스타인을 비틀즈의 매니저로 재빨리 영입했다.

비록 1962년 1월 24일에야 정식 계약서에 서명했지만, 엡스타인은

곧장 비틀즈와 일을 시작했고 데모앨범을 녹음한 다음 급히 런던의

레코드 회사인 EMI, 데카 레코드, 컬럼비아, 파이, 필립스 등에

앨범을 보냈다.

다행히 데카 레코드의 젊은 조수였던 마이크 스미스(Mike Smith)

가 겨우 몇 주 전 케이번 클럽에서 비틀즈의 공연을 직접 본 적이

있었고, 밴드의 음악뿐만 아니라 관객들의 열렬한 반응에 깊은

인상을 받았다. 그 결과 엡스타인은 1962년 1월 1일, 런던 데카

레코드 본사에 비틀즈를 데려가 스미스의 상사인 음반 제작 감독 딕

로우(Dick Rowe) 앞에서 오디션을 보게 되었다. 새해 전날 비틀즈의 멤버들은 작은 밴 차량 뒤에 끼어 눈 속을 10시간 달린 끝에 밤 10시에 런던에 도착했다. 영국의 수도에서는 새해맞이 행사가 박차를 가해 시작될 참이었다.

당연히 당시에 어렸던 네 아이들은 파티를 즐기게 되어 무척 신이 났고, 오디션 시간인 다음날 오전 11시에는 축 늘어진 상태가 되었다. 마이크 스미스도 숙취 때문에 늦게 도착했지만 비틀즈의 장비를 보고는 너무 조악한 수준이니 이곳 스튜디오에서 제공하는 앰프를 사용하라고 말했다. 하지만 이것은 멤버들에게 그동안 익숙했던 무기를 빼앗는 것이나 마찬가지였다. 1시간의 오디션을 위해 엡스타인은 라이브 공연 목록 가운데 15곡을 골랐는데, 이중에서 레논과 매카트니가 직접 쓴 곡은 3곡뿐이었다. 멤버들은 익숙하지 않은 환경에 몹시 긴장했고, 드러머였던 비트 베스트는 모든 곡을 똑같은 리듬으로 연주할 정도였다. 당시 메인 싱어였던 존 레논은 불러야 할 소절을 거의 폴 매카트니에게 떠넘겼고, 레논이 구석에 박혀 있는 바람에 기타리스트였던 조지마저 세 소절을 대신 불렀을 정도였다.

이런 상황이었지만 오디션 결과에 대해 모두가 만족했고 괜찮은 조건의 거래가 성사될 분위기였다. 런던 북쪽의 식당에서 자축연을 연 비틀즈 멤버들은 다시 좁은 밴에 우겨 들어가 북쪽으로 먼 길을 떠났고, 오랫동안 결과를 기다렸다. 3주가 지난 뒤 브라이언 엡스타인은 데카 레코드에 전화를 걸었고 긍정적인 반응을 기대하며 딕 로우와 통화했다. 하지만 로우는 퉁명스러운 어투로 이렇게 대답할 뿐이었다. "기타리스트가 포함된 밴드는 이제

한물갔어요." 이어 로우는 다음과 같이 말했고, 엡스타인은 충격을
받았다. "비틀즈는 쇼 비즈니스 업계에서 미래가 없습니다. 당신은
괜찮은 레코드 가게를 하는 것 같던데, 본업으로 돌아가는 게
어떤가요?" 가까스로 마음을 추스른 엡스타인은 이렇게 대꾸했다.
"당신은 제정신이 아닌 게 분명하군요. 언젠가 이 소년들은 엘비스
프레슬리보다도 성공할 겁니다."

　　그로부터 2달이 채 되지 않아 브라이언 엡스타인과 비틀즈는
EMI의 자회사인 팔로폰과 녹음 계약을 성사시켰고, 1963년이 끝날
무렵 영국 레코드 업계의 역사를 새로 쓰는 엄청난 판매 기록을
달성했다. 비틀즈는 데뷔한 지 얼마 되지도 않아 전 세계적으로
수억 장에 달하는 레코드 판매량을 기록했고 실제로 '엘비스보다
성공을 거뒀'다. 반면에 딕 로우는 '비틀즈를 거절한 사람'으로
소문나 쇼 비즈니스 업계에서 큰 조롱을 당했다. 하지만 로우는
그 뒤로 평생 그 오디션이 실제로는 그렇지 않았다고 해명했다.
그의 주장에 따르면 당시 새해 첫날 오디션 현장에서 데뷔를 하지
않은 다른 밴드 '브라이언 풀과 트레멜로스' 역시 공연을 펼쳤는데,
그것을 본 로우는 스미스에게 "둘 다 마음에 드니, 네가 누구를
선택할지 골라라"고 말했다고 한다. 그리고 그때 스미스가 브라이언
풀과 트레멜로스를 골랐는데 그 이유는 그들이 "런던 출신이라 같이
작업하기 쉬울 것 같아서"였다.

　　비틀즈는 처음에는 조금 실망을 했어도 딕 로우에게 원한을
갖지는 않았다. 그래서 이들이 슈퍼스타가 된 직후 텔레비전
스튜디오에서 로우가 조지 해리슨과 우연히 만났을 때, 해리슨은
로우를 비꼬는 대신 마침 이쪽으로 다가오는 롤링스톤스라는

이름의 젊은 친구들의 실력이 괜찮다고 귀띔을 해 주었다. 로우는 롤링스톤스와 막 계약을 하려던 차였다. 반면 존 레논은 '데카 레코드의 로우가 과연 자책을 할까'라는 질문을 받자 "그럼요, 죽을 때까지 자기를 탓했으면 하네요"라고 대답했다. 그렇기는 해도 레논과 매카트니는 롤링스톤스가 데카 레코드에서 발매한 첫 번째 히트곡 〈I Wanna Be Your Man〉을 작사, 작곡해 주었다. 이 곡은 1963년 12월 영국 차트 12위에 올랐다.

하지만 딕 로우의 판단이 비틀즈 말고 다른 경우에는 꽤 신뢰할 만했다는 강한 증거도 있다. 데카 레코드에서 무디 블루스(Moody Blues), 톰 존스(Tom Jones), 스몰 페이시스, 애니멀스, 좀비스, 밴 모리슨(Van Morrison)과 계약을 했기 때문이다. 트레멜로스도 나중에 꽤 성공을 거뒀다는 점도 기록할 만한 가치가 있다. 이들은 1964년, 로이 오비슨(Roy Orbison)의 〈Candy Man〉이라는 곡을 리메이크해 영국 차트에서 2위까지 올랐다. 몇 년이 지나 비틀즈의 프로듀서 조지 마틴(George Martin)은 데카 레코드의 오디션 녹음테이프를 들어 본 결과 자기라도 그때는 비틀즈와 계약하지 않았을 것이라고 로우를 변호해 주기도 했다.

끔찍하다는
평을 들었던
명작들

사실, 여러분이 지금껏 읽어 왔던 거의 모든 명작 베스트셀러들은
출판사들로부터 반복해서 거절을 당했던 작품들이다(이미 인정받은
기성작가가 정해진 독자들을 위해 책을 쓰는 경우를 제외하면). 이들 출판사들은
놓쳐 버린 기회를 생각하며 후회할지도 모른다. 이 주제 하나만으로도
책 한 권을 채우고도 남을 정도다. 하지만 그중에서도 가장 유명하고
흥미로운 이야기들만 엄선해서 소개할까 한다.

조지 오웰의 『동물 농장』

이 책은 네 번을 연달아 거절당한 끝에 마침내 1945년, 세커
앤 워버그 출판사에 의해 출간 결정이 내려졌고, 빠르게 현대적
고전으로 자리매김했다. 조지 오웰(George Orwell)은 당시에 이미
인정받은 대중 작가였지만 그럼에도 『동물 농장(Animal Farm)』을
출간할 출판사를 찾는 데 18개월이나 걸렸다. 책의 중심 내용이
냉소적인 반-공산주의, 당시의 맥락에서는 반-소련주의를 표방했던

것이 문제였다. 소설의 주인공은 확실히 스탈린을 모델로 했는데, 씩씩거리는 뚱뚱한 돼지의 모습이었다.

당시는 2차 세계대전의 한복판이었고, 러시아는 나치와 대항해 싸우는 영국, 미국의 중요한 동맹군이었다. 그러니 런던이나 뉴욕의 어느 누구도 『동물 농장』과 엮이지 않고자 했던 것이다. 소련에 반대하는 문학 작품은 어떻게든 피해야 했으며, 심지어는 오웰의 책을 자주 내 주던 단골 출판인이자 좌파였던 빅터 골란츠(Victor Gollancz)도 이 책을 거절했다. 출판사 페이버 앤 페이버와 니콜슨 앤 왓슨도 그 다음으로 퇴짜를 놓고, 조너선 케이프(Jonathan Cape) 는 초고를 접수했다가 영국 정부 정보부의 소련 담당 총책임자였던 피터 스몰릿(Peter Smollett)에게 출간을 포기하라는 협박을 들었다. 재미있는 사실은 나중에 스몰릿은 소련의 스파이였음이 드러났다는 점이다.

케이프는 출간을 철회하면서 오웰에게 다음과 같이 설명했다. "만약 독재자와 독재에 대한 전반적인 우화를 내놓을 수 있는 상황이라면 출간도 문제가 없지만 이 책의 우화는 내가 본 바로는 소련과 그곳의 독재자 두 명(레닌과 스탈린)의 발전 과정을 완전히 쫓아가고 있다. 그것은 다른 독재 국가를 제외한 오직 러시아에만 적용 가능한 내용이다. 또 한 가지가 있다. 우화의 두드러진 계층이 돼지가 아니었다면 보다 덜 모욕적이었을 것이다. 지배 계급을 돼지로 표현하는 바람에 확실히 많은 사람이 모독을 느꼈다. 소련 사람처럼 민감한 성격이라면 특히 더 그렇다"

그러자 1944년 4월 17일, 오웰은 『파르티잔 리뷰』의 '런던 편지'라는 제목의 칼럼에서 다음과 같이 불평했다. "이제는 반-

소련주의에 대한 어떤 것도 출판하기가 불가능해졌다. 반-
소련주의를 담은 책이 등장하기는 하지만, 대부분 가톨릭
출판사에서 나오며 종교적이거나 노골적으로 반동분자의 시선에서
쓴 것들이 전부이다."

전쟁이 끝나자 그때서야 『동물 농장』은 마침내 출간되었다.
하지만 그때에도 출판사 대표였던 프레드릭 워버그(Fredric Warburg)
는 회사 직원에서 심지어는 아내로부터도 출간하지 말라는 권유를
들었다. 소련이나 '영광스런 적군(Red Army)'에 쓴 소리하는
것이 좋은 생각이라 여기지 않았던 것이다. 하지만 워버그는
출간을 강행했고, 이 책은 2,000만 부 이상이 팔려나갔다. 모던
라이브러리가 선정한 20세기 최고의 소설 31위에 들기도 했다.

그리고 2009년 7월 17일에 인터넷 서점의 강자인 아마존은
『동물 농장』과 이 책에 대한 오웰의 후속작인 『1984년(Nineteen
Eighty-Four)』의 킨들판을 웹사이트에서 삭제했다. 현실이 예술을
모방하는 전형적인 사례였다. 그러자 이 책들에 대한 출판권이
누구에게 있는지에 대한 사람들의 의구심이 커졌다. 고전적인
빅브라더가 움직였고 아마존은 고객들의 기기에서 전자책을
원격으로 삭제하고 환불을 진행했다. 국제적인 항의가 이어지자
아마존의 대변인이었던 드루 허드너(Drew Herdener)는 다음과
같이 발표했다. "아마존은 앞으로는 이런 상황에서 고객들의 개인
기기에서 전자책을 삭제하지 않도록 회사 시스템을 바꾸고 있는
중입니다."

로버트 퍼시그의 『선과 모터사이클 관리술』

나는 예전에 어떤 국제적인 출판사의 상무이사가 미국의
출판 회의에서 자신은 잠재적인 베스트셀러를 골라낼 줄 모르며
회사에서 받은 지시사항에만 따를 뿐이라고 인정했다는 내용을
읽은 적이 있다. 그리고 그는 아무도 여기에 대해서는 모를
것이라고 덧붙였다. 어느 정도는 이것이 사실이다. 책을 구매하는
사람들이 모두 좋아할 만한 책을 미리 알 방법은 존재하지 않는다.
영향력 있는 서평가가 매일 날아오는 수백 권의 책 가운데 무엇을
골라 집에 가져갈지에 대해서도 아무도 모른다. 유명한 텔레비전
프로그램에서 어떤 저자와 인터뷰하기를 원하는지, 라디오 쇼에서
어떤 작가들이 초청되어 자기의 노고를 얘기할 수 있을지도 역시
알 수가 없다. 또한, 어떤 저자가 원고를 출판사에 넘긴 뒤 6개월이
지나 이 모든 일이 동시에 일어나 저자가 전에 없이 높은 주가를
올리게 될지에 대해서도, 역시 우리가 미리 알 수는 없다.

성공적인 작가들의 거의 대부분은 자기를 알아주는 출판사를
만나기 전에는 언젠가 누군가에게 거절당한 경험이 있을 것이다.
알아주는 담당자를 만난 뒤에야 이런 작가들은 이전 작품을
(만약 있다면) 어떤 흐름에서 썼는지에 대해서 연구의 대상이 된다.
로버트 M. 퍼시그의 데뷔 소설 『선과 모터사이클 관리술(Zen and
the Art of Motorcycle Maintenance)』을 언급할 가치가 있는 이유도 바로
이것 때문이다. 퍼시그는 신경 쇠약에 걸린 대학 교수로 이력서에
정신병원에서 보낸 기간을 적어야 할 정도였는데, 1974년 이 책을
출간했을 때 그의 나이는 46세였다. 작가 지망생의 본보기이자
작가의 자랑거리가 될 정도로 그가 출간을 거절당한 횟수는

무척 많았다. 미국 출판사 121곳에서 퇴짜를 놓았는데 이 횟수는
『기네스북』에도 가장 많이 거절당한 베스트셀러 항목에 올라
있을 정도다. 퍼시그 자신은 이 기록에 대해 그렇게 자랑스럽지
않았을지도 모르지만, 이후로 책이 500만 부가 팔려나가게 한
자신과, 자기의 원고를 마침내 받아 준 출판사 윌리엄 모로 앤
컴퍼니에 대해서는 분명 자랑스러웠을 것이다.

스티븐 킹의『캐리』

　무명의 작가 스티븐 킹(Stephen King)이 네 번째 책을 집필하기
시작했을 때, 그는 이동식 주택에서 생활하는 고등학교 영어
교사였다. 전화도 연결되지 않은 환경에서 아내의 중고 타자기로
작업을 해야 했다. 킹은 이전의 원고 3개를 연달아 출간 거절당해
마음이 상한 끝에, 어느 날은 원고 더미를 모아 내버렸다. 그
사실을 안 아내 태비사가 원고를 주워서 읽어 본 다음 남편 앞에
가져다주고 계속 글을 쓰라고 격려한 적도 있다. 킹은 이 시절에
대해 나중에 이렇게 회고했다. "나는 감정이 메마르고 더 좋은
착상이 떠오르지 않았는데도 글을 계속 썼다. 잘 생각해 보니 세계
최고의 패배자에 대해서 글을 쓴 것만 같았다."

　그렇게 원고를 완성한 뒤에도 킹은 출판사들로부터 30번 퇴짜를
맞은 끝에 마침내 빌 톰슨(Bill Thompson)이라는 사람으로부터
전보를 받았다. 더블데이 출판사의 편집자였던 톰슨은 킹에게
전화를 걸려고 했지만 그가 전화료를 아끼느라 전화선을 잘라
버려 통화를 할 수 없었다. 전보에는 다음과 같은 전갈이 적혔다.
"캐리 더블데이에서 공식 출간 예정. 선인세 2,500달러 지급함.

축하해요 장래가 탄탄대로. 빌." 이후 소설 『캐리』가 1만 3,000부 정도 준수하게 팔린 뒤, 킹과 더블데이는 40만 달러에 페이퍼북 판권을 다른 출판사에 넘겼으니(이 돈은 킹과 더블데이가 나눠 가졌다) 장래는 정말 탄탄대로였던 셈이었다. 그해 말 『캐리』의 판매량은 100만 부를 넘겼고, 킹은 당대의 베스트셀러 소설가가 되었다. 『캐리』는 이후 누적 판매량이 500만 부가 넘었고 영화와 연극으로 3번에 걸쳐 제작되었다. 작가 킹에게 더욱 중요한 사실은 그가 이 소설 덕분에 이후로 50여 권의 소설을 썼고 이것을 바탕으로 수많은 영화가 제작되었으며, 전 세계적으로 3억 5,000만 부 이상의 책이 판매되었다는 사실이다.

잭 케루악의 『길 위에서』

1957년, 『길 위에서(On the Road)』가 처음 출간되었을 때 『뉴욕 타임스』는 다음과 같은 평을 남겼다. "지금껏 케루악 세대, 즉 케루악 자신이 나중에 '비트' 세대라 칭했고 자신의 주된 분신이기도 한 그 세대가 만들어 낸 작품 가운데, 가장 아름답게 마무리되었고 가장 명료하며 또 중요한 발언이다." 잭 케루악 (Jack Kerouac)은 대학을 중퇴하고 뉴욕의 어퍼웨스트사이드로 이사 왔다가 윌리엄 버로스(William Burroughs), 허버트 훈케(Herbert Huncke), 앨런 긴즈버그(Allen Ginsberg), 닐 캐서디(Neal Cassady), 존 클레런 홈스(John Clellon Holmes)를 만났다. 이들은 모두 작가였는데 몇몇은 책을 출간했지만 몇몇은 휴식기였다. 1942년 케루악은 미국 상선을 탔고, 바다 위에서 첫 번째 책인 『바다는 나의 형제(The Sea Is My Brother)』를 썼다. 하지만 이 젊은 작가는 이때를 '빌어먹을 시기'

라고 부르며 출간할 출판사를 찾으려고도 하지 않았다. 70년이 지나 케루악이 사망하고 42년이 흐른 뒤에야 그의 이 데뷔 소설은 세상의 빛을 볼 수 있었다.

뉴욕으로 돌아오는 길에 케루악은 『그리고 하마들은 수조에서 삶아졌다(And the Hippos Were Boiled in Their Tanks)』라는 제목의 두 번째 책을 썼지만 역시 생전에는 출간하지 않았다. 그때는 버로스가 처음으로 소설을 쓰려고 하던 시기였는데, 그는 1953년에 논란 많은 베스트셀러인 『정키(Junky)』를 써서 모임 구성원 가운데 처음으로 악명을 떨쳤다. 이어 1957년에 긴즈버그는 첫 시집 『울부짖음(Howl)』을 내놓아 유명해졌지만 외설 혐의로 재판정에 서기도 했다. 허버트 훈케는 1964년 적당한 성공작을 내놓았고 1980년대에는 더욱 활발하게 작품 활동을 했다. 존 클레런 홈스는 1950년대에 소설 『고(Go)』를 썼으며 역시 그 이후로 더욱 활발하게 글을 썼다. 하지만 비트 모임에서도 가장 똑똑한 구성원으로 여겨졌으며 나중에 『길 위에서』 주인공의 모델이기도 했던 닐 캐서디는 1971년에 자전적인 소설 한 편을 낸 것을 제외하고는 거의 작품을 남기지 않았다.

반면에 1946년에 캐서디와 미국 횡단 장거리 자동차 여행을 떠났던 케루악은 캐서디와는 달리 활발하게 글을 썼으며, 네 편의 장편소설을 완성한 이후로 1949년에는 『길 위에서』의 초고를 완성했다. 본인의 말로는 고작 3주가 걸렸다고 한다. 이어 케루악은 3주에 걸쳐 초고를 가다듬어 완성했다. 그러는 동안 1950년에 『마을과 도시(The Town and the City)』라는 케루악의 소설이 처음으로 출간되었다. 이 소설은 평은 좋았지만 판매량은 저조했다. 그래도 케루악은 『길 위에서』에 대해서는 자신이 있었다. 하지만 출판사들은 그렇게 호의적인 반응을 보이지 않았다. 출판사 편집자들은 대부분 이 책이 전후 미국에서 주변화된 집단(비트 젊은이들)에게 동정적이라는 점을 불편해 했고, 약물 사용과 동성애에 대한 케루악의 생생한 묘사가 외설죄에 걸리지 않을까 염려했다. 그러자 케루악은 막다른 길에 몰려 주변의 모든 것들로부터 마음을 닫았다. 부인인 조앤 해버티(Joan Haverty)가 임신한 채 자기를 떠났는데도 이 젊은 작가는 거리를 헤매며 여행 경비를 벌기 위해 시간제 육체노동을 전전했다. 그 뒤로 5년 동안 케루악은 『길 위에서』 원고를 들고 여기저기 문을 두드렸지만 출간할 수 없었다. 그는 이 시기에 10편 넘는 소설의 초고를 썼다. 심각한 마약과 알코올 중독에 빠져 한바탕 우울증을 겪기도 했다.

마침내 1957년, 바이킹 프레스에서 『길 위에서』를 출간하겠다는 연락을 보내왔다. 하지만 작가가 몇몇 부분을 크게 수정해야 한다는 것이 조건이었고, 케루악은 동의하고 싶지 않았지만 마지못해 그렇게 했다. 결국 노골적인 성적 묘사가 모두 삭제되고, 명예훼손에 대한 염려로 주인공들의 이름을 모두 바꾼 뒤에야 『길 위에서』는 출간할 수 있게 되었다. 플로리다 주 올랜도로 이사한 1957년 7월 케루악은 책이 발매되기만을 기다렸다. 원고를 탈고하고 7년이 꼬박 지난 시점이었다. 그로부터 몇 주 지나지 않은 어느 날 아침 케루악은 『뉴욕 타임스』의 길버트 밀스타인(Gilbert Millstein)이 자기 책에 대해 다음과 같이 선언한 글을 읽었다. "1920년대에 다른 그 어떤 소설보다 『해는 또다시 떠오른다(The Sun Also Rises)』가 잃어버린 세대에 대한 증거품이 되었듯이, 『길 위에서』 또한 비트

세대의 대변자가 될 것이 분명하다." 케루악은 이 책으로 단숨에
명성을 얻었다. 당시에 그가 자고 일어나니 성공을 거뒀다고 홍보던
사람들은 사실관계를 대단히 잘못 파악한 셈이다.

출판업자들은 이제 케루악의 집 문턱이 닳도록 드나들면서
이전에 자기들이 거절하며 내쳤던 원고들을 열성적으로 건져 갔다.
『길 위에서』는 1957년 출간된 지 9개월 만에 엄청나게 유명해졌고,
케루악은 뉴욕에서 남자 세 명에게 심하게 얻어맞은 이후로 사람들
앞을 안전하게 다닐 수 없게 되었다. 그의 책은 케루악이 소설 속에
녹여 넣은 친구들의 삶 또한 바꿨고, 닐 캐서디는 이후로 마약을
소지하고 있는지 조사받기 위해 계속 경찰에 연행되었다. 또
보수적이었던 전후 미국 사람들은 상당수가 케루악과 그 주인공이
이룬 위업에 거부감을 드러냈다. 당시 젊은이들이 물들까 겁냈기
때문이었다.

케루악은 『길 위에서』가 출간된 이후로 별처럼 밝게 빛났지만,
나쁜 생활방식 탓에 건강은 망가져 갔다. 그러던 1969년, 케루악은
47세의 나이에 가장 좋아하던 의자에 앉아 위스키에 취한 채, 2주 전
술집 싸움에서 입은 상처에서 회복되는 동시에 평생 마셔 온 술로
인한 내출혈로 고생하고 있었다. 그리고 다음날 아침, 의식을 되찾지
못하고 숨을 거뒀다.

그토록 여러 번 퇴짜 맞았던 『길 위에서』는 오늘날 진정한
현대의 고전으로 인정받고 있으며, 1957년 이래 최소한 매해 6만
부 이상이 팔려 나갔다. 1998년 모던 라이브러리는 이 책을 20세기
최고의 영문학 100선 가운데 55위로 올렸고, 『타임』지도 비슷한
결과를 내놓았다.

베아트릭스 포터의 『피터 래빗 이야기』

『피터 래빗 이야기(The Tale of Peter Rabbit)』는 부업으로 예술
활동과 일러스트레이터 일을 하던 베아트릭스 포터(Beatrix Potter)가
포터를 가르쳤던 여자 가정교사 애니 카터 무어(Annie Carter Moore)
의 다섯 살짜리 아들 노엘을 위해서 쓴 책이었다. 책을 쓰고 8년이
지난 1901년, 포터는 책의 줄거리를 고쳐서 여러 출판사에 출간을
제안했지만 헛수고로 돌아갔다. 결국 포터는 몇 부를 직접 인쇄해
가족이나 친구들에게 선물하는 용도로 썼다.

그러던 이듬해, 포터의 책을 거절했던 한 출판사 관계자가
우연히 이 선물용 책을 보고는 생각을 바꿨다. 프레더릭 원 앤
컴퍼니라는 이 회사는 포터와 계약을 맺고 채색된 그림을 곁들인
『피터 래빗 이야기』의 상업용 판을 출간했다. 그리고 그 결과
1902년 말에 2만 부라는 꽤 괜찮은 판매량을 기록했다. 이후로 몇
년에 걸쳐 이 책은 4,500만 부 넘게 팔려나갔고, 영화, 만화, 장난감,
의류, 식품을 포함한 업계에 진출했다. 그리고 1세기가 지난 뒤에도
새로 추가됐던 25마리 넘는 동물 캐릭터들이 책에 남아 독자들과
만나고 있다.

잭 캔필드와 마크 빅터 핸슨의 『영혼을 위한 닭고기 수프』

1990년, 동기부여 강사로 일하던 잭 켄필드(Jack Canfield)와 마크
빅터 핸슨(Mark Victor Hansen)은 강좌에서 판매하기 위해 사람들에게
영감을 주는 이야기들을 책으로 엮었다. 오랫동안 닭고기 수프는
마음을 편안하게 하는 음식이었고, 특히 유태인 사회에서는
아이들이 기운을 못 차릴 때 꼭 이 수프를 먹었다. 사실 20세기에는

의사와 약제상들이 독감과 감기에 대한 처방으로 이 '유태인식 페니실린'을 처방하기도 했다. 캔필드와 핸슨도 이런 점을 염두에 두고, 독자들에게 영감을 주고 원기를 왕성하게 북돋는 책이라는 의미에서 '영혼을 위한 닭고기 수프'라는 제목을 지은 것이었다. 하지만 두 사람이 초고를 들고 출판사들을 찾았을 때 이 제목은 언제나 맨 처음으로 지적을 당했다.

　캔필드는 나중에 다음과 같이 회고했다. "우리 둘은 처음으로 뉴욕에 가 에이전트와 함께 이틀 동안 10여 개의 출판사를 방문했지만 아무도 우리 책에 관심이 없었다. 출판사 사람들은 제목이 바보 같은 데다, 그렇게 자극 없고 성적인 내용이나 폭력이 포함되지 않은 짧은 이야기들의 모음집을 누가 사겠느냐고 이야기했다." 하지만 두 사람은 좌절하지 않고 이후 2년 동안 친구와 동료들의 도움을 조금씩 받아가며 101개의 이야기를 더 모았고, 출판사를 계속해서 찾아다녔다. 핸슨은 책이 출간되면 꼭 사겠다는 고객들 2만 명의 청원서에 서명을 받아 서류가방에 가득 넣어 출판사 관계자와 만나기도 했다. 캔필드와 핸슨은 도합 100개 넘는 출판사와 접촉했지만 모두 퇴짜를 맞았다.

　그러던 중 규모가 작고 경영난에 시달리던 히스 커뮤니케이션즈라는 독립 출판사가 나타났다. 약물이나 알코올 중독자를 돕는 자립 안내서를 전문으로 펴내던 이 회사는 두 사람이 건넨 초고를 보고 만족스러워했다. 하지만 이 출판사는 도산 위기여서 초고에 대한 비용으로 줄 돈이 얼마 없었다. 그래서 캔필드와 핸슨은 계약금은 전혀 받지 않는 대신 나중에 인세가 발생한다면 그것을 나누어 받겠다는 계약서에 서명했다. 그리고 이 책『영혼을 위한 닭고기 수프(Chicken Soup for the Soul)』는 발간되자마자 『뉴욕 타임스』
베스트셀러에 올랐으며, '닭고기 수프'를 책 제목에 넣은 『십대
영혼을 위한 닭고기 수프』, 『입양된 영혼을 위한 닭고기 수프』,
『유명인의 영혼을 위한 닭고기 수프』를 비롯한 200여 권 넘는
자매품의 선두에 서서, 지금까지 1억 2,500만부 넘게 팔렸고 전
세계 60개국에 번역 출간되었다. 바보 같은 제목이라고 지적했던
사람들은 뜨끔했을 것이다.

블라디미르 나보코프의 『롤리타』

러시아 작가 블라디미르 나보코프(Vladimir NAbokov)는
나중에 대표작이 될 작품을 집필할 때, 그는 이미 볼셰비키 혁명
이후 러시아에서 독일로 도망쳤다. 그리고 제2차 세계대전이
발발하자 독일에서 프랑스로 갔고, 몇 년 뒤 나치가 파리를 노리자
프랑스에서 미국으로 이주했다. 모국어인 러시아로 여러 권의
소설을 썼고 영어로는 두 권을 써 낸 나보코프는 인정받는 작가로
발돋움했다.

1953년 여름, 나보코프는 아내 베라와 함께 미국 서부로 나비를
채집하는 정기적인 여행을 떠났다. 그는 이곳에서 남는 시간에
『롤리타(Lolita)』의 초고를 썼고, 아내는 타이피스트이자 편집자,
조사원, 운전수, 교정자, 에이전트, 비서, 요리사 역할을 수행했다.
하지만 여행이 끝나 집에 돌아올 무렵 나보코프는 미완성 원고를
불태우려 했다. 이때 남편을 막았던 것도 베라였다.

나보코프는 원고를 완성해 보라는 권유를 듣고 1953년 12월
6일에 탈고해 필명으로 아내 손을 빌려 출판사에 투고했다. 하지만

베라는 거의 모든 출판사에서 퇴짜를 맞았다. 한 출판사는 다음과 같은 거절 통지문을 건넸다. "이 원고는 참을 수 없이 역겨우며, 그것은 프로이트에 꽤나 익숙한 사람이라도 마찬가지일 겁니다. 대중 역시 혐오스러워 할 것입니다. 이 원고는 사람들이 많이 찾지도 않을뿐더러 당신의 커가는 명성에 엄청난 타격을 줄 게 분명합니다. 그러니 이 원고를 영원히 바위 아래 묻어 두기를 제안하는 바입니다." 또 다른 출판사들은 원고의 내용이 외설죄로 고발될 만하다고 생각해 재빨리 거절했다. 결국 여섯 개 출판사가 『롤리타』를 거부했다. 그러던 중 나보코프는 프랑스어 번역가 두시아 에르가즈(Doussia Ergaz)의 도움을 받아 원고를 프랑스 시장에 내놓아 보기로 했다. 프랑스라면 이 작품에 대한 저항이 덜할 것이라 여겨졌기 때문이었다. 마침내 『롤리타』 원고는 올랭피아 프레스에서 일하는 모리스 지로디아(Maurice Girodias)의 손에 닿았다. 이 출판사는 쓰레기에 가까운 포르노물을 많이 출판하는 곳이었고, 놀랍지 않게도 이들은 나보코프의 원고를 출간하기로 했다.

나보코프는 이 출판사의 평판을 신경 쓰지 않았을 뿐더러, 다른 출판사에 근무하는 친구들의 경고에도 불구하고 『롤리타』 원고를 본명으로 출간하기로 했다. 그의 동료들은 이 행동이 문학적인 자살이라고 여겼으며 나보코프의 피할 수 없는 몰락을 지켜보기로 했다. 마침내 『롤리타』는 1955년 9월, 조악한 제본과 엉망인 번역, 수많은 오탈자와 함께 첫 출간되었다. 초판 5,000부는 빠르게 소진되었지만 프랑스에서조차 그 어떤 신문이나 잡지도 서평을 실을 엄두를 내지 못했다. 그러다가 1955년 연말, 영국의 소설가였던 그레이엄 그린(Graham Greene)이 『선데이 타임스(Sunday

Times)』에 이 책을 "1955년에 출간된 책 가운데 세 손가락 안에 드는 작품"이라고 평했다. 이 평을 듣고 『선데이 익스프레스(Sunday Express)』 역시 반응을 보였지만 이 작품을 '쓰레기'라 부를 뿐이었다. 그리고 영국 내무성은 『롤리타』 판매를 금지했으며 공식적으로 세관원들에게 책을 전부 압수하라는 지침을 내렸다. 나보코프와 출판사가 받을 수 있던 유명세는 이것이 전부였다.

그리고 프랑스 당국도 마침내 어떤 상황인지를 파악했고 역시 『롤리타』를 판매 금지했다. 2년이 흘러 판매 금지 조치가 풀리자 웨이덴펠드 앤 니콜슨이라는 출판사가 영국 판권을 샀지만, 그 결과는 하원의원이자 이 회사의 공동창립자였던 나이절 니콜슨(Nigel Nicolson)의 정치적 야망이 끝나는 스캔들을 초래했다. 1959년의 총선거에서 니콜슨의 선거구 조합이 그를 지지하지 않아 의원 자리에서 물러나야 했던 것이다. 하지만 니콜슨은 여기에 연연하지 않아도 괜찮았던 것이 『롤리타』가 무려 5,000만 부 넘게 팔렸기 때문이다. 그리고 이 소설은 1962년에는 스탠리 큐브릭(Stanley Kubrick)에 의해, 그리고 1997년에는 에이드리언 라인(Adrian Lyne)에 의해 영화화되었다. 여기에 그치지 않고 이 이야기는 연극으로 여러 번, 오페라로 두 번, 발레로 두 번, 뮤지컬로 한 번 만들어졌으며, 모던 라이브러리가 선정한 20세기의 100대 소설 가운데 4위에 꼽혔다.

J. K. 롤링의 『해리포터와 마법사의 돌』

1993년 12월, 전직 교사이자 작가 지망생이었던 조앤 롤링(Joanne Rowling)은 스코틀랜드 에딘버러의 작은 셋방 아파트에서 6개월 된

딸과 함께 생활하는 중이었다. 딸의 아버지인 남자를 포르투갈에
버리고 떠나온 차였다. 롤링이 가진 것은 몇·년 전 런던의 붐비는
열차 안에서 생각해 낸 어떤 소설의 처음 세 장이 전부였다.
작년 내내 포르토라는 도시에서 교사 일을 하면서 틈틈이 썼던
결과물이었다. 달리 해줄 것이 별로 없어 이 싱글맘은 아기를 안고
산책을 나갔다가, 아이가 잠들면 곧장 카페에 자리를 잡고 앉아
전에 썼던 이야기를 계속 이어서 써 나갔다.

1995년, 롤링은 『해리포터와 마법사의 돌』이라는 소설의 초고를
완성했고 처음 세 장을 크리스토퍼 리틀 에이전시에 맡겼다. 롤링의
원고를 맡아 일해 주기로 한 에이전시였다. 하지만 이후 12개월
넘게 에이전시는 출판사 편집자들로부터 12번이나 거절을 당했다.
원고가 '너무 길다'며 퇴짜를 놓은 편집자를 포함해, 그 누구도
롤링의 소설에 흥미를 보이지 않았다. 롤링 자신도 이때의 실패를
인정했으며 2008년에는 당시의 일을 이렇게 털어놓았다. "나는
그동안 다른 무언가에 진정으로 성공했다면, 내가 정말로 속하는
이 분야에서 성공을 거둬야겠다는 결심을 하지 못했을지도 모른다.
내 마음속 가장 큰 두려움이 현실로 드러났기에 오히려 나는
자유로워졌다. 동시에 나는 아직 살아 있었고, 사랑하는 딸아이와
오래된 타자기, 그리고 원대한 구상이 있었다."

이 시기 동안 롤링은 정부 보조금으로 연명했다.
1996년에는 런던 블룸즈버리 출판사의 편집자였던 배리 커닝햄
(Barry Cunningham)이 주말에 읽고 의견서를 제출하기 위해 롤링의
원고 일부를 챙겨 가기도 했다. 하지만 블룸즈버리에서 롤링의
원고에 대해 결정을 내린 계기는 대표이사 나이절 뉴턴(Nigel Newton)

의 여덟 살짜리 딸 앨리스 뉴턴이 원고의 첫 장을 읽고는 즉시
나머지 두 개 장도 달라고 요청했던 일이었다. 앨리스는 이렇게
말했다. "다른 것보다 이게 훨씬 좋아요." 그리고 블룸즈버리
출판사는 1,500파운드의 계약금과 판매량에 대한 인세를 더
지급하는 조건으로 롤링의 원고를 출간 계약했다. 하지만 롤링은
빨리 '제대로 된 일'을 구하라는 충고도 들었다. 어린이 책은
판매량이 적기로 악명 높을뿐더러 "아무도 그 분야에서는 돈을 벌지
못하기 때문"이었다.

1997년, 롤링은 스코틀랜드 예술 위원회에
8,000파운드의 보조금을 신청해 수여받았다. 이 돈으로 롤링은
조금 더 버틸 수 있었고, 1997년 6월에는 책이 출간되었는데
초판 부수는 겨우 500부였고 그나마 300부는 도서관으로 갔다.
오늘날 수집가들의 손에서 4만 파운드 넘게 거래되는 초판이지만
말이다. 판매량은 처음에는 아주 느리게 증가했지만, 7월과 9월
사이에 지역 신문에 긍정적인 서평이 난 것을 시작으로 전국
규모의 신문에도 평이 실렸다. 하지만 이 책『해리포터와 마법사의
돌』이 인기를 얻게 된 계기는 출간 후 6개월 뒤에 내셔널 북
어워드를 수상하면서부터였다. 이후로 해리포터 열성팬들이 생겼고
오늘날까지 출판과 영화 산업에서 벌어들인 수익이 150억 달러에
이른다.

심한 거절을
당했던
더 많은 작가들

사실 출판 업계는 마음이 약한 사람들이 머물 곳이 아니어서, 이 업계의 역사는 자기 작품에 대해 형편없다는 악평을 들은 작가의 사례들로 넘쳐난다. 비록 나중에 전 세계적인 성공을 거뒀더라도 말이다.

전직 팬암 항공사의 승무원이었던 46세의 메리 히긴스 클라크 (Mary Higgins Clark)는 1975년 첫 소설 『아이들은 어디에 있나(Where Are the Children)』 원고를 출판사에 보냈다가 "여주인공이 지루하다"라는 평을 들었다. 하지만 이 책은 지금껏 75쇄를 찍었고, 클라크는 이후로 42권의 베스트셀러를 연이어 쏟아냈으며 그 과정에서 6,000만 달러 이상을 벌어들였다.

『버드나무에 부는 바람(The Wind in the Willows)』을 쓴 저자 케네스 그레이엄(Kenneth Grahame)은 다음과 같은 평을 들었다. "절대 사람들에게 팔리지 않을 무책임한 휴가 이야기다." 하지만 이 책은 이후로 100년 넘게 2,500만 부가 넘게 팔렸으며, 미안하지만 아직도 판매량이 꽤 좋다.

"너무나 형편없는 글이다." 댄 브라운(Dan Brown)이
『다빈치 코드(The Da Vinci Code)』 초고를 보내고 들었던 평결이다.
이후에 브라운은 이 책을 2억 부 넘게 팔아 치우며 역사상 최고의
베스트셀러 작가 20위에 올랐다.

파울로 코엘료(Paulo Coelho)는 새로운 출판사를 찾기 전에
『연금술사(The Alchemist)』는 800부밖에 팔리지 않았다. 하지만
출판사를 바꾼 후 판매 부수는 7,500만 부로 껑충 뛰었다.

미국 출신 치과의사 펄 제인 그레이(Pearl Zane Gray)는 1903년에
다음과 같은 말을 들었다. "당신은 작가가 되어서는 안 되며 당장
포기해야 한다." 그렇지만 오늘날까지 그의 책은 2억 5,000만 부
이상의 판매 부수를 자랑한다.

닥터 수스(Dr. Seuss)는 한때 이런 말을 들었다. "이 책은 시장에
나와 있는 다른 신인들의 작품과 너무 달라서 판매를 보장할 수
없다." 하지만 닥터 수스, 본명으로 말하면 시어도어 수스 가이젤
(Theodor Seuss Geisel)은 책 3억 부를 팔아 치우면서 역사상 9번째로
책이 많이 팔린 작가가 되었다.

"갈매기 얘기나 나오는 책을 누가 읽겠는가." 리처드 바크(Richard
Bach, 1937~)가 『갈매기의 꿈(Jonathan Livingston Seagull)』의 원고를
퇴짜 받으면서 들은 말이다. 지금까지 4,400만 명이 읽었고 그 수는
계속 늘어나는데 말이다.

재클린 수전(Jacqueline Susann)는 "훈련받지 않았고 제멋대로이며
완전히 아마추어적인 작가"라는 평을 들었다. 『인형의 계곡(Valley of
the Dolls)』이 3,000만 부 팔려 나가기 전의 일이었다.

『바람과 함께 사라지다(Gone with the Wind)』는 출간하겠다는
출판사를 찾기까지 38번을 거절당했다. 그리고 책이 출간된 이후로
마거릿 미첼(Margaret Mitchell)은 이 출판사를 통해 3,000만 부를
팔았다.

윌리엄 골딩(William Golding)은 『파리 대왕(Lord of the Flies)』
초고를 "쓰레기 같고 따분한 데다 터무니없고 흥미롭지도 않은 공상
속 이야기"라는 평과 함께 거절당했다. 개인적으로는 이 편집자의
의견이 제대로 된 지적이라고 생각하지만 말이다.

멕 캐봇(Meg Cabot)은 원고에 대한 거절서를 받을 때마다 침대
밑 가방에 넣었고, 3년이 지나자 가방은 너무 무거워 들 수도 없을
정도였다. 그리고 마침내 『프린세스 다이어리(The Princess Diaries)』를
내겠다는 출판사가 나왔고 1,500만 부를 판매했다.

25명의 문학 에이전트로부터 거절을 당한 뒤, 오드리 니페네거
(Audrey Niffenegger)는 자신의 청탁받지 않은 원고를 샌프란시스코의
맥애덤/케이지라는 출판사에 보냈고, 그 결과에 헉 하고 놀랐다.
출판사가 그 이야기를 마음에 들어 했고 출간하기로 했던 것이다.
이 원고, 『시간 여행자의 아내(The Time Traveler's Wife)』는 전 세계
33개 언어로 번역되어 700만 부가 팔렸다.

가스 스타인(Garth Stein, 1964~)의 책 『빗속을 질주하는 법(The Art
of Racing in the Rain)』은 이야기를 서술하는 주체가 개라는 이유로
출판 에이전트에게 거절당했다. 그러자 스타인은 에이전트를
폴리오 문학 매니지먼트로 바꿨고, 곧 100만 달러에 판권이 팔렸다.

한 출판사는 H. G. 웰즈(H. G. Wells)가 쓴 『우주 전쟁(The War of
the Worlds)』의 판권을 다음과 같이 거절한 것으로 유명하다. "이것은

끝도 없는 악몽이다. 나는 다음과 같이 평결을 내리고자 한다. '아이고, 절대 이 조그맣고 끔찍한 책을 읽지 마세요.'" 이 조그맣고 끔찍한 책은 1898년에 출간된 이후 고전의 하나로 여겨진다.

1956년 패트릭 데니스(Patrick Dennis)는 『뉴욕 타임스』 베스트셀러 목록에 자기 책을 동시에 세 권 올린 최초의 작가가 되었다. 하지만 그는 예전에 미국 출판사를 알파벳 순서로 나열한 목록을 보고 그 순서대로 원고를 투고한 적이 있었다. 그리고 마침내 그의 원고를 받아 준 출판사는 뱅가드 프레스(Vanguard Press) 였다.

알렉스 헤일리(Alex Haley)는 8년 동안 『뿌리(Roots)』 원고를 200번 거절당했다. 마침내 출간하게 되자 이 책은 첫 8개월 만에 150만 부가 팔렸다.

캘리포니아 주 글렌 엘렌 근처의 잭 런던 주립 역사 공원에는 잭 런던(Jack London)이 첫 번째 원고에 대해 받은 600개의 거절서가 전시되어 있다.

생업을 포기하지 말라는
조언을 들었던
슈퍼스타들

　'그랜드 올레 ' 미국 테네시 주 네슈빌에서 열리는 컨트리 음악
무대 콘서트로, 1925년부터 열렸다. 오프리 콘서트는 일주일마다
열리는 컨트리 댄스파티를 WSM 라디오('레전드'라는 프로그램이
유명했다)로 듣던 것에서 시작했다. 1939년부터 전국적으로 방송을
타기 시작해 지금은 역사상 가장 오래된 라디오 프로그램이다.
여러 해 동안 오프리는 행크 윌리엄스, 팻시 클라인, 카터 패밀리
같은 컨트리 음악계의 스타들에게 무대를 제공했고, 이 과정에서
내슈빌이라는 도시는 컨트리와 웨스턴 장르의 세계적인 고향으로
거듭났다. 비교적 최근에는 돌리 파튼, 딕시 칙스, 가스 브룩스 같은
스타들이 이 무대를 고향 삼아 발돋움했다.
　1954년 10월 2일, 키가 크고 여윈 19살 소년이 자신의 꿈이었던
오프리 무대에 처음이자 마지막으로 등장했다. 현장 관객들은
예의 있게 반응했지만 그의 야단스러운 음악과 허리를 비트는
스윙 댄스는 "저속하고 불쾌하다"는 반응을 보였다. 당시 무대의

총책임자였던 짐 데니(Jim Denny)는 무대를 마치고 고향 멤피스로 돌아가려는 이 신인가수 엘비스 프레슬리(Elvis Presley)에게 다음과 같이 말했다. "애야, 너는 트럭 운전수로 돌아가는 게 낫겠다." 6개월 전에도 이 십대 소년은 지역 밴드 보컬을 뽑는 오디션에서 노래를 부르지 못한다는 이유로 두 번 떨어졌다. 그리고 다음 달인 1954년 11월, 프레슬리는 루이지애나 헤이라이드에서 52번 공연을 하기로 계약을 맺었다. 여기서 톰 파커(Tom Parker) 대령을 만나 충고를 들었던 이야기는 유명하다.

그 뒤로 12달이 지나 헤이라이드에 머무르는 기간이 끝나갈 무렵, 프레슬리는 컨트리 디스크자키 협회가 선정한 올해의 최고 가수로 뽑혔고, 톰 파커는 세 곳의 음반 회사로부터 각각 2만 5,000달러의 음반 계약을 제안 받아 고려하는 중이었다. 그러던 1955년 11월 21일, 파커는 RCA 레코드사로부터 그동안 전례 없는 4만 달러로 프레슬리의 앨범 계약을 하자는 연락을 받았다. 파커와 프레슬리는 기꺼이 이 조건을 받아들였지만 프레슬리는 그때까지도 미성년자여서 계약서에 아버지 서명을 받아야 했다. 다음 해에 엘비스 프레슬리는 전 세계적으로 가장 유명한 가수가 되었고, 20년 뒤 죽음을 맞이할 무렵에는 빌보드 차트에 100곡 이상의 곡을 올렸다. 이 기록은 역사상 개인 가수로서는 최고 기록이었다.

하지만 엘비스가 사람들의 거부나 잘못된 판단에 시달렸던 유일한 스타 가수는 아니었다. 1967년, 지미 헨드릭스(Jimi Hendrix)는 영국 음반 차트에서 10위 안에 세 번 이름을 올렸지만, 고향인 미국에서는 괜찮은 세션 기타리스트로 알려진 것 외에는 별다른 성공을 거두지 못했다. 그러던 어느 날 몽키스의 마이크 네스미스

(Mike Nesmith)가 런던에서 폴 매카트니, 에릭 클랩튼(Eric Clapton)과 저녁 식사를 하는데 막 존 레논이 도착했다. 네스미스는 나중에 이렇게 회고했다. "존은 이렇게 말했죠. '늦어서 미안해. 대신 너희들에게 들려주고 싶은 곡을 하나 가져왔어.' 존은 녹음기를 꺼내 지미 헨드릭스의 〈Hey Joe〉를 틀어 줬죠. 그 자리에 있던 모두가 놀라서 입을 다물지 못했어요. 존은 '이 사람 대단하지 않아?'라고 말했죠." 몇 주 뒤 몽키스의 멤버 미키 돌렌즈(Micky Dolenz)는 몬터레이 팝 페스티벌에서 헨드릭스를 만났고, 자기 밴드의 프로듀서에게 몽키스의 미국 투어에 헨드릭스의 밴드인 지미헨드릭스 익스피리언스를 초대해 공연을 돕게 하자고 제안했다.

지금 관점에서 생각하면 조금 우스꽝스럽지만, 헨드릭스의 매니저였던 채스 챈들러(Chas Chandler)는 그 제안을 받아들여 그들의 음악을 수십만 명의 미국 아이들에게 들려주어 음반을 사게 하자고 헨드릭스를 설득했다. 하지만 이 결정은 상당한 역효과를 불러일으켰는데, 몽키스는 헨드릭스와 그의 음악을 아주 좋아했지만(그들은 바닥에 앉아 연주 전 음향 조절에 귀를 기울였다) 몽키스의 팬들은 야유와 조롱을 보냈기 때문이었다. 미키 돌렌즈는 나중에 당시 상황을 이렇게 회고했다. "지미가 느릿느릿 무대로 걸어와 앰프를 작동시키고 〈Purple Haze〉를 연주하기 시작하자 관객석의 아이들은 즉각 '우리는 데이비를 원해'라고 외쳤고 그 소리에 연주가 묻혔다. 세상에, 정말 부끄러웠다." 그로부터 일주일이 되지 않아 헨드릭스는 몽키스 투어를 떠났다. 하지만 사람들 사이에서 전해오는, 위대한 지미 헨드릭스가 몽키스

투어에서 떨어져 나갔다는 이야기는 사실이 아니다. 당시 〈Purple Haze〉는 미국 음반 차트에서 꽤 좋은 반응을 얻었고 그에 따라 헨드릭스도 자기 팬이 많이 생겼기 때문에, 몽키스와 그는 서로 원만하게 투어 약속을 파기했던 것이다.

1963년에는 영향력 있는 음악 에이전트였던 에릭 이스턴(Eric Easton)이 런던의 새로 떠오른 한 밴드가 바쁘게 돌아가는 라이브 음악 공연에 경쟁력이 있다고 여겼다. 하지만 이스턴은 밴드의 매니저에게 이렇게 말했다. "그래도 그 보컬은 좀 내보내는 게 좋겠소. BBC에서 그를 좋아하지 않을 거요." 사실이었다. BBC는 적어도 롤링스톤스의 활동 초기에는 확실히 보컬 믹 재거(Mick Jagger)를 그렇게 좋아하지 않았다.

1944년 마릴린 먼로(Marilyn Monroe)는 한 패션업계 사진가의 눈에 띄어, 블루북 모델 에이전시에 지원해 그 회사와 일해 보라는 권유를 받았다. 하지만 이곳의 임원이었던 에멀린 스니블리(Emmeline Snively)는 희망을 품은 젊은 마릴린에게 자기 에이전시는 오직 금발 모델만 뽑기 때문에, 흑갈색 머리인 마릴린은 "돌아가서 비서 자리를 알아보든가 결혼을 하"라고 충고했다. 하지만 그 대신 마릴린은 머리카락을 금발로 염색한 뒤 그 다음 주에 다시 나타나 계약을 성사시켰으며 블루북 에이전시에서 가장 성공한 스타가 되었다. 그리고 마릴린 말고도 차별당한 사람은 또 있었다. 매력적인 배우 셀마 헤이엑(Salma Hayek)는 한때 결코 배우가 될 수 없으리라는 말을 들었는데, 일단 입을 열면 이미지가 망가진다는 것이 그 이유였다.

1964년까지 로널드 레이건(Ronald Reagan)은 할리우드 배우로 직업적 삶을 꾸려 나갔는데 출연한 영화는 대부분 B급이었다.

1964년에 그는 한 영화의 오디션을 봤다가 거절당했는데, 역할은 대통령 후보였다. 거절당한 이유는 영화사 중역이 레이건을 보고는 "대통령 같아 보이지 않는다"고 말했기 때문이었다. 14년 뒤에 레이건은 공화당에서 진짜 대통령 후보로 지명 받았고, 1980년에 적법한 절차에 따라 대통령으로 당선되었다.

나는 그동안 이 나라 방방곡곡을 돌아다니며
최고의 인재들과 대화를 나눴지만
그 '데이터 처리 기술'이란 한때의 유행에 불과하고
올해 안에 사라질 것이라 장담합니다.

출판사 프렌티스 홀에서
경영학 도서를 담당했던 편집자의 말. 1957년.

형편없는 아이디어
취급을 받았던
블록버스터 영화들

스타워즈

믿기 어렵겠지만, 영화 제작자 조지 루카스(George Lucas)가 젊은
시절 〈아메리칸 그래피티〉(1973)로 막 성공을 거둔 뒤 두 쪽짜리 새
영화 제안서를 들고 유니버설 픽처스 사와 유나이티드 아티스트
사에 갔을 때, 그는 단호하게 거절당했다. 사실, 그 영화는 '윌스의
일지를 따라 떠나는 루크 스타킬러의 모험, 무용담 1: 스타워즈'라고
불릴 영화였고, 제안서의 개요는 다음과 같이 시작했다. "이것은
메이스 윈디의 이야기로, 그는 C. J. 소프에 의하면 존경받는
오푸치의 제다이-벤두이다. 소프는 유명한 제다이로부터 파다완
과정을 수련했다." 올바른 판단력을 가진 사람이라면 이 제안서를
거절했을 것이다. 전해 오는 이야기에 따르면 루카스 자신도 영화의
아이디어가 명료하지 않아, 그 영화를 만드는 대신 1930년대의 공상
과학 시리즈인 〈플래시 고든〉을 다시 제작하려 했지만 누군가 그
권리를 먼저 채 갔던 탓에 그렇게 하지 못했다.

또한 200쪽짜리 대본을 보여 줘도 가장 가까운 친구들조차 이해를 하지 못하는 상태에서, 루카스는 큰 할리우드 영화사들을 돌아다니며 영화를 팔고자 했고, 마침내 20세기 폭스 사가 850만 달러를 투자하기로 마음먹었다. 이 금액은 그 당시에도 그렇게 대단하지는 않았다. 그러자 조지 루카스는 배우와 특수효과 전문가들을 모아 영국으로 날아갔고 1976년 3월 22일부터 영화를 찍기 시작했다. 하지만 몇 달 안에 제작비는 바닥났고 촬영 팀에서 편집이 끝나 상영할 수 있는 것은 세 장면뿐이었다. 그리고 당시에 가능했던 음향효과라고는 죽음의 별이 폭발하는 장면에서 냉장고를 땅에 떨어뜨리는 정도였다. 곧 촬영 팀은 대놓고 영화에 대해 조롱하고 초과 근무를 거부했으며 무단 파업을 했는데, 그럴수록 제작비는 치솟았다.

그러다 겨우 영화가 마무리되었고, 완성된 영상을 본 20세기 폭스 사는 돈 많이 드는 실패작이 나왔다는 사실을 깨달았다. 이런 종류의 영화를 선호하는 사람도 없었고 영화 배급업자들도 영화를 거부했다. 폭스 사의 간부들은 각 영화관들이 간절하게 기다리던, 대단한 인기몰이를 할 것으로 기대되는 그 해의 기대작 〈깊은 밤 깊은 곳에〉를 상영하고 싶다면 이 작품 〈스타워즈〉(루카스는 이렇게 영화 제목을 줄이기로 설득 당했다)를 영화관에서 상영해야 한다고 주장했다. 그러자 몇몇 작은 영화관의 관리자들이 여기에 수긍했고, 〈스타워즈〉는 결국 겨우 39곳에서 상영되었다. 20세기 폭스 사가 기대했던 것이라고는 이 영화로 최소한의 매출을 올려 그해 '보증된 흥행작'을 기다리자는 전략이었다. 이 시점까지도 조지 루카스 감독은 자기의 영화가 실패라고 확신했고, 영화를 본 친구들도 모두 여기에 동의했다. 하지만 그중 최근에 〈조스〉를 흥행시켰던 스티븐 스필버그(Steven Spielberg)는 〈스타워즈〉의 성적이 꽤 좋을 것이라고 주장했다.

그래도 루카스는 여기에 동의하지 않았고 영화 개봉식에도 모습을 드러내지 않은 채 대신 스필버그와 휴가 여행을 떠났다. 개봉하던 날 저녁 사람들의 입소문을 타고 열광적으로 반응하는 사람들이 생겨, 다음날에는 39개의 모든 영화관 앞에 줄이 늘어서리라고는 아무도 예측하지 않았다. 그리고 그에 따라 어떤 예술가도 감히 꿈꾸지 못했던 국제적인 규모의 선풍적 반응도 돌아오기 시작했다. 〈스타워즈〉는 얼마 지나지 않아 7억 5,000만 달러의 매출을 올렸고 관련 상품과 후속작을 통해 수십억 달러를 더 벌어들이는 하나의 산업이 되었다. 감독을 포함한 그 누구도 전혀 상상하지 않았던 대단한 성공을 거둔 것이다.

캐리비안의 해적

1986년, 그동안 논란을 많이 일으켰던 영화감독 로만 폴란스키 (Roman Polanski)는 몇몇 불쌍한 영혼들을 설득해 월터 매튜(Walter Matthau)가 등장하는 해적 영화에 4,000만 달러의 예산을 투자하도록 했고, 영화 제목을 너무나 뻔하지만 〈해적들(Pirates)〉 이라고 지었다. 하지만 이 영화는 800만 달러의 수익을 올렸고 흔적도 없이 사라졌다. 그로부터 10년 뒤 할리우드는 같은 길을 다시 가기로 했다. 해적이라는 소재가 언제나 인기 있다는 이유였다. 이번에는 제목이 〈살인자들의 섬(Cutthroat Island)〉이었고, 제작비가 1억 달러였지만 영화관에서 회수된 금액은 1,000만 달러뿐이었다.

이 영화가 받은 단 하나의 칭찬은 『기네스북』에 '역사상 최고로 흥행 성적이 처참한 영화'에 이름을 올린 것뿐이었다. 심지어는 세계적으로 잘 알려진 인형인 머펫을 등장시킨 〈머펫 보물섬(Muppet Treasure Island)〉마저도 3,400만 달러를 가까스로 회수했을 뿐이었다. 그나마 출연료가 낮은 배우들을 고용한 결과 이 정도 수익을 거둔 것이었다. 그리고 디즈니 역시 2002년에 해적이 등장하는 〈보물 행성(Treasure Planet)〉을 제작했지만 3,000만 달러를 손해 보는 선에서 마무리되었다. 이것도 겨우 얻은 성과였다.

　흥행 성적이 온통 이랬으니 영화 제작자들이 해적 영화를 수십 년은 쳐다보지 말고 그것이 무엇인지 상상만 해야 할 상황이었지만, 디즈니에서는 제작자들을 겨우 설득해 회계 담당자에게 데려가 1,400만 달러를 얻어 다음 해에 또 다른 해적 영화를 만들기로 했다. 모든 사람들이 반대했고, 아무도 좋은 생각이라 여기지 않았다. 심지어는 조니 뎁(Johnny Depp)을 주연 배우로 뽑는 것도 위험하다는 지적이 있었다. 뎁의 전작 〈맨 후 크라이드(The Man Who Cried)〉와 〈비포 나잇 폴스(Before Night Falls)〉가 좋은 성적을 거두지 못했던 만큼 이번 해적 영화도 실패하리라는 것이었다. 사실 이 두 영화는 1,000만 달러 정도의 수익을 거뒀는데 이것은 이번에 찍을 영화의 예산과 비슷했다. 전체적인 상황이 마치 디즈니가 일부러 손해를 보려고 작정한 듯했다. 하지만 뚜껑을 열어 보니 달랐다. 〈캐리비안의 해적: 블랙펄의 저주〉는 영화표 판매로 6억 5,000만 달러 넘는 매출을 올렸고 역사상 가장 관객을 많이 동원한 영화 시리즈의 서막을 열었다. 이 영화를 기획했던 디즈니의 간부들을 빼고는 모든 사람들이 이 결과에 놀랐다. 여러분도 유념해 두는 것이 좋다. 디즈니 제국은 이런 식으로 위험을 감수한 결과 세워진 것이다('백설 공주와 일곱 난장이' '위대한 실패들'을 참고할 것).

인디애나 존스 시리즈

1970년대 〈조스〉와 〈스타워즈〉 같은 대단한 성공을 거둔 젊은 영화감독 스티븐 스필버그와 조지 루카스는 두 사람이 꿈꾸던 합작 투자 사업을 시작하면 그것을 맡으려고 할리우드의 제작사들이 줄지어 대기할 만했다. 〈레이더스, 잃어버린 성궤를 찾아서〉는 대본상으로 완벽했다. 액션과 유머가 곁들여진 훌륭한 대본이었고, 두 감독은 관객들에게 인기가 있을뿐더러 좋은 영화배우를 캐스팅할 수 있었다. 하지만 정작 영화 제작사 간부들은 2차 대전이 발발하기 전을 배경으로 고대 유물을 쫓는 고고학자의 이야기에 그다지 관심이 없는 듯했다. 제작사들이 지적한 한 가지 문제는 2차 대전을 배경으로 한 스필버그의 전작 〈1941〉이 혹평을 받았다는 것이었다. 거의 모든 할리우드 주요 영화 제작사에서 〈레이더스〉를 거절했고 제작하기에는 '너무 비싸다'고 말했다.

결국 파라마운트 사에서 제작을 승인했지만 스필버그와 루카스의 높아지는 명성에도 불구하고 제작비는 1,800만 달러로 제한했다. 〈조스〉나 〈스타워즈〉 같은 전대미문의 흥행작으로 13억 달러를 막 벌어들인 영화감독들에게는 보잘것없는 제작비였다. 하지만 이 감독들은 앞의 두 작품을 합해 2,000만 달러밖에 쓰지 않았던 사람들이었다. 스필버그는 제작비를 아끼기 위해 영국 엘스트리에서 영화를 촬영했고 각 장면을 최소한의 테이크로 찍었다. 그리고 그 결과 모든 할리우드 주요 제작사에서 거부했던

이 영화는 오늘날 영화사의 걸작으로 여겨지며 4억 달러에 가까운
흥행 성적을 올렸다.

백설 공주와 일곱 난장이

"내게 좋은 생각이 있어." 어떤 현명한 사람이 말했다. "독일의
옛날 동화를 장편 애니메이션으로 만들면 어떨까? 120년 전 그림
형제가 다시 펴내 인기를 끌었던 동화들 말이야. 여기에 우리
회사 전체가 끌어올 수 있는 예산을 모조리 투입해, 어떤 결과가
나오는지 보자고. 예전에 누군가 딱 한 번 이것을 시도했을 때
엉망진창으로 완전히 실패했지만. 그리고 모든 사람들이 장편
애니메이션을 좋아하지 않지만 말이야. 어쨌든 한번 해 볼까?" 이런
말을 들었다면 모두가 크게 웃었을 것이다. 하지만 이것은 1936년
디즈니 사의 간부회의에서 오갔던 내용이다. 정확히 어떤 말인지는
몰라도 아마 모두가 웃지는 못했을 것이다. 1937년 12월 21일,
〈백설 공주와 일곱 난장이〉가 할리우드 샌 빈센트 대로의 카세이
서클 극장에서 정말로 개봉되었기 때문이다.

이 영화는 제작비가 이미 150만 달러나 들었지만(당시
할리우드에서 침실 여섯 개 딸린 맨션이 6,000달러 정도였다), 벌써부터
'디즈니의 대실수'라는 평을 들었고 월트 디즈니의 남동생과 아내
모두 제작을 만류했다. 월트 디즈니(Walt Disney) 자신도 영화를
어떻게 배급할지, 영화표의 가격은 얼마로 할지 감을 잡지 못해
불안한 마음이었다. 결국 찰리 채플린(Charlie Chaplin)이 나타나
자기의 성공작을 참고 사례로 보여 줬을 정도였다. 당시 디즈니는
라스베가스에 가서 룰렛 기계의 검정색과 붉은색에 전 재산을

걸 만큼 될 대로 되라는 심정이었을 것이다. 하지만 1938년 2월 4일 전국적으로 개봉되고 몇 주가 채 되지 않아 〈백설 공주〉는 800만 달러를 벌어들였다. 이 영화는 곧 당대 최고의 흥행 수익을 올렸고 인기가 아주 좋았기 때문에 디즈니 사에서는 돈이 필요할 때마다 〈백설 공주〉를 거듭 개봉할 정도였다. 정확히는 1944년, 1952년, 1958년, 1967년, 1975년, 1983년, 1987년에 개봉되었다. 그리고 1993년에 다시 개봉되었을 때도 이 56년 묵은 영화는 흥행 목록 10위 안에 바로 진입했다. 오늘날까지 〈백설 공주〉는 150만 달러의 투자액으로 5억 달러 가까운 수익을 거두었고, 맨 처음 개봉되었을 때 1억 900만 장의 표가 팔렸는데 이 금액을 오늘날의 가치로 환산하면 역사상 가장 수익성이 높은 영화일 것이다. 이후 애니메이션 산업이 싹트기 시작한 것은 차치하고라도 말이다.

백 투 더 퓨처

1981년, 시나리오 작가이자 프로듀서인 밥 게일(Bob Gale)은 지금 만들면 딱 좋을 것 같은 대본을 하나 썼다. 당시 십대를 주인공으로 한 코미디가 인기가 좋았기 때문에 게일은 누구나 자기 대본을 환영하리라 확신했다. 하지만 컬럼비아 사는 그의 대본이 지나치게 가족 친화적이라고 여겨 제작을 거부했다. 게일은 나중에 이렇게 회고했다. "그들은 내 대본이 정말 다정하고, 귀여우며 따뜻하지만 선정적인 요소가 없다고 지적했다. 이런 대본은 디즈니에 가져가는 게 좋으리라는 충고를 받았지만 나는 다른 큰 제작사들에도 대본을 가져가 보기로 했다." 하지만 게일의 대본을 원하는 제작사는 한 곳도 없었다. 놀랍지 않지만, 디즈니 사에서도 한 아이가 과거를

거슬러 올라가 자기 어머니와 낭만적으로 사랑에 빠진다는
줄거리가 디즈니에서 제작하기에는 부적절하다고 퇴짜를 놓았다.

　이 대본은 구석에 박혀 있다가 로버트 저메키스(Robert Zemeckis)
감독이 1984년 〈로맨싱 스톤〉으로 큰 성공을 거두고야 비로소
유니버설 스튜디오와 손잡고 제작에 들어갔다. 하지만 제작
초반에도 진척 속도는 느렸고 겨우 4주 만에 저메키스는 배우를
다시 캐스팅해야겠다고 결정했다. 그 결과 300만 달러의 비용이
추가되었지만, 저메키스는 주연이었던 마이클 J. 폭스(Michael J. Fox)
가 영화 제작을 거절당했던 지난 4년 동안 다시 영화에 출연할
준비를 갖췄다고 여겼다. 그리고 1985년에 개봉한 〈백 투 더 퓨처〉
는 1,900만 달러의 예산으로 4억 달러에 달하는 흥행을 거둬 최근
10년 동안 가장 상업적으로 성공한 영화가 되었으며, 온갖 상과
후보 지명을 휩쓸었다. 1986년 미국 대통령 로널드 레이건의 신년
국정연설에도 등장했을 정도였다.

나 홀로 집에

　영국 민요에 못 하나가 없어서 왕국을 잃는다고 했다. 이것과
비슷한 일이 〈나 홀로 집에〉를 찍는 과정에서도 일어났다. 1,400만
달러의 예산으로 시작한 이 영화는 촬영 막바지에 크리스 콜럼버스
(Chris Columbus) 감독이 제작사 워너 브러더스에 찾아가 돈을 더
부탁해야 할 상황이 되었다. 콜럼버스는 자신이 원하는 방식대로
영화를 마무리하기 위해 300만 달러를 추가로 요청했지만 영화사
중역들은 완강하게 거부했고 단 1센트도 더 투자할 수 없다고
말했다. 그러자 콜럼버스는 20세기 폭스 사의 지인에게 연락해

이렇게 물었다. "이 영화에 관심 없나요?" 폭스 사로부터 긍정적인 반응을 이끌어내는 데는 20분이 걸렸고, 워너 브러더스와 논의해 이 영화를 자기 회사로 넘겨달라는 것이 그 내용이었다.

워너 브러더스에는 나쁜 소식이지만 이 영화는 개봉 첫 주에 정확히 1,700만 달러를 벌어들였고 이후 12주 동안 관객 수 1위 자리를 놓치지 않았다. 영화관에서 상영이 끝나갈 무렵 〈나 홀로 집에〉는 거의 5억 달러의 매출을 올렸고 이것은 영화 역사상 3위의 기록이었다. 후속편까지 합치면 이 시리즈는 10억 달러로 1위를 차지한다. 워너 브러더스든 아니면 그 누구든, 300만 달러를 아끼려다가 일어날 수 있는 최악의 결과인 셈이다. 왕국을 잃은 것이다.

펄프 픽션

영화사 컬럼비아 트리스타 관계자는 〈펄프 픽션〉 대본을 이렇게 평가했다. "지금껏 집필된 영화대본 가운데 최악이다. 전혀 말이 안 된다. 누군가 죽었다가 곧바로 다시 살아난다. 너무 길고 지나치게 폭력적이며, 영화로 만드는 게 불가능하다." 적어도 공동 작가 로저 에이버리(Roger Avary)가 기억한 바로는 이런 말이었다. 결국 컬럼비아 사의 대표 마이크 메더보이(Mike Medavoy)가 이 대본이 "너무 미치광이 같아 위험을 무릅쓰고 투자할 수 없다"고 결론 내리자 에이버리는 이렇게 생각했다. "뭐, 이제 끝났군." 이 영화의 제안서는 즉각 거절당했고 다른 영화사들의 손으로 넘어갔다. 그러다가 감독을 맡았던 쿠엔틴 타란티노(Quentin Trantino)가 1992년에 〈저수지의 개들〉로 호평을 받은 뒤에야 미라맥스 사의 하비 웨인스타인(Harvey Weinstein)이 〈펄프 픽션〉 제작에 관심을 보였다. 웨인스타인은 이 영화에 헤로인이 묘사되거나 난데없이 폭력 장면이 튀어나오고 한물 간 영화배우가 나온다는 점에 개의치 않았고, 〈펄프 픽션〉은 미라맥스 사가 디즈니에서 거절당한 건을 계약한 최초의 사례가 되었다.

1994년 10월 14일에 영화가 개봉한 이후, 타란티노 감독은 로저 에이버리와 함께 아카데미 각본상을 받았고, 감독상의 후보에도 올랐다. 이 영화는 그해 칸 영화제에서 황금종려상을 받았고 그 밖의 다섯 개 부문에도 후보에 올랐다. 이 영화는 주연을 맡은 새뮤얼 L. 잭슨(Samuel L. Jackson), 브루스 윌리스(Bruce Willis), 존 트라볼타(John Travolta)가 재기하는 기회가 되었고, 마지막으로, 별것 아닌 이야기일 수는 있지만 미라맥스 사는 겨우 800만 달러를 투자해 2억 2,200만 달러라는 만족할 만한 수익을 거둬들였다.

지금 50대 넘는 외제차가 이미 팔리고 있기는 해도,
일본의 자동차 산업이 미국 시장을
크게 점령할 것 같지는 않다.

《비즈니스 위크 USA(Business Week USA)》, 1968년 8월 2일.

형편없이 빗나간 예측

1969년 10월, 마거릿 대처(Margaret Thatcher)는 다음과 같이
선언했다. "여성이 영국의 총리가 되려면 오랜 세월이 걸릴 것이고,
결코 내가 살아 있는 동안에는 불가능할 것이다." 1979년, 대처는
스스로 총리가 됨으로써 자신의 정치적 판단이 현실과 동떨어져
있음을 증명했다. 그리고 그 증명은 이후에도 반복되었다.

스탠 스미스(Stan Smith)는 서투르고 어색해 보인다는 이유로
데이비스 컵 테니스 대회에 볼보이로 지원했다가 떨어졌다. 하지만
그는 이후 3개 그랜드 슬램 대회 결승전에 올라갔고 그중 2경기를
이겼으며, 전 세계를 돌며 87개의 토너먼트 시합에서 승리를 거뒀다.
그리고 데이비스 컵 대회에서는 8번을 우승했다.

『버라이어티(Variety)』지는 1950년대 중반 유행하던 로큰롤에
대해 다음과 같이 선언했다. "이제 6월이 되면 한물 갈 한때의
유행이다."

오프라 윈프리(Oprah Winfrey)는 전 세계를 통틀어 텔레비전에
나오는 여성 가운데 가장 성공하고 영향력 있는 사람이다. 하지만
유명한 토크쇼의 진행자 자리는 결코 쉽게 얻은 것이 아니었다.

유명세와 부를 얻기 전까지 그녀는 험난하고 때로는 폭력적이었던 어린 시절을 극복했고, 직업적인 방해물을 넘어야 했다. 그중에는 윈프리가 "텔레비전 방송에 적합하지 않다"며 리포터 자리에서 쫓겨났던 경험도 포함된다.

chapter 5

지금은
당연한 것들의
탄생

공기보다 무거운 비행기는 절대 하늘을 날 수 없다.

– 영국의 수학자이자 물리학자이며
영국 왕립학회의 회장을 지낸 켈빈 경(1895년)

감자의
가치

　여러분은 금이나 은보다, 언뜻 소박해 보이는 감자가 훨씬 더
가치 있다는 사실을 아는가?

　16세기 초, 젊고 야심 찬 나라였던 스페인 제국은 에르난
코르테스(Hernán Cortés)가 이끄는 탐험대를 대서양 너머로 보냈다.
이 탐험대는 1520년에 아즈텍 제국을 멸망시켰고, 그에 따라
상상할 수 없을 만큼 막대한 금과 은, 보석이 왕실의 재무장관에게
넘어왔다. 연이은 탐험 성공으로 스페인 왕실은 부유해졌고 유럽의
세력 판도도 바뀌었다. 이런 소식이 전파되자 더 많은 스페인
출신의 젊은 정복자들이 경제적 지원을 받아 남아메리카로 떠나
무언가 건질 것이 있는지 살피기 시작했다.

　이때쯤 프란시스코 피사로 곤잘레스(Francisco Pizarro González)
도 1532년에 페루 땅을 밟아 잉카의 왕을 사로잡고는 '금이 가득찬
방'을 제공받는 대가로 왕을 풀어 주었다. 이런 식으로 스페인의
금고는 황금으로 넘쳐났고, 네덜란드 같은 다른 유럽 국가들도

스페인의 뒤를 따랐다. 하지만 영국과 프랑스는 서로 끊임없이 전쟁을 치르느라 제국을 키우는 문제에서는 가까스로 곤경에서 벗어나오는 수준이었다. 그러는 동안 전 세계에 걸쳐 새로 전쟁이 일어나고 새로운 발견이 이루어지면서 유럽 제국들의 세력 균형은 끊임없이 바뀌었다. 마치 금과 은이 유럽의 미래를 좌우할 것 같았지만, 사실 피사로의 탐험대가 발견한 것 가운데 몇 세기 안에 전 세계의 인구통계학을 변화시킬 만한 존재가 있었다. 그동안 거의 간과되었지만 그것은 바로 감자였다.

피사로의 탐험 전에는 지중해 지역 사람들의 주식이 밀가루와 빵, 콩이었기 때문에, 비록 유럽 북부에서는 순무 같은 뿌리채소를 먹었지만 당시 스페인 모험가들은 땅에서 캐낸 무언가를 먹는다는 개념에 거부감이 있었다. 하지만 피사로는 잉카 사람들과 그 선조의 주된 에너지원이 한 덩이줄기 채소라는 사실을 발견했다. 이 채소는 얼려서 지하의 창고에 오랫동안 보관해도 썩지 않았다. '추뇨(chuño)'라고 불리던 이 채소는 얼마 지나지 않아 스페인 정부에 막대한 부를 가져다주던 페루의 금, 은 광산 광부들의 주식이 되었다. 스페인으로 돌아온 선원들 또한 추뇨를 갑판에 실어 예전에 먹던 식량 대신 먹었고, 1534년에는 스페인 땅에도 먹다 남은 추뇨를 심기 시작했다. 유럽에서 감자가 거래된 최초의 공식 기록은 1567년 11월 28일자 영수증으로 남아 있는데, 스페인의 그란카나리아 섬 라스팔마스에서 앤트워프로 실어 나른 경우였다. 그리고 비슷한 시기에 스페인의 어부들은 고기를 말리려고 아일랜드 서부 해안에 상륙하면 감자를 먹었고 그에 따라 이 작물이 이 지역에 퍼졌다.

토머스 해리엇('망원경: 갈릴레오를 비웃은 사람들' 참고) 또한 월터 레일리 경의 자금 지원을 받아 아메리카 대륙에 가서 1586년 영국에 심을 감자를 갖고 돌아왔다. 프랜시스 드레이크(Francis Drake) 경이 엘리자베스 1세에게 감자를 가져왔던 것이 최초라는 설도 있다. 하지만 어떤 주장이 옳든, 감자를 유럽에 진정으로 전파한 주역은 스페인 제국이었다. 스페인 제국은 유럽 전역에서 자국 군대에게 먹이기 위해 감자를 심었으며 그에 따라 농부들도 곡물 대신 감자를 심기 시작했다. 곡물 창고는 약탈당하는 경우가 많아 먹을 것이 없었기 때문이었다.

이에 따라 유럽인들은 서서히 감자에 의존하기 시작했다. 아직 감자가 해로운 작물이라는 의견도 많았지만, 18세기 중반에 이르면 독일과 프랑스 정부는 자국 인구가 늘어나면서 값싸고 믿을 만한 식량을 공급하기 위해 농부들에게 감자를 재배하라고 권했다. 물론 군대에 지급할 만한 좋은 식량이기도 했다. 프랑스의 왕 루이 16세 (1754~1793)는 이 새로운 작물을 적극 권했고, 그가 단두대에서 처형될 무렵에는 프랑스의 연간 감자 수확량이 치솟았다. 이때쯤 감자는 유럽 북부 대부분의 지역에서 주식이 되었다. 그리고 이 소박한 채소가 전 세계 사람들의 이주 방향에 변화를 가져온 것도 이 무렵이었다.

19세기 중반에 이르면 감자는 아메리카 대륙에서 정복자들이 가져온 모든 금은보화보다도 유럽의 보통 민중에게 귀중한 존재가 되었다. 이 작물은 산업혁명을 뒷받침한 식량원이기도 했다. 아일랜드에서는 감자가 이 나라 전체 농지의 3분의 1을 점유했고, 그에 따라 폭발적으로 늘어나는 인구를 그나마 먹여 살릴 수

있었다. 가장 가난한 농부라도 감자를 조금 심고 소 한 마리를
길러 우유를 짜면 1년 동안 가족을 부양할 수 있었다. 하지만
아일랜드에서는 1845년에 가뭄이 심하게 들어 감자 농사가 제대로
되지 않았고 그에 따라 100만 명 넘는 사람이 사망했다. 이 아일랜드
대기근(1845~1849) 때문에 살아남은 인구의 절반은 영국으로
건너가 철도를 놓는 공사장에서 노동자로 일하거나, 더 눈여겨봐야
할 사실이지만 당시 신생 국가여서 노동력이 절실하게 필요했던
미국으로도 이민을 갔다.

　유럽 전역에도 비슷한 규모의 감자 흉작이 일어났고, 여기에
더해 종교적인 박해가 이어지자 사람들은 19세기 후반 대규모로
미국으로 이주하기 시작했다. 이들은 미국이 경제적으로 성장하는
원동력 역할을 했다. 이렇게 보면 소박한 작물인 감자가 미국이라는
나라가 발전하는 데 큰 역할을 했다고 주장해도 크게 과장은 아닐
것이다.

텔레비전은 이론적으로, 기술적으로는 실현 가능하지만
내가 봤을 때는 상업적, 경제적인 이유로 불가능하다.
그러니 텔레비전 기술을 개발하겠다고 헛된 꿈을 꾸느라
시간을 낭비하면 안 된다.

미국의 라디오 기술 선구자이자
진공관의 발명자인 리 드 포레스트, 1926년.

통조림 깡통의
진화

니콜라 아페르(Nicolás Appert)가 나폴레옹 보나파르트의 명령에
따라 프랑스 군대를 위해 식품을 병에 진공 포장하는 방법을 고안한
것과 같은 시대에('치킨 키예프 요리가 훌륭한 이유' 참고), 역설적이게도
영국에서는 1810년 피터 두랜드(Peter Durand)라는 상인이 주석
깡통으로 특허를 받았다. 당시에 영국은 프랑스와 전쟁 중이었기
때문에(늘 그랬듯이), 아페르는 이런 깡통이 나왔다는 소식을 듣지
못했다.

이후로 얼마 안 되어 1813년에 존 홀(John Hall)은 전 세계 최초로
상업적인 통조림 공장을 열었다. 비록 생산 속도는 몹시 느려서 한
시간에 5~6개의 깡통을 내놓는 게 고작이었지만 말이다. 그로부터
30년이 지난 다음에야 헨리 에반스(Henry Evans)는 통조림의 생산량을
한 시간에 60개로 늘이는 기계를 발명했다. 하지만 이러한 초기 주석
깡통은 실용적이지도 않았고 인기도 없었다. 일단 깡통이 두껍고
무거웠으며(내용물보다도 무게가 많이 나갔다), 개봉하기 위해서는 망치로

깡통을 부숴야 했다. 깡통을 열려면 망치와 끌이 있어야 했고, 따라서 당연하지만 깡통 보존법은 병 보존법보다 갈 길이 훨씬 멀었다.

그러다가 1858년, 깡통이 얇아지면서 깡통을 따는 데 사용할 전용 도구를 만들 수 있게 되었다. 역사상 처음으로 깡통 따개를 만든 사람은 코네티컷 주 워터버리에 살던 에르저 워너(Erza Warner)였는데 그는 1858년에 특허를 받았으며, 의도한 것은 아니었지만 마침 통조림이 필요했던 남북전쟁(1861~1865) 동안에 대량생산을 시작했다. 그에 따라 당시에는 군인들의 배급품이 통조림으로 지급되는 경우가 많았고, 전쟁 후반기에는 식초에 절인 유명한 '불리 비프' 통조림이 일상적으로 지급되었다. 그리고 1865년 전쟁이 막 끝날 무렵에는 '불스 헤드'라는 이름의 통조림 따개가 계급을 막론하고 전체 장병에게 지급되었다. 주석 깡통이 발명된 지 50년이 꼬박 지난 뒤에야 깡통 따개가 발명된 셈이었다.

이 깡통 따개는 빠르게 발전되었고, 그로부터 1년이 채 되지 않아 J. 오스터하운트(J. Osterhoundt)는 따는 장치가 달려 있는 깡통을 만들어 특허를 받았다. 깡통의 윗부분 근처에 달린 얇은 끈을 제거하면 깡통을 따서 내용물을 쉽게 손에 얻을 수 있는 장치였다. 그리고 1870년에는 윌리엄 리먼(William Lyman)이 깡통 위에 대고 고리를 잡아 돌리는 고전적인 기구를 만들었다. 하지만 이로부터 50년이 더 지나서야 샌프란시스코의 스타 깡통 회사에서 이 고리에 톱니를 추가했고 이것을 '피드 고리'라고 불렀는데, 이로써 깡통을 따는 동안 가장자리를 꽉 붙들 수 있었다. 이것은 오늘날까지도 널리 사용되는 디자인이다. 결국 깡통이 발명되고 1세기가 지난 다음에야 실용적인 깡통 따개가 대량생산되었던 것이다.

훌라후프 댄스와
훌라후프

    인류가 훌라후프를 사용했다는 최초의 기록은 기원전 5세기의 그리스로 거슬러 올라간다. 그리스 사람들은 여가를 즐기고 운동을 하기 위해서 덩굴 식물로 훌라후프를 만들었다. 그 이후로 아이, 어른 할 것 없이 사람들을 돌리고, 굴리고, 던져서 주고받는 등 이 기구로 할 수 있는 온갖 놀이를 즐겼다.

    영국의 탐험가 제임스 쿡 선장은 1778년 1월 하와이 섬을 발견했을 때, 처음에는 당시 해군 대신이었던 4대 샌드위치 백작의 이름을 다서 샌드위치 섬이라는 이름을 붙였다. 샌드위치 백작은 게으르고 무능한 도박꾼이었지만 우연히도 오늘날 우리가 먹는 점심 메뉴를 개발한 인물이다. 또한 샌드위치 백작은 영국이 미국과의 독립전쟁에서 패배했던 책임을 져야 한다고 여겨지기도 하는데, 그가 당시 세계 최고로 강력했던 영국 해군을 아메리카 식민지에 보내는 대신 유럽에 계속 머물러 프랑스를 감시하도록 해야 한다고 주장했기 때문이었다. 옆길로 샜다. 어쨌든 쿡 선장은 이 섬에 닻을 내리고 신선한 보급품을 구하고자 바닷가에 노를 저어 나갔다. 이때 그가 관찰해 세 번째와 마지막 태평양 항해의 방대한 기록으로 남긴 것 중에는, 고대의 전통 춤 '훌라 카히코'도 있었다. 이 춤은 하와이에 살던 폴리네시아 사람들을 통해 대대로 전해지던 춤이었다. 하지만 이 항해는 쿡의 마지막 항해가 되었는데, 그 춤을 추던 상냥했던 사람들이 그가 다음 해 유럽에 돌아가는 길에 하와이에 들르자 쿡을 살해했기 때문이었다.

이 태평양 섬사람들의 전통 춤에 대해서는 별달리 알려진 바가 없다가 1865년 폴 이리아(Paul Iria)와 켄 베지나(Ken Vezina)가 플라스틱으로 둥근 테를 제작한 이후에야 사람들에게 널리 알려지게 되었다. 비록 제작한 당시에는 상업적으로 성공을 거두지 못했지만, 또 다른 계기가 있었다. 미국의 장난감 제조업자 아서 '스퍼드' 멀린(Arthur 'Spud' Melin)이 1957년 오스트레일리아에서 휴가를 보내고 돌아왔다가 동업자 리처드 크네르(Richard Knerr)에게 자기가 그곳에서 플라스틱 둥근 테로 운동했다고 대화를 나눴다. 이들은 곧 값싸게 제작할 수 있는 시제품 몇 개를 만들어 동네 아이들에게 가지고 놀라고 시험 삼아 건넸다. 그리고 다음 해 6월까지 프리스비 상품(바닷가에 소풍 간 사람들이 주고받으며 놀았던 플라스틱 장난감)으로 벌었던 돈으로 미국 국내에서 대대적인 광고를 한 결과, 훌라후프는 미국 각지에 퍼질 준비를 갖췄다.

제조업 역사상(그로부터 50년 뒤 아이팟이 발매되기 전까지는) 이렇듯 특정 상품이 즉각 엄청나게 팔려나간 경우는 처음이었다. 1개에 1.98달러인 이 상품은 판매를 시작하고 첫 네 달 동안에 미국에서만 2,500만 개 이상이 팔렸다. 미국에서는 훌라후프가 이렇게 선풍적인 인기를 끌었지만 만약 제임스 쿡 선장이 200년 전에 하와이 섬에서 가까스로 도망쳐 나와 훌라후프 댄스라는 문물을 고국에 전파했다면 영국의 산업계에서 어떤 일이 벌어졌을지는 여러분의 상상에 맡길 따름이다.

어떻게 당신은 갑판 아래서 모닥불을 피워
바람과 파도를 거슬러 운항하는 배를 만들 수 있다는 건가요?
미안하지만 떠나 줬으면 하네요.
그런 말도 안 되는 소리를 듣고 있을 시간이 없습니다.

> 프랑스의 황제 나폴레옹 보나파르트가 세계 최초의 증기선을 설계한
> 미국의 발명가 로버트 풀턴에게 한 말, 1800년.

불평등을 줄이기 위해
만들어진
보드 게임

　보드 게임은 5,000년 넘게 전 세계적으로 인기를 누렸고, 산수를
비롯한 교육의 목적으로 하는 경우가 많았다. 1903년 리지 매기
(Lizzie Magie)는 일반인들이 부동산 임대료가 부자들에게 돈을 벌게
해 줄 뿐 임차인들에게는 가난한 상태로 남도록 만든다는 사실을
이해하지 못한다는 점을 깨달았다. 리지는 미국 경제학자 헨리
조지(Henry George)의 추종자였다. 헨리 조지의 경제철학에 따르면
자연에서 발견된 모든 것은 모든 사람에게 동등하게 돌아가야 했다.
또 그는 토지 가격에 대해 세금을 매기면 가진 자와 가지지 못한
자의 불평등을 줄일 수 있다고 훌륭하게 주장했다. 비록 지주들이
추가 비용을 임차인에게 전가해 삶을 더욱 견딜 수 없게 할 수도
있다는 점은 염두에 두지 않았지만 말이다.
　하지만 리지 매기는 헨리 조지의 사상을 사람들에게 더 잘
이해시키려면, 지주와 임차인의 복잡한 관계가 실제로 어떻게
작동하는지 가르쳐 주는 보드 게임을 만들면 되겠다는 생각에

이르렀다. 1904년 매기는 '지주 게임'이라는 보드 게임을 만들어
특허를 받았다. 이 게임은 여러 가지 이유에서 창의적이었다. 첫
번째는 주사위 놀이나 다른 보드 게임과는 달리 게임에 참가한
사람들이 도달할 마지막 지점이 없었다. 그리고 두 번째는 게임의
목적, 내지는 게임에서 이기는 방법이 공동 소유를 이루는 것이라는
점이었다. 자본주의의 원리대로라면 타인을 희생시키며 거대한
부를 쌓기 위해 건물과 땅을 소유해야 했다. 자본이 한정된 은행
(경제)에서 누군가는 부자가 되어 타인에게 임대료를 물게 하므로,
결국에는 그 타인들을 파산으로 몰고 게임에서 지게 한다. 현실
세계의 삶과 다를 바가 없었다.

처음에는 헨리 조지의 사상에 동의하는 사람들 사이에 인기를
얻었던 지주 게임은 1906년이 되어서야 정식 제작되었지만
놀랍지 않게도 대중의 인기를 얻지는 못했다. 그리고 곧 25년
넘게 장난감과 게임 제조업을 성공적으로 이끌었던 파커 형제가
이 게임에 대한 권리를 구입할지 제안을 받았지만, 형제는 게임이
'너무 복잡하다'는 이유로 거절했다. 파커 형제는 1906년에 당시
미국에서 가장 성공적인 카드 게임이었던 '룩'을 만들었던 만큼,
시장 상황에 대해서는 잘 안다고 자부했다. 그러는 동안 지주
게임은 경제학을 배우는 학생들에게 교수 도구로 계속 쓰였으며
입에서 입으로 소문이 나 한정된 집단 안에서, 특히 기독교 교파의
하나인 퀘이커 교인 사이에서는 집에서 직접 게임 판을 만들어 즐길
정도로 인기를 누렸다. 하지만 국가적으로 널리 퍼지지는 않았다.

1929년 영업사원이었던 찰스 B. 대로우(Charles B. Darrow)는
그해 주식 시장이 크게 붕괴하는 바람에 실직하고 필라델피아

인근의 고향에서 임시 일을 전전하는 중이었다. 그때 그는 친구와 이웃들이 집에서 만든 보드 게임을 즐기는 모습을 봤는데, 그 게임은 부동산을 사고파는 내용으로 거의 확실히 리지 매기가 만든 지주 게임의 변형판이었다. 대로우는 이 게임을 자기 식으로 만들어 보겠다고 결심했다. 그가 필라델피아의 집에서 갖고 놀던 게임은 친구인 찰스 토드(Charles Todd)가 애틀랜타에서 가져온 것이라 거리나 지명이 다 애틀랜타에서 왔다. 대로우가 개발한 게임은 이 애틀랜타식 판과 동일했고, 다만 전기, 수도 작업, 역 등을 추가했다. 그리고 이 작업은 나중에 대로우의 모노폴리가 전 세계에서 가장 유명한 보드 게임이 되는 데 도움을 주었다.

하지만 대로우는 아직 할 일이 남아 있었다. 1933년 그는 30년 전 리지 매기가 했던 것과 마찬가지로 파커 형제를 찾았지만, 역시 게임이 '너무 복잡하다'는 이유로 거절당했다. 당시 전 세계적으로 불황이라 파커 형제는 비싼 돈을 들여 새로운 시제품을 개발할 계획이 없었다. 하지만 대로우는 여기에 좌절하지 않고 인쇄업을 하는 한 친구에게 부탁해 게임 5,000개를 제작하도록 했고 필라델피아의 백화점에 보냈다. 그리고 1935년 이곳에서 시험 삼아 판매를 시작했다. 놀랍게도, 사람들은 당시 불황이었던 시기에 비록 게임 안에서였지만 돈을 많이 벌게 해 주는 게임을 좋아했다. 그에 따라 모노폴리는 즉시 인쇄 제작했던 전량을 팔았고, 곧 추가 주문이 밀려들어왔다. 파커 형제는 이 게임이 큰 인기를 끌 것이라는 것을 깨닫고 대로우에게 게임을 사겠다고 단호하게 제안했다. 당시 이 게임은 2억 개는 팔렸다고 추정된다.

당연히 리지 매기도 모노폴리의 엄청난 성공을 지켜보았지만,

1921년에 특허가 만료되는 바람에 매기가 누릴 수 있는 권리는 거의 없었다. 비록 전국적인 언론에서 매기가 파커 형제를 비판했지만, 이들 형제는 1937년에 매기가 만든 게임을 제작한 데 이어 1939년에는 세 번째로 지주 게임도 제작해 판매했다. 하지만 이때는 이미 모노폴리가 시장을 평정한 상태였다. 찰스 대로우는 백만장자가 되었고, 역사상 가장 유명한 보드 게임을 발명한 사람으로 기록되었다.

코르셋과
브래지어

    현대적인 모습의 브래지어가 발명되기까지는 여러 흥미로운 이야깃거리가 있다. 첫 번째는 미국 특허국에서 1914년 2월 12일 브래지어에 대한 특허를 신청한 사람이 당시 23살이었던 메리 펠프스 제이컵스(Mary Phelps Jacobs)였다는 점이다. 메리의 사연은 그 자체로도 재미있어 나중에 살펴볼 예정이지만, 그보다 더 주목을 끌 만한 부분은 이 발명품이 만들어진 시점이다. 여성이라면 항상 가슴이 있으리라는 당연한 전제 아래서 본다면 한 가지 의문이 든다. 브래지어가 없던 1914년 이전의 여성들은 어떻게 살았던 것일까?

    여성들은 유사 이래로 줄곧 가슴을 받쳐 주는 것을 착용해 왔다. 여기에 대한 최초의 기록은 고대 그리스로 거슬러 올라간다. 당시 여성들은 가슴을 받치기 위해 만들어진 특별한 옷인 '아포데스모스'를 입었는데 이것은 '가슴 끈'이라는 뜻이었다. 또 로마 여성들은 스포츠나 싸움 같이 격렬한 일을 할 때 가슴에 붕대를 감았다고 알려졌다. 최근 고고학자들의 연구에 따르면 오스트리아에서는 어깨와 몸통에 끈으로 감는 두 개의 컵 모양 리넨 보호대 네 점이 발견되었는데, 과학자들이 탄소 연대 측정을 한 결과 이 유물이 만들어진 시점은 1440년에서 1485년으로 추정된다. 또한 1550년대에 프랑스 앙리 2세의 아내인 카트린느 드 메디치 (Catherine de Medici)는 '두터운 허리'를 가진 여성을 왕궁에 들이지 못하게 했고, 그에 따라 이후 300년 동안 귀족 여성들은 고래수염으로 만든 단단한 코르셋을 등에 꽉 매야 했다.

이후 세월이 지나면서 의생활이 많이 바뀌었지만, 코르셋이라는 고통스러운 의복은 20세기 초까지 이어졌다. 19살의 사교계 여성 메리 펠프스 제이컵스가 처음으로 무도회장에 선을 보였던 1910년에도 마찬가지였다. 전해지는 말에 따르면 메리는 사교계 첫 행차가 전혀 즐겁지 않았다. 몸을 옥죄는 고래수염 코르셋이 입기도 불편할 뿐더러 다른 사람보다 특히 컸던 자신의 가슴에 잘 맞지 않았기 때문이었다. 결국 메리는 그날 저녁 가슴을 가운데에 어색하게 모은 채 시간을 보내야 했다. 메리는 다시는 이런 구경거리가 되지 않겠다고 결심했고, 하녀의 도움을 받아 두 장의 비단 손수건을 분홍색 리본으로 고정시켜 간단한 지지대를 만들었다. 이것을 착용하면 가슴 형태가 이상해지지 않은 채 두 번째 무도회에 나갈 수 있을 터였다. 몇 주 안에 메리는 친구와 친척에게 비슷한 지지대를 연달아 만들어 주었고, 1914년 11월에는 '등이 깊이 파인 브래지어'로 특허를 신청했다.

그러자 여성 속옷(사실상 그 자체로 하나의 산업인) 역사를 통틀어 가장 중요한 이 순간에, 미국 전시산업국은 여성들에게 코르셋에 쓰이는 금속이 유럽에서 발발한 1차 세계대전을 위해 사용되도록 코르셋 입기를 중단하라고 요청했다. 이 시점에서 코네티컷 주에 있던 워너 브러더스 코르셋 회사는 문제를 해결하기 위해 1만 5,000달러라는 후한 금액을 지불하고 메리의 특허를 샀다. 오늘날의 가치로 따지면 37만 5,000달러에 해당하는 큰돈이었다. 당시 고작 24살이었던 메리 제이컵스는 부자가 되었지만, 워너 브러더스 사는 이 투자로 이후 20년에 걸쳐 1,500만 달러라는 엄청난 돈을 벌어들였다(한편 코르셋을 금지한 결과 2만 8,000톤의 철이 모여 군수품에 사용되었다. 이것은 전함 2척을 짓기에 충분한 양이었다).

이 이야기의 후반부는 메리 본인의 이야기다. 메리는 전쟁에서 돌아온 직후 알코올 중독에 빠진 남편과 이혼한 다음 자기보다 7살이 어린 해리 크로스비(Harry Crosby)라는 젊은이와 사귀기 시작했다. 사람들이 수군거리자 이들은 파리로 이사를 간 뒤, 메리의 재산과 1년에 1만 2,000달러를 벌어들이는 해리의 신탁자금으로 호화로운 생활을 누렸다. 그곳에서 이들은 서로를 구속하지 않는 자유 결혼을 한 상태에서 여러 사람들과 염문을 뿌리고 다녔다. 또한 블랙 선 프레스라는 출판사를 세워 제임스 조이스(James Joyce), 어니스트 헤밍웨이(Ernest Hemingway), D. H. 로렌스(D. H. Lawrence), T. S. 엘리엇(T. S. Eliot), 에즈라 파운드(Ezra Pound)를 비롯해 아직 책을 출간하지 못한 수많은 젊은 작가들의 작품을 소개했다. 메리에 대해서만 말하자면, 그녀는 이후로도 쭉 퇴폐적인 생활을 계속하다가 1970년에 결국 폐렴으로 숨을 거뒀다. 재미있는 사실은 메리가 1960년대 여권 운동의 하나로 전개된 유명한 브래지어 태우기 운동을 지켜보았다는 것이다. 메리는 분명 이 운동에 동조했으리라.

인간을 다단계 로켓에 태워 통제 가능한 달의 중력장에
던져 넣는다면, 그는 어디에서 과학적인 관찰을 할 것인가?
산 채로 달에 도착했다가 지구로 돌아올 수 있다면 말이다.
이 모든 것은 쥘 베른의 공상 속에서나 가능한 일이다.
나는 앞으로 과학이 얼마나 진보하든
사람이 우주를 여행하는 일은 없을 것이라 단언한다.

영국의 왕실 천문학자 해럴드 스펜서 존스 경, 1957년.

애완
돌멩이

    1975년 4월, 고전을 면치 못하는 한 프리랜서 광고 카피라이터가
미국 캘리포니아 로스가토스에서 친구들과 퇴근 후 맥주를 마시고
있었다. 이야기의 주제가 애완동물에 대한 불만사항을 다루는
사업은 왜 없냐는 게으른 투덜거림으로 바뀌자, 당시 35세였던
게리 달(Gary Dahl)은 자기가 고양이, 개, 물고기, 새를 키워 봤지만
애완동물은 다들 골칫거리였다고 털어놓았다. 돌보는 데 손이 너무
많이 가고, 집 안을 엉망으로 만드는 데다, 돈도 많이 들고 못된
짓도 많이 한다는 것이었다. 그래서 게리는 자기가 애완 돌멩이를
들여놓았다고 이야기했다. 돌멩이는 돌보기 쉽고 돈도 안 드는 데다
주인에게 여가 시간도 많이 준다는 장점이 있었다. 심지어 돌멩이는
더할 나위 없는 완벽한 친구라고 그는 선언했다. 그 자리의
사람들은 애완 돌멩이의 장점에 대해 이리저리 토론했고, 술이 점점
많이 들어갈수록 좋은 점도 더 많이 드러났다. 그리고 게리 달은
그날 밤 집에 들어가면서 계획을 하나 세웠다.

이후 2주 넘게 게리는 머리를 짜내며 '애완 돌멩이 훈련 안내문'을 만들었다. 여기에는 돌멩이를 소유하고 돌보는 자세한 안내가 들어 있었다. 예컨대 돌에게 '굴러가기'를 훈련시키는 법(가파른 언덕이 가장 적합한 장소였다), 돌의 '죽은 척 하기'에 대응하는 법(돌은 혼자 있는 것을 선호했다), 그리고 산책에 데려가는 법(주머니에 넣는다) 등이었다. 이 안내문은 색다른 선물용 책으로 만들어졌다. 하지만 게리는 한 걸음 더 나아가 돌을 정말로 애완용으로 키우기로 했다. 그는 지역 건축업자의 채석장에서 멕시코 로자리타 해안에서 온 돌멩이들을 발견했다. 이 돌은 둥그런 회색 자갈로 크기가 일정했으며, 더욱 중요한 것은 하나에 1센트면 구입할 수 있었다. 게리는 작은 판지 상자에 구멍을 뚫고 빨대를 꽂은 다음 이 애완용 돌멩이를 넣어 시장에 판매했다.

그해 10월 말까지 애완용 돌멩이는 하나에 3.95달러씩 50만 개가 넘게 팔렸고, 게리는 한 개가 팔릴 때마다 1달러를 벌었다. 그는 두 달 만에 부자가 되었고, 애완 돌멩이 유행은 여전히 전국을 휩쓸었다. 그에 따라 경쟁 사업가들은 재빨리 '애완 돌멩이 복종 훈련'이라든지 '애완 돌멩이 장례 서비스'를 만들어 냈다. 1975년 크리스마스 무렵까지 팔려나간 애완 돌멩이는 자그마치 200만 개가 넘었고, 게리 달은 이 사업으로 200만 달러를 벌었다. 국세청에서도 눈여겨보기 시작했다. 하지만 오래지 않아 1975년에서 1976년으로 넘어갈 무렵 애완 돌멩이 유행은 점차 사그라지더니 한때의 유행이 되었다. 그리고 게리 달은 아주 행복했던 이 사업을 접고 은퇴했다.

그는 곧 고향에 유명한 금주 운동가의 이름을 따 캐리 네이션즈라는 술집을 열었고, 나중에는 '중국의 붉은 흙'이 담긴

작은 상자를 판매했다. "중국 본토를 한 번에 1세제곱미터씩 미국에 밀수한다"는 광고 문구와 함께였다. 하지만 불행히도 게리의 새로운 아이디어는 애완 돌멩이처럼 큰 성공을 거두지 못했고, 이후 게리는 광고 에이전시를 설립했다. 이곳에서 그는 수많은 라디오와 텔레비전 광고를 만들며 여러 상을 받았다. 애완 돌멩이. 정말 대단하다. 여러분도 누구나 이런 아이디어를 하나씩은 바랄 것이다. 그렇지 않은가?

내게는 비행기의 잠재력이

(2~3년 전만 해도 골치 아픈 문제의 해결법이라 간주되었던)

이미 다 고갈되었으며, 이제 다른 수단으로

눈을 돌려야 한다는 점이 명백해 보인다.

　　　미국의 발명가 토머스 에디슨, 1895년.

빌리 밥
틀니

1994년, 미주리 주립 대학교의 졸업생 조나 화이트(Jonah White)
는 1년에 걸쳐 '부자가 될' 방법을 숙고하느라 동굴에서 생활하는
중이었다. 그러던 어느 날 예전 그의 미식축구 코치였던 제스
브랜치(Jess Branch)가 조나의 부모님 집으로 그에게 전갈을 남겼다.
화이트는 대회에서 우승도 했던 미식축구 선수였기에, 지금 패배를
거듭하는 팀의 후배 선수들에게 와서 조언을 해 달라는 내용이었다.
화이트는 대학교 시절이 좋은 기억으로 남았기에 기쁜 마음으로
팀의 새로 들어온 어린 선수들을 찾았다. 그곳에서 화이트는 리처드
베일리(Richard Bailey)라는 학생이 자신 있게 여학생들에게 말을
거는 모습을 보았다. 베일리는 화이트가 난생 처음 보는 누렇고
검게 썩은 못생긴 뻐드렁니를 갖고 있었다. 화이트는 나중에
이렇게 회상했다. "하지만 그 남학생은 자신감이 넘쳐흘렀고 몸도
보디빌더처럼 탄탄했다. 그처럼 자기 몸을 가꾸는 학생이 치아에는
그렇게 소홀했다니 믿을 수 없었다."

그러다가 나중에 베일리는 화이트가 왕년에 미식축구팀의 스타였다는 사실을 알게 되었고, 악수를 청했다. 이때 베일리가 다가오자 화이트는 그의 치아가 깔끔하고 깨끗한 흰색이라는 데 놀랐다. 그러자 베일리는 못생긴 틀니를 내밀며 이렇게 외쳤다. "안녕하세요, 제 빌리 밥 틀니가 맘에 드나요?" 화이트와 베일리는 그 이후로 친구가 되었고, 조나 화이트는 그 뒤로 3주가 채 못 되어 본인 소유의 45구경 권총을 팔아 마련한 돈으로 빌리 밥의 틀니를 제작하기 시작했다. 그 뒤로 3년 동안 화이트와 베일리는 술집과 쇼핑몰을 돌아다니며 빌리 밥 틀니를 팔았고, 이 물건을 사다 아이 입에 끼워 주면 "아이가 납치당하지 않게 해 준다"고 선전하며 거래처를 늘렸다.

그러는 동안 두 사람은 수도 없이 모자란 사람 취급을 당했고, 제대로 된 일을 찾아보라는 충고를 들었다. 당시 한 달 매출이 30퍼센트씩 늘었는데도 말이다. 화이트는 기억에 남는 이 시기를 다음과 같이 회고한다. "사업이 커질 것이라고 확신하지는 않았다. 아직까지도 잘 모르겠다. 내 목표는 100만 개를 판매하는 것이었다. 하지만 내가 만난 사람들 중 99퍼센트는 내가 바보 같다고, 사업은 곧 망할 것이라고 말했다."

오늘날 '못생긴 촌사람 틀니'와 아기 공갈 젖꼭지를 비롯한 300가지 넘는 제품들은 4,000만 개 이상이 판매되었고 전 세계 95퍼센트의 나라들에 수출된다. 화이트 자신은 개인 재산이 5,000만 달러로 추정되며 가족과 함께 900에이커 부지의 200평 되는 맨션에서 거주하는 중이다. 통나무집에서 자라 동굴에서 살았던, 못생긴 틀니를 좋은 사업 수단이라고 생각했던 젊은이 치고는 꽤 잘 풀린 결과다.

그랜드캐니언

그랜드캐니언에 최초로 살았던 사람들은 기원전 1200년경에 이 지역에 살았던 고대 푸에블로 원주민의 후손들이다. 이들은 이곳이 19세기 미국 서부의 정착지가 될 때까지 여기에 살았다. 푸에블로 원주민들은 1540년대에 유럽인과 처음 조우했는데, 스페인 정복자들이 이곳에 도착해 탐험했을 때였다(이들은 스페인어로 '푸에블로스'라는 마을에 살았는데 이것은 '마을'이라는 뜻이었다). 당시 원주민들은 거대한 계곡은 '옹툽카'라 부르며 신성한 장소로 여겼다. 오랫동안 이들은 이 장소를 정기적으로 순례했으며, 몇몇은 자리를 잡고 동굴에 들어가 생활하기도 했다. 이 지역을 처음으로 방문한 유럽인인 가르시아 로페즈 데 카르데나스(García López de Cárdenas)는 '무진장한 황금'이 있다는 소문을 듣고 전설로 내려오는 '시볼라의 일곱 도시'를 찾았지만 아무런 수확이 없던 차였다. 이들 무리는 깨끗한 물을 찾아 계곡을 내려오려 했지만 보급품이 다 떨어졌던 터라 3분의 1도 채 내려오지 못한 채였다. 전해오는 바에 따르면 그때 푸에블로 인디언 출신의 안내인이 안전하게 내려오는 길을 알고 있었지만 스페인 사람들을 성스러운 강으로 데려가는 데는 주저했다고 한다. 그렇게 카르데나스와 일행은 곧 이곳을 떠났고, 그 뒤로 옹툼카에는 유럽인의 발길이 끊겼다가 200년 뒤인 1776년, 두 명의 스페인 성직자와 군인 몇 명이 산타페에서 캘리포니아로 가던 중 이곳을 들렀다.

실베스터 벨레스 데 에스칼란테(Silvestre Vélez de Escalante) 신부와 동행이었던 프란치스코 아타나시오 도밍게스(Francisco Atanasio Domínguez) 신부는 유타 주 남부를 돌아다니다가 그랜드캐니언에 도달해 북쪽으로 향하는, 나중에 '신부들의 종단'이라 불렸던 탐험 여행 중이었다. 이들은 그랜드캐니언에 오래 머물지는 않았지만 여행지에 이 거대한 계곡을 묘사했다. 같은 해에 선교사였던 프란치스코 가르체스(Francisco Carcés)도 두 사람의 뒤를 따랐다. 그는 그랜드캐니언에 1주일 동안 머무르며 원주민에게 크리스트교를 전파하려 했지만 성공하지 못하고 떠나야 했다. 나중에 가르체스 신부는 이 계곡이 "엄청나다"라고 표현했다. 다음으로는 제임스 오하이오 패티(James Ohio Pattie)가 이끄는 동부 해안의 사냥꾼들이 1826년에 그랜드캐니언에 왔지만 가치 있는 것은 발견하지 못한 채 도착하자 얼마 안 되어 떠났다. 1850년대에는 브링험 영(Bringham Young)이 보낸 제이컵 햄블린(Jacob Hamblin)이라는 모르몬교 선교단이 도착했다. 브링험 영은 선교단에게 강을 건너 이미 몇몇 유럽인들이 길을 닦아 놓은 이곳의 원주민과 '좋은 관계'를 쌓으라고 주문했다.

햄블린은 '신부들의 종단'에 대해 알게 되었고 또 다른 선교사인 존 도일 리(John Doyle Lee)를 도왔다. 리는 리스페리의 토대를 닦아 규모를 두 배로 만들었는데 이곳은 모르몬교의 전초 기지였으며 다리로 바뀌기 전까지 60년 동안 운영되었다(리스페리는 오늘날 낚시를 하거나 그랜드캐니언을 통과하는 급류 래프팅 보트가 출발하는 곳으로 유명하다). 햄블린은 나중에 존 웨슬리 파월(John Wesley Powell)에게도 조언자, 안내자 역할을 했다. 파월은 미국의 군인이자 지리학자, 탐험가로 1869년 파월 탐사단을 이끌고 콜로라도 강을 내려가 위험하고 빠른 급류를 거치며 최초로 그랜드캐니언을 바를 타고 통과한 인물이다. 이 지역에서 15년 동안 살았던 햄블린은 근처 지리에 익숙했고, 원주민과 탐험가 사이의 외교관 역할을 하면서 파월과 일행의 안전을 보장해 주었다. 나중에 존 웨슬리 파월은 이곳을 '커다란 계곡'이라고 처음으로 기술했고, 영어권 사람들에게 그랜드캐니언으로 알려지게 되었다.

1857년에는 에드워드 빌(Edward Beale)이 탐험대를 이끌고 애리조나 주의 포트 디파이언스와 콜로라도 강 사이의 마찻길을 조사했다. 9월 19일에는 일행 중 한 명인 메이 험프리스 스테이시 (May Humphreys Stacy)는 다음과 같이 기록했다. "깊이가 4,000피트에 달하는 놀라운 계곡을 발견했다. 모든 사람들이 그동안 살면서 비슷한 것도 찾지 못한 자연의 경이로움이라고 입을 모아 말했다." 당시 미국 육군성은 조지프 이브스(Joseph Ives) 중위를 파견해 캘리포니아 만에서 콜로라도 강으로 '강을 거슬러 오르는' 탐험대에 합류하게 했다. 익스플로러라는 이름의 증기선에 탑승한 탐험대는 악조건 속에서 두 달의 여정을 견디다가 배가 바위를 들이받는 바람에 탐험이 좌절되고 말았다. 이때 이브스는 탐험대를 이끌고

동쪽으로 나아가 오늘날 다이아몬드 크릭이라 알려진 곳을 따라
(당시에는 완전히 알려지지 않은 장소였다) 계곡 안쪽으로 들어갔다.
이브스는 나중에 1861년에 상원 의회에 보낸 보고서에서 이곳을
예전부터 알던 사냥꾼은 한두 명뿐이었다고 밝혔다. 이브스는
이전에 이 장소를 거쳤던 다른 유럽인들과 마찬가지로 계곡에서
흥미 있거나 가치 있는 무언가를 찾지 못했고 보고서에 다음과 같이
기록했다. "이곳을 발견한 것은 우리 탐험대가 처음일 테지만 이런
돈 안 되는 곳에는 우리를 마지막으로 아무도 오지 않을 것이다."

물론 그때까지만 해도 탐험가들 대부분은 금이나 은, 다른
광석을 찾아 돈을 벌고자 했다. 그러니 그랜드캐니언이 콜로라도
강에서 차지하는 전략적인 위치라든지, 이후 25년 동안 동부 해안
주민들이나 유럽 정착민들이 서쪽으로 밀려들면서 관광지로서
주가를 올릴 것이라고는 예상하지 못했다. 사실 탐험가들이나
개척자들은 그랜드캐니언의 가장자리에 올라 아래를 내려다보면서
이곳이 탐험의 장애물이라는 생각 외에는 별다른 관심이 없었다.
통행을 가로막는 큰 골짜기일 뿐이었다. 생명도 살지 않고, 달갑지
않은 데다 가치 없는 곳에 불과했다. 결코 누가 이곳에 정착하거나
일부러 방문하리라고는 상상할 수가 없었던 것이다.

그러다가 1889년 프랭크 M. 브라운(Frank M. Brown)은
콜로라도 강을 따라 철도를 건설하면, 석탄을 비롯해 늘어나는
서부 정착민들에게 필요한 보급품을 운송할 수 있으리라고
제안했다. 그에 따라 브라운이 고용한 수석 엔지니어였던 로버트
브루스터 스탠턴(Robert Brewster Stanton)이 소규모 일행을 이끌고
그랜드캐니언을 탐색하기 시작했다. 하지만 불행히도 배가

튼튼하지 못했고 구명조끼도 없었던 터라 브라운은 마블 캐니언 근처에서 사고로 익사했고, 이 지역이 별 가치가 없다는 믿음이 더 굳건해졌다. 그러다가 미국의 대통령 시어도어 루스벨트(Theodore Roosevelt)가 1903년 계곡을 방문하면서 변화가 생겼다. 강인하고 왕성한 야외활동가이자 선구적인 환경운동가였던 루스벨트는 계곡을 좋아하게 되어 1906년 11월 28일에 그랜드캐니언 사냥 금지 구역을 만들었다. 또한 루스벨트는 가축 사육과 방목지를 제한했고 늑대나 독수리, 퓨마 같은 사나운 동물을 쫓아내 그랜드캐니언을 방문하는 사람들의 안전을 도모했다.

그리고 루스벨트는 근처의 숲과 삼림 지대를 끌어들여 1908년 1월 11일에는 전체를 천연기념물로 지정했다. 하지만 루스벨트의 이후 정책은 광부나 이해 당사자들로부터 상당한 반대에 부딪혔고 이후 11년이 지난 1919년 2월 26일에서야 우드로 윌슨(Woodrow Wilson) 대통령이 의회 제정법에 서명해 마침내 그랜드캐니언을 국립공원으로 지정했다. 이후로 15년 전까지만 해도 '아무도 방문할 것 같지 않은 돈 안 되는 지역' 취급을 받았던 이 지역은 매년 500만 명 이상의 관광객이 찾는 세계적인 관광지로 급부상했다. '돈 안 되는 지역'에서 매년 5억 달러를 벌어들이는 지역이 된 것이다.

아이폰이 의미 있을 정도의
시장 점유율을 기록할 가능성은 없다.
전혀 없다.

마이크로소프트 사의 최고경영자 스티브 발머, 2007년.

장난감이 된 사냥도구,
요요

요요라는 장난감은 단순해 보여도 2,500년 넘게 인기를 유지해
왔다. 사실 요요는 세상에서 두 번째로 오래된 장난감으로 여겨진다
(제일 오래된 장난감은 인형이다). 고대 그리스에서는 테라코타와 금속,
나무로 요요를 만들었고, 양쪽 겉면은 대개 신의 형상을 장식했다.
그리스에서는 어린이들이 어른이 되는 통과 의례로 가장 좋아하는
요요를 가족 제단에 놓는데, 이것은 신을 모신 자리에서 자신의
성숙을 기념하는 의미가 있다.

필리핀에서는 요요가 위력 있는 무기로 여겨지는데, 뾰족한
징이 박히고 가장자리가 날카로운 요요가 그렇다. 길이 6미터의
줄이 달린 이런 요요는 4세기 넘게 적과 먹잇감에 대한 무기로
사용되었다. 19세기 유럽 대륙과 영국에서는 반달로어라 불리는
비슷한 장난감이 있었고 프랑스에서는 이것을 '앵크루야블(믿을 수
없는)'이라고 불렀다. '요요'라는 단어가 전 세계적으로 퍼진 것은
1920년경이었다. 페드로 플로레스(Pedro Flores)라는 이름의 필리핀

출신 이민자가 미국 캘리포니아에 작은 공장을 세워 이 장난감을
제작하면서부터였다. 그는 장난감에 '요요'라는 이름을 붙였는데,
필리핀의 고유 언어인 타갈로그어로 '돌아오는 것'이라는 뜻이었다.
하지만 원래 원시적인 무기였던 이 장난감에 흥미를 보이거나
이것이 무엇인지 아는 사람은 극히 드물었다.

그러다 미국의 발명가이자 기업가, 던컨 장난감 회사의
창업자였던 도널드 F. 던컨 경(Donald F. Duncan)은 1920년대에
요요를 우연히 접했고, 1929년에는 플로레스로부터 장난감
디자인에 대한 권리를 사들였다. 그리고 던컨은 요요 줄을 미끄러운
재질로 바꿔 장난감이 손으로 돌아와 붙잡도록 했으며(나는 그렇게
못하지만) 어린이들이 즐겨 따라할 만한 몇 가지 간단한 기술을
개발했다. 그 다음, 던컨은 신문업계의 거물이었던 윌리엄 랜돌프
허스트(William Randolph Hearst)와 거래해 허스트의 신문에 무료로
요요에 대한 광고와 기사를 내는 대신, 전국 단위의 요요 대회를
열어 참가자들이 참가료로 일정 신문 구독자를 끌어오도록 했다.

그에 따라 미국 전역에서 여러 요요 대회가 열렸고, 젊은이들은
대회에 참석하기 위해 친척과 이웃에게 허스트의 타블로이드
신문을 구독하도록 열심히 부탁했다. 이 전략은 꽤 효과적이어서
머지않아 모든 연령대의 사람들이 어디서나 요요를 연습하게
되었다. 던컨의 공장은 1시간에 3,500개 이상의 요요를 제작하게
되었고, 1931년 언론에서 광고를 한번 탄 뒤에는 놀랍게도 1달에
300만 개가 팔려나갔다. 하지만 요요가 원래 올라갔다 내려갔다
하는 장난감이어서 그런지, 매출도 굉장히 오르락 내리락 했다.
하지만 대체적으로 매출은 계속 오름세였고 1962년에는 한 해에

4,500만 개가 팔리는 기념비적인 판매량을 기록했다. 그렇더라도 던컨이 대담한 광고와 마케팅 전략을 고수했던 덕분에 회사는 버는 돈보다 쓰는 돈이 많았다. 그리고 3년 뒤 법원이 '요요'가 일반명사이기에 더 이상 상표로 간주할 수 없다고 판결을 내린 이후 던컨은 요요라는 상표에 대한 권리를 잃었다. 그리고 얼마 안 되어 던컨은 파산 신청을 했고 요요 사업을 플램보 플라스틱 회사에 매각했다.

하지만 다행히도 이것이 도널드 던컨의 말로는 아니었다. 1936년, 던컨은 요요 매출에서 얻은 초기 이윤의 일부를 활용해 주차시간 표시기의 디자인을 변형하는 실험을 했는데, 이것은 전 해에 오클라호마에서 처음으로 성공적으로 사용된 디자인이었다. 사업가 기질이 있었던 던컨은 날카로운 감각과 독창성을 발휘해 자신의 디자인을 시장에 내놓았고, 1959년에 던컨 파킹미터 회사에 사업을 매각할 무렵 이 기기는 전 세계 같은 기기의 80퍼센트를 차지하게 되었다. 그러니 다음번에 여러분이 파리나 런던 같은 대도시에 자동차를 주차할 일이 있다면 주차시간 표시기에 던컨 상표가 있는지 확인해 보라. 만약 그렇다면 여러분이 주차 위반 딱지를 끊는 것은 오래전 필리핀의 사냥도구 때문인 셈이다.

자동차가 실질적으로 개발의 한계를 넘어섰다는 사실은,
지난해에 급진적인 체질 개선이
전혀 이루어지지 않았다는 점을 보면 알 수 있다.

《사이언티픽 아메리칸(Scientific American)》지, 1909년 1월 2일.

오늘날 우리가
매일 사용하는
고대의 발명품들

가위

가위는 기원전 약 1500년경에 처음 발명되었다. 고대 이집트 유적에서 초기 가위의 흔적이 발견된 바가 있다. 처음에 이 물건은 하나의 금속 조각을 벼려 날을 한 쌍 만든 다음, U자 모양의 용수철 비슷한 손잡이를 붙인 데서 시작했다. 그러다가 1,600년이 흘러 로마인들이 두 개의 날을 서로 교차시켜 가운데에 나사못이나 대갈못을 박은 더 실용적인 디자인을 개발해 냈다. 이 가위는 오늘날 생산되는 물건과 정확히 같은 형태다. 이 가위는 재단사나 이발사들의 필수품이 되었다. 비록 로마인들이 이 기술을 유럽 전역에 퍼뜨린 시기가 기원후 6세기이며, 실제로 유럽에서 널리 쓰인 것은 그로부터 1,000년이 더 흘러 16세기에 유럽 국가들이 마침내 직접 생산하기에 이르렀을 때이지만 말이다.

안경

안경이 처음 사용되었다고 기록으로 남은 시기는 로마시대였다. 실제로 발견된 최초의 안경은 중국에서 나왔고 이 물건은 13세기 것이지만 말이다. 같은 시기에, 노안 교정용 렌즈를 만들던 두 명의 이탈리아인이 있었다. 피사의 살비노 다르마테(Salvino D'Armate)와 피렌체의 알레산드로 스피나(Alessandro Spina)가 그들이었다. 이들은 둘 다 코에 걸치는 초기 형태의 안경 렌즈를 만들었다. 원시가 아닌 근시를 교정하는 렌즈는 그로부터 한 세기가 지난 1400년경에 개발되었다. 렌즈에 다리를 연결해 사용하는 사람의 귀에 걸도록 만들어 훨씬 편리하게 개량한 것은 그로부터 200년 뒤의 일이다. 하지만 그 이후로는 발전이 느리다가, 1775년에 미국의 정치가이자 발명가였던 벤저민 프랭클린(Benjamin Franklin)이 오목렌즈와 볼록렌즈를 결합해 근시와 원시를 동시에 교정하는 이중초점 렌즈를 만들어 이후의 안경에 청사진 역할을 했다. 안경이 현대인에게 없어서는 안 될 물건이 되기까지 1,700년의 발전 과정이 필요했던 셈이다.

나침반

나침반이 처음 만들어진 것은 기원전 2세기에서 기원후 2세기 사이 중국 한나라 시절이었다. 중국인들은 자연적으로 자기를 띠는 자철석이라는 광석을 처음으로 발견했다. 이 광석은 잎 같이 가벼운 물체 위에 올려 물에 띄우면 언제나 같은 방향을 가리켰다. 하지만 중국인들이 이 방향이 자기적인 북극이라는 사실을 깨달았는지는 의심스럽다. 당시에는 전 지구를 넘나드는 항해에 대해 알려진

바가 별로 없었기 때문이다. 중국인들이 만들었던 나침반이 항해에
활용되었던 것 같지도 않다. 그 대신 나침반은 중국에서 건물이나
길의 정확한 방향을 결정하는 데 쓰였고, 이것은 초기의 풍수
사상을 보여 준다.

화약

화약은 옛날 중국에서 초석(질산칼륨), 가루로 만든 숯, 황을
섞으면 폭발한다는 사실을 발견한 적어도 한 명의 용감한 한
영혼에 의해 처음 발명되었다. 이 사람이 폭약을 처음으로 만들고
무슨 생각을 했는지는 아무도 모른다. 신발에 넣어 다닐 생각은
아니었을 것이다. 처음에 중국인들은 이 발명품을 활용해 먼
거리에서 불꽃으로 신호를 전달했다. 나중에는 현대적인 형태의
폭죽을 개발했고, 그러다가 마침내 어떤 영리한 사람이 화살을
쏘아 올리는 데 폭약을 쓸 수 있다는 사실을 깨달았다. 속이 빈
대나무통에 폭약과 철의 파편을 섞어 채워 로켓포를 만든 것이다.
여기에 화살을 부착해 도화선에 불을 붙이면 로켓 전체가 발사되어
날아갔다. 중국의 땅을 호시탐탐 넘보며 처음 몇 번의 실패를 딛고
계속 쳐들어오던 몽골인들이, 자기들 머리 위로 이런 로켓포가
떨어졌을 때 얼마나 충격을 받았을지는 안 봐도 뻔하다.

자동차는 2차 세계대전에서 마지막으로 빛을 발한 다음 곧장 쇠락의
길로 접어들 것이다. 이고르 시코르스키(Igor Sikorsky)라는 이름은
헨리 포드만큼이나 유명한데, 그가 발명한 헬리콥터가 새로운 대중
교통수단으로 자동차라는 말 없는 마차를 완전히 대체할 것이기
때문이다. 사람들은 창고에 자기 자동차 대신 헬리콥터를 들여놓을
것이다. 헬리콥터는 앞으로 안전해지는 동시에 생산비가 떨어질 게
분명하므로, 십대 청소년들도 작은 모형을 조립할 수 있을 것이다.
학교가 끝나면, 이런 작은 헬리콥터들이 하늘을 가득 채우게 되리라.
마치 전쟁이 일어나기 전 아이들이 길에서 자전거를 잔뜩 타고
다녔듯 말이다.

존경받는 항공 분야의 저널리스트였던 해리 브루노, 1943년.

형편없이 빗나간 예측

미국의 사회과학자인 데이비드 리스먼(David Riesman)은 1967년에
다음과 같이 말해 목숨을 내놓는 엄청난 모험을 감행했다. "만약
세상에서 거의 변하지 않는 것이 있다면 바로 여성이 마땅히 해야
할 역할이다."

『뉴스위크』지는 1960년대 중반 인기 있던 휴양지에 대해 다음과
같이 권했다. "잠시나마 모든 일을 잊고 잠시 쉬려는 여행객이
있다면, 베트남으로 사파리 여행을 떠나라."

1885년에서 1891년 사이, 미국 정부는 지질조사를 한 결과
캘리포니아와 텍사스, 캔자스 주에 석유가 발견될 가능성은 없거나
극히 적다고 발표했다. 그리고 1939년에 미국 내무부는 미국의 석유
공급량이 13년 안에 떨어질 것이라 예측했다.

chapter 6

우스꽝스럽거나
황당하거나

루이 파스퇴르(Louis Pasteur)의 미생물 이론은

우스꽝스러운 소설에 불과하다.

- 툴루즈 대학의 생리학 교수 피에르 파셰(1872년)

누구나
떠올려 봤을 듯한
재미있는 아이디어

스팽스

1996년 플로리다 주립대학을 졸업한 세라 블래클리(Sara Blakely)
는 25세의 나이에 팩스 기기를 판매하는 사무용품 회사에 취직했다.
회사의 복장 규정에 따르면 여성들은 몸에 꼭 끼는 타이츠를 입어야
했다(미국에서는 팬티스타킹이라고도 부른다). 블래클리는 샌들을 즐겨
신었기 때문에 이곳이 햇살이 뜨거운 플로리다라는 점이 억울했다.
그래도 타이츠의 윗부분은 몸매를 날씬하게 보이게 하며 속옷을
입은 자국이 겉옷 위로 드러나는 부분을 가려 준다는 장점도
있었다. 그래서 블래클리는 시험 삼아 타이츠의 무릎 아랫부분을
잘라 보았다. 걸어 다닐 때 다리 부분이 말려 올라간다는 점만 빼면
훨씬 편했다. 블래클리는 문제점을 개선하기 위해 이후 2년 동안
다양한 소재로 실험을 했고, 결국 만족할 만한 결과를 얻고 특허를
신청했다. 블래클리의 스팽스 속옷은 처음에는 모든 제작업체와
소매업체로부터 거절당했지만, 블래클리가 그 뒤로 3년 동안

여기저기 쫓아다닌 끝에 하이랜드 밀스라는 업체가 제품 생산에
동의했다. 사장의 딸 두 명이 속옷을 입어보고 좋아했기 때문이었다.
스팽스 속옷은 시장에 나온 첫 해에 400만 달러의 매출을 올렸고
오늘날 10억 달러의 가치가 있다고 추산된다.

스너기

성별을 불문하고 착용 가능한, 소매가 달리고 전체 길이가 사람
키만 한 담요. 스너기를 묘사하자면 이와 같다. 소매 달린 담요가
처음 등장한 것은 1998년이었는데, 당시 슬랭킷이라고 불리던
제품이었다. 그러던 어느 날 개리 클레그(Gary Clegg)라는 학생의
어머니는 소매가 하나 달리고 몸에 휘감아서 입는 담요를 만들었다.
클레그가 추운 기숙사에서 이 담요를 입은 채 한 손은 자유롭게
내놓아 공부하도록 만든 것이었다. 클레그는 나중에 여기에 나머지
소매 하나를 더 달아 상품화했고 처음에는 14.95달러, 19.95달러에
팔았다. 2008년에 처음 등장한 스너기는 2009년 말까지 400만 개
팔렸고, 오늘날 전 세계적으로 매출이 5억 달러에 달한다. 앞뒤가
거꾸로 된 가운이 5억 달러어치나 팔리는 것이다.

소원을 들어주는 플라스틱 뼈

누가 이것을 처음 생각했을까? 크리스마스나 추수감사절에
아이들이 칠면조나 닭에서 나오는 가슴뼈 앞의 차골 하나를 두고
싸울 때, 차골을 가짜로 만들어 들려주면 아이들은 잠잠해질 것이다.
1999년 발명가 켄 아로니(Ken Ahroni)의 발명품인 럭키 브레이크
위시본은 오늘날 말썽쟁이 아이들을 사이좋게 만드는 데 기여하며

한 해에 250만 개나 팔리고 있다. 내가 먼저 생각했다면 좋았을 텐데 말이다!

헤드온

밀랍으로 만든 이 제품은 머리에 문지르기만 해도 두통이 낫는다는 약 오르는 텔레비전 광고와 함께 판매된다. 이 주장에 대해 과학적인 근거가 전혀 없지만(하지만 법률적인 문제가 있으니 효과가 아예 없다는 말은 하지 않겠다), 하나에 8달러인 이 제품은 2006년 한 해에만 600만 개 넘게 팔렸다. 매출이 얼마였고 돈을 얼마나 벌었는지는 쉽게 계산할 수 있으리라.

입 큰 농어 빌리

미국에서는 누구나 한번쯤 이 노래 부르는 농어 모형을 보았을 것이다. 1990년대에는 누구나 가지고 있어야 할 새로운 물건이었다. 이 20달러짜리 장난감이 2000년도에만 100만 개 이상 팔렸으리라고 누가 상상이나 했겠는가?

비니 베이비

비니 베이비라는 인형이 처음 나왔을 때, 제작자 타이 워너(Ty Warner)를 제외하고는 아무도 이것이 대단한 물건이라고 생각하지 않았다. 하지만 그는 처음으로 나간 장난감 박람회에서 이 인형을 30만 개 팔아치웠다. 짐작건대 그만큼 주문이 들어왔겠지만, 지금 생각해 보면 갓 출시된 상품을 그렇게 많이 주문한 사람이 있다고는 믿기가 힘들다. 어쨌든 비니 베이비는 지금까지 50억 개가 팔렸고 이 숫자는 앞으로 더 늘어날 전망이다. 그리고 자이 워너가 번 돈은 30억 달러에서 60억 달러로 추정된다.

다마고치

지속적으로 관심을 보내 주지 않으면 시끄럽게 알람을 보내거나 죽어 버리는 전자 애완동물을 만들겠다는 아이디어로 누군가 회의에 들어온다고 생각해 보자. 아주 용감한 사람이거나 바보일 것이다. 아니면 둘 다일지도 모른다. 하지만 이 장난감은 7,400만 개가 팔렸고 관계자들에게 수십억 달러의 수익을 안겨 주었다. 아마도 매일 술 파티를 벌이지 않았을까?

방귀 앱

스마트폰에서 25가지의 방귀 소리를 들을 수 있는 애플리케이션이 있다면 아무리 속 좁은 사람이라도 재미있어 할 것이다. 이 앱은 심지어 '내 방귀 소리를 녹음하기' 기능도 있다. 이 앱을 만든 조엘 컴(Joel Comm)은 분명 이것이 인기를 얻기를 바랐겠지만 아이튠즈에 올린 지 첫 2주 만에 이 1달러짜리 앱이 11만 4,000회 다운되리라고는 예측하지 못했을 것이다. 제목이 '아이파트(iFart)'인 이 앱은 다운로드 차트에서 1위 자리를 3주 동안 지켰고, 이 시기에 전 세계에서 가장 많이 팔린 앱으로 기록되었다. 그동안 100만 회 넘게 다운된 것으로 추정되는 이 앱은 개발자에게 상상할 수 없을 만큼 큰돈을 벌어다 줬을 것이다.

노란색 웃는 얼굴, 스마일

1963년, 한 홍보 대행 회사에서 디자이너로 일하던 하비 볼 (Harvey Ball)은 고객인 생명보험 회사의 로고를 생각해 달라는 요청을 받았다. 그는 잠시도 지체하지 않고 바보 같은 노란색 바탕의 웃는 표정을 대충 그린 다음 '좋은 하루 되세요'라는 문구를 덧붙였다. 몇 년이 지난 뒤 버나드 스페인(Bernard Spain)과 머레이 스페인(Murray Spain) 형제는 신기한 물건을 판매하는 가게를 열기로 하고, 이 웃는 표정의 로고를 쓰면 좋겠다는 생각에 로고에 대한 권리를 샀다. 그리고 이들은 열쇠 고리, 프리스비, 캐리어를 비롯한 생각할 수 있는 모든 물건에 이 그림을 붙였으며, 곧 이 웃는 표정 로고가 박힌 다양한 제품들을 생산하기 시작했다. 1971년, 이들의 매출은 5,000만 달러가 되었고 이들 형제는 가게를 체인점으로 확장했다. 그리고 2000년, 이들은 5억 달러라는 괜찮은 가격에 사업을 매각했다. 하지만 처음에 로고를 그렸던 사람은 그 대가로 고작 45달러밖에 받지 못했다고 한다.

워키 월 워커

벽에 던지면 달라붙었다가 아래로 걸어 내려오듯 떨어지는 장난감에 대한 권리를 켄 하쿠타(Ken Hakuta)가 10만 달러를 주고 사들인다고 했을 때, 모든 사람의 추측이 무성했다. 그의 어머니가 중국에 들렀다가 이 장난감을 하나 켄에게 보내 주자, 켄은 이 장난감이 미국에서 큰 인기몰이를 하겠다고 확신했다. 하지만 그는 틀렸다. 적어도 처음에는 그랬다. 처음에는 매출이 고통스러운 정도로 낮았지만 『워싱턴 포스트』의 한 기자가 장난감을 우연히 접하고 소감문을 작성했다. 그에 따라 열광적인 반응이 나타났고, 윌 워커는 유례없는 열광의 대상이 되었다. 몇 달 만에 2억 4,000만 개를 팔았으며, 이 과정에서 하쿠타는 8,000만 달러라는 엄청난 돈을 벌었다.

슬링키

조선 기사였던 리처드 제임스(Richard James)는 2차 세계대전이 벌어지는 동안 새로운 장력 조절 스프링으로 작업을 하다가 실수로 떨어뜨렸다. 그리고 제임스와 동료들은 스프링이 스스로의 운동량에 의해 바닥을 따라 혼자서 나아가는 모습을 지켜보았다. 전쟁이 끝나자 제임스는 이 성질을 이용한 장난감을 만들겠다고 결심했지만 혼자서는 불안한 나머지 친구 한 명에게 물건이 처음 나오는 과정에서 자기와 한 팀이 되어 달라고 부탁했다. 하지만 출시된 지 1시간 반 만에 400묶음이 다 팔리자 두 사람은 깜짝 놀랐다. 비록 꽤 성가신 장난감이기는 했지만 이 1달러짜리 제품은 3억 개 이상 팔렸고 제임스는 대단한 부자가 되었다. 그러던 1960년 그는 홀연히 모든 것을 정리하고 아내에게 사업을 맡긴 뒤 볼리비아로 떠나, 위클리프 성경 번역 모임에 합류했다. 그리고 이곳에서 계속 지내다가 1974년에 숨을 거뒀다.

100만 달러짜리 홈페이지

2005년, 21세의 영국 학생이었던 알렉스 튜(Alex Tew)는 대학 학비를 벌 진기한 방법을 생각해 냈다. 한 개 페이지로 된 웹사이트를 만든 다음, 1개 픽셀에 광고 1개를 할당해 한 화면에

100만 개의 광고를 내보인 것이었다. 놀랍게도 이 '100만 달러짜리 홈페이지(www.milliondollarhomepage.com)'는 즉각 성공을 거뒀고 광고주들이 이 웹페이지의 광고를 사려고 몰려들었다. 그러자 알렉스는 뻔뻔하게도 자기 자신이 '픽셀 사기꾼이지만 내가 자랑스럽다'라고 선언했고, 편안히 물러앉아 돈이 굴러들어 오는 것을 구경했다. 2005년 8월 25일에 시작되어 마지막 픽셀이 경매에 넘어간 2006년 1월 11일까지 판매액은 103만 7,100달러였고 시작 비용은 도메인 이름을 등록하는 데 든 75달러뿐이었다. 정말 대단한 천재의 솜씨가 아닐 수 없다. 마땅히 일어서서 박수갈채를 보내야 한다.

믿거나 말거나,
흥미로운 음모론들

레이저 요법

한때 레이저 요법은 모든 암을 고칠 수 있는 가장 효과적인 방법이라고 제안되었다. 그렇다, 그 말대로라면 암의 치료법이 이미 발견되었던 것이다. 하지만 많은 사람들은 미국 의학 협회가 레이저 요법을 일부러 깎아내리고 효능을 감추려 한다고 생각한다. 이 사람들에 따르면 지구상에 이미 인구가 차고 넘치도록 많기 때문에 의학 협회가 사람들의 목숨을 굳이 구하려 하지 않는다는 것이다.

전구

백열전구를 처음으로 발명한 사람은 영국의 화학자 험프리 데이비(Humphry Davy) 경이고, 그는 에디슨이 상업적인 전구를 만들기 75년 전인 1805년에 전구를 만들었다고 한다. 그러다가 1924년, 선구적인 전구 제조업체들이 전구의 부품들을 표준화하고자 국제 피버스 연합을 조직했다. 하지만 많은 사람들은

이 연합이 사실 수명이 다하지 않는 전구가 발명되지 못하도록
억누르기 위해 만들어졌다고 믿는다. 그 이유는 교체할 필요가 전혀
없는 전구가 새로 디자인되었기 때문이었다. 이 연합이 한 발자국
더 나아가 사람들이 교체할 전구를 더 많이 구매하도록 전구의
수명을 제한하는 데 동의했던 것은 사실이었다. 몇몇 과학자들은
수명이 영구적인 전구에 대한 특허와 그 기술 정보가 전구를
생산하는 주요 기업의 사무실 "서랍 어딘가에 파묻혀 있다"고
주장했다.

하지만 여기에 대한 실질적인 증거는 전혀 없는 것이 사실이다.
비록 서구에서 전구의 평균 수명은 약 2,000시간인데 비해 전구
연합이 존재하지 않았던 예전 공산주의 국가에서는 수명이 그
2배이고, 오늘날 중국산 전구는 수명이 그 3배이기는 해도 말이다.
또 지금은 증거가 전혀 남지 않았지만 한때 독일의 시계공 디에테르
비닝거(Dieter Binninger)는 연속 사용 시간이 15만 시간, 즉 18년에
달하는 전구를 만들었다고 한다. 하지만 비닝거가 자신의 발명품을
실제로 생산할 제조업체를 찾자마자 그는 1991년에 의문의 비행기
사고로 숨을 거뒀고 그 이후로 그의 발명품은 조용히 사라졌다.
이것은 전구 산업 관련자들에 의한 수상쩍은 살인이었을까? 아니면
그저 음모론에 불과할까?

저온 핵융합

저온 핵융합은 실온에서 핵에너지를 안정적인 형태로 안전하게
생산하는 방식이다. 저온 핵융합을 더 발전시키면 인류 전체는
에너지에 대한 걱정에서 해방될 수 있다. 하지만 몇몇 사람들에

따르면 정부 당국들이 여기에 대한 연구를 반대하고, 후속 실험에 대한 자금 지원도 취소했다고 한다.

타임머신

사용자를 과거나 미래로 데려다 준다고 주장하는 기계는 예전에 만들어진 적이 있다. 하지만 가짜라는 판정을 받고 역사의 뒤안길로 사라졌는데, 아직도 몇몇 사람들은 예전에 만들어졌던 타임머신이 아직 존재하고 잘 작동하며, 바티칸 교황청에서 이 기계를 더 발전시키는 중이라고 한다.

워덴클리프 탑

뉴욕 쇼어햄에 있는 워덴클리프 탑은 니콜라 테슬라(Nikola Tesla)가 무선 전기 실험을 하던 주된 장소였다. 많은 사람들은 테슬라가 이곳에서 무언가 작업을 하고 있었지만 그것을 계량할 수 없는데다가 전기를 공짜로 만들었다가는 이윤이 남지 않는다는 이유로 투자자들이 자금을 끊었다고 여긴다.

구름 제거기

빌헬름 라이히(Wilhelm Reich) 박사는 1953년 비를 내리는 '구름 제거기'를 발명했고 성공적으로 시험 운행했다고 한다. 하지만 라이히는 나중에 체포되어 과학 관련 메모를 전부 파기 당했던 논란 많은 학자였다.

반중력 장치

토머스 타운센드 브라운(Thomas Townsend Brown)은 전기중력 추진을 이용한 원반으로 중력을 거스르는 장치를 개발했다고 밝혔다. 하지만 그 장치가 너무나 성공적이어서 미국 정부는 이것을 즉시 특급 비밀로 분류했다고 한다. 그것도 그럴 것이, 이후로 아무도 이 장치에 대해 다시는 듣지 못했기 때문이다.

비운의 전기차 EV1

1996년에 출시된 EV1은 대량생산에 성공한 최초의 전기차였다. 하지만 제네럴 모터스 사는 시제품을 파괴하고 이후로 연구를 전면 중단했는데, 석유 회사의 압력 때문이었다는 이야기가 있다.

물 연료 전지

스탠 메이어(Stan Meyer)는 자신이 휘발유를 대체하기 위해 물 연료 전지를 최초로 발명했다고 주장했다. 하지만 1996년 오하이오 법정은 메이어의 주장이 사기라고 선언했다. 하지만 여전히 일각에서는 이 기술이 실제로 존재하지만 탄압받아 세상에 나오지 못한다고 여긴다. 자연에서 무한정으로 얻을 수 있는(바다에서) 원료로 에너지를 공짜로 얻을 수 있다는데 이것을 거부할 사람은 어떤 사람들일까? 몇몇은 이해관계가 달린 누군가가 탄압을 했고, 발명가 메이어가 여기에 쉽게 굴복하지 않아 의심할 만한 정황이 충분한 상황에서 죽음을 맞았다고 본다.

내파 발전기

이 기술 역시 모든 사람을 위해 공짜 에너지를 제공하겠다고 발명가는 주장했다. 하지만 발명가인 빅터 샤우베르거(Viktor Schauberger)는 침묵을 강요당하거나 동업자들로부터 의심을 받지 않았다.

XA 프로젝트

20세기 후반에 시작된 XA 프로젝트는 해로운 발암물질을 제거해 더 안전한 담배를 발명했다는 주장이었다. 하지만 유력한 담배업계의 거물들이 이 연구 결과가 자기들의 제품이 안전하지 않다고 시사한다는 점에 화가 났고, 그 결과 XA 실험은 중지되었다고 한다.

담배가 흡연자들에게 정말 좋은 약리학적 효과를 일으킨다는
증거가 점차 많아지고 있다.

필립 모리스 사의 회장, 1962년.

발명가의
이름이 붙은
발명품들

맥심 기관총

히람 스티븐스 맥심(Hiram Stevens Maxim)은 자동차 차체
제작공으로 경력을 시작한 미국의 발명가이다. 그는 나중에
제도사와 도구 제작자로도 일했고 폭발물을 담당하는 군사용품
발명가였던 형의 작업에도 큰 관심을 가졌다. 1881년, 맥심은
영국으로 이주했고 런던에 정착하면서 영국의 국민이 되었다. 당시
그는 전기 기술자로 일하는 중이었는데(그는 자기가 1878년에 전구를
발명했다고 주장했다) 다음해 맥심은 인생을 바꾸는 계기를 마련했다.
그것은 수천 명의 다른 사람의 인생을 끝장내는 수단이기도 했다.
맥심은 나중에 이렇게 회고했다. "1882년 나는 빈에 있다가 예전에
알던 미국인 한 명을 만났다. 그는 내게 이렇게 말했다. '전기나 화학
같은 분야는 그만둬요. 돈을 떼로 벌고 싶다면 이 유럽인들이 다른
사람들을 효율적으로 싹 죽일 수단을 발명하라고요.'"

맥심은 이 조언에 대해 곰곰이 생각한 끝에 당시의 라이플총을

자세히 들여다보기 시작했다. 이 총의 한계는 총을 발사했을 때 반동이 심하고 장전할 때 시간이 오래 걸린다는 점이었다. 어느 날 사격 연습을 하던 맥심은 만약 총을 발사한 반동에서 나오는 에너지를 이용해 총이 자동으로 장전된다면, 엄청나게 빨리 발사되는 자동 장전 총을 만들 수 있겠다는 생각이 떠올랐다. 오늘날의 기관총을 생각한 셈이다. 1883년 6월 맥심은 이 총으로 특허를 신청했고, 다음 해 10월에는 이 새로운 무기를 전 세계 군사 지도자들에게 선보일 준비를 했다. 각국 장군과 정치가들이 초대되어 맥심의 총을 직접 쏘아 보았으며, 맥심은 자신의 무기를 '훌륭한 평화 창조자'라고 묘사하는 영리한 마케팅 전략을 짰다. 맥심이 써먹었던 유명한 주장 한 가지는 자기 총이 '나무를 쓰러뜨릴 수 있다'는 말이었는데, 실험 결과 실제로 그렇게 할 수 있었다.

영국 정부는 총 세 정을 주문했는데, 비록 정해진 시험을 모두 통과했음에도 군 고위 지휘부는 이 총을 제한적으로밖에 쓸 수 없다고 밝혔다. 그래서 맥심은 갓 나라의 모양새를 갖춘, 떠오르던 유럽의 열강인 독일에 가서 빌헬름 2세에게 총의 발사 장면을 보여 주었다. 빌헬름 2세는 총의 성능에 감탄했고 자기 군대에서 사용하기로 했다. 그에 따라 맥심의 기관총은 독일 군대에 널리 보급되었다. 비록 맥심 기관총이 처음으로 현장에서 활약한 것은, 몇 대 안 되는 양을 주문한 영국에서 1893~1894년 로디지아를 얻기 위한 1차 마타벨레 전쟁에서 4,000명의 아프리카 전사들을 물리치고자 총 네 대를 사용한 사례였지만 말이다. 이때 전투 현장에서 기관총에 대한 평이 좋았음에도 영국은 여전히 총의 성능에 대해 확신이 없었고, 1915년 1차 세계대전이 한창 달아오를 때에도 더글러스 헤이그 장군은 다음과 같이 말했다. "기관총은 상당히 과대평가된 무기이다. 한 부대에 2정만 있으면 충분하다." 결국 기관총은 다시 설계되고 개선되어 세계대전에서 양쪽 편 모두에서 사용되었으며, 수백만 명의 목숨을 앗아갔다. 평화 창조자와는 몹시 거리가 멀었던 기관총은 아마 19세기에 만들어진 가장 치명적인 발명품일 것이다.

레오타드

위대한 프랑스의 공중 곡예사 쥘 레오타드(Jules Léotard)가 없었다면 오늘날 체조선수와 발레리나가 존재할 수 있었을까? 파리의 프랑코니 서커스단(나중에 나폴레옹 서커스단이 된)에서 보여 준 활약으로 유명세를 떨친 레오타드는, 1867년 조르주 레이번(George Leybourne)이 유명한 대중가요 〈공중그네를 타고 나는 멋진 젊은이〉를 짓도록 영감을 주었다. 레오타드는 툴루즈에서 체조 교사의 아들로 태어났지만 어렸을 때는 가업에 큰 흥미를 보이지 않았고 대신 법을 공부하고 싶어 했다. 하지만 결국 18세에 레오타드는 풀장 위에서 밧줄과 고리, 막대기로 서커스 연습을 시작했고, 곧 또래 누구보다도 인기 있는 곡예사로 발돋움했다. 하지만 그가 사람들의 기억에 남고 몇몇으로부터는 존경을 받게 된 계기는 밧줄이나 고리에 매달린 채로도 벗겨질 위험이 적고 움직임이 자유롭도록 상하의를 하나로 붙인 독특한 의상을 발명했기 때문이었다. 서커스를 공연하는 사람들은 빠르게 이 의상을 따라 입었고 오늘날까지 이 옷에는 위대한 발명가 쥘 레오타드의 이름이 붙어 있다.

자쿠지 욕조

"난 욕조가 필요 없어. 목욕하기 전에 콩이나 까먹으면 돼."
라고 생각하는 사람이 있다면 책을 덮고 일어나 나가 주길 바란다.
욕조는 아주 중요한 주제다. 자쿠지 형제(모두 7형제였다)는 20세기가
막 시작될 무렵 이탈리아에서 미국으로 이민 왔다. 이들은 모두
기계 수리 기술자로 훈련을 받았는데, 1915년에는 샌프란시스코의
파나마 태평양 박람회를 보고 감명을 받은 큰형 라켈레 자쿠지
(Rachele Jacuzzi)가 비행기 프로펠러 설계 일을 하기로 결심했다. 그가
나무로 만든 자쿠지 투스픽 프로펠러는 곧 성공을 거뒀고, 형제들은
버클리에 자쿠지 브러더스라는 이름의 제조업체를 세웠다.

이들이 처음에 내놓은 설계는 폐쇄 선실 단엽기였는데, 이것은
곧 미국 전역의 우체국에서 사용되었다. 하지만 자쿠지 형제들은
1921년에 형제 중 한 명인 지오콘도(Giocondo)가 비행기 충돌
사고로 사망하면서 곧 비행기에 대한 열정을 잃었다. 그 대신 남은
6형제는 항공 산업에서 사용하는 수압 펌프에 관심을 돌렸다.
그리고 라켈레는 이 펌프가 산업과 농업계에서 전반적으로 활용될
수 있다는 사실을 깨달았다. 깊은 우물의 물까지 끌어올리는
농업용 펌프라는 이들의 혁명적인 발명품은 1930년 캘리포니아 주
박람회에서 금메달을 받았다.

1948년, 형제 중 한 명인 캔디도(Candido)는 회사의 기술을
활용해서 류머티스성 관절염을 앓는 아들 케네스를 위해 물
치료법을 시작하고자 지하수 펌프 하나를 설계했다. 케네스는
지역 병원에서 치료를 받아 왔는데, 캔디도는 아들이 치료를 받지
않는 기간 동안 고통스러워하는 모습을 보기 힘들어 이 펌프를

만든 것이었다. 그리고 자쿠지 형제들은 1955년에 이 장치에
'J-300 펌프'라는 이름을 붙여 치료 수단으로 마케팅했으며 곧
'가사노동으로 지친 아내들'을 위한 해결책으로 광고했다. 유명한
영화배우였던 제인 맨스필드(Jane Mansfield)와 랜돌프 스코트
(Randolph Scott)가 자쿠지 펌프의 광고 모델이 되었고, 1958년에는
회사에서 내장형 자쿠지 욕조를 판매해 할리우드에서 큰 인기를
얻었다. 자쿠지 욕조는 곧 미국 전역에서 수만 개가 팔리며
고급스러운 생활용품으로 자리 잡았다. 그리고 케네스 자쿠지는
어른이 되어 삼촌들로부터 회사를 물려받았으며 그의 관리 아래
회사는 세계적인 규모로 성장했다. 2006년에는 회사 가치가
10억 달러를 육박할 정도였다. 오늘날 자쿠지 그룹은 여전히 전
세계적으로 온천과 온수 욕조의 주요 공급자로 각광받고 있다.

기요틴

조지프-이그나스 기요틴(Joseph-Ignace Guillotin)이 전 세계적으로
유명해진 계기는 프랑스 혁명이었다. 비록 4만 명에 달하는 프랑스
사람들의 머리를 자른 장치를 발명한 사람이, 사실은 그가 아니지만
말이다. 원래는 진짜 발명자의 이름을 따서 '루이제트'라고 불렸던
이 장치는 사실 앙투안 루이(Antoine Louis)라는 군대에서 근무하는
외과의사가 발명했다. 기요틴 자신은 사형을 공개적으로 반대하는
인물이었다.

1784년, 프란츠 메스머(Franz Mesmer)가 동물 자기 이론(다른
사람들을 최면 상태로 만드는 선천적 능력)을 책으로 출판하자 프랑스
사람들은 그의 결론을 불쾌하게 여겼고, 그에 따라 루이 16세는

저명한 의사 기요틴 박사를 포함한 위원회를 조직해 그 문제를 조사하라고 명했다. 그리고 1789년, 전 해에 『파리 시민에게 보내는 청원』이라는 소책자를 출간한 데 이어 기요틴은 국민의회에서 파리를 대표하는 10명 가운데 한 사람으로 임명되었다. 사형에 대해 논쟁하는 자리에서 기요틴은 다음과 같이 제안했다. "범죄자는 단순한 장치에 의해 완전히 목이 잘려야 한다. 그래야 고통 없이 숨을 거둘 수 있다." 사형을 집행해야 한다면 고통이 없어야 한다는 것이 기요틴의 믿음이었다. 그에 따라 새로운 '처형 기계'를 만들자는 제안이 들어왔고 그래서 루이제트가 개발되었는데, 이 장치는 나중에 '기요틴'이라 불리게 되었다.

또 하나 흔한 오해는 기요틴 자신이 자기 이름이 붙은 장치에서 결국 처형당했다는 것이다. 비록 기요틴이 체포되어 즉시 감옥에 갇힌 것은 사실이지만 그는 1794년에 석방되었다. 실제로 처형된 J. M. V. 기요틴 박사는 1790년대 초반에 리옹으로 파견되었으며 전혀 다른 인물이다. 이 이야기의 주인공 기요틴 박사는 이후 정치에서 은퇴해 의사 일을 하면서 평안하게 지냈고 나중에는 파리 의학 학회의 창립자들 가운데 한 사람이 되었다. 또한 기요틴은 에드워드 제너(Edward Jenner)의 종두법을 가장 소리 높여 지지한 사람이기도 했다. 제너의 이론은 지난 2세기 동안 수백만 명의 목숨을 구했다.

기요틴이 1814년에 자연사한 이후, 그의 가족은 악명 높은 처형 기계에 가문의 성이 붙은 사실에 난처함을 느껴 프랑스 정부에 이름을 바꿔 달라고 청원했다. 이들의 호소가 거절당하자 기요틴 가문은 이후로 성을 아예 바꿔 정체를 감추고 평화롭게 살았다. 하지만 기요틴에서는 1977년 9월까지도 처형이 계속되었는데,

마지막 희생양은 다리가 하나였던 튀니지 인이었다.

데이비 램프

험프리 데이비(Humphry Davy)는 1778년 12월 17일, 영국 콘월주 펜잔스에서 다섯 형제의 맏이로 태어났다. 똑똑한 과학자였던 데이비는 왕립 학회의 회원이자 왕립 연구소의 교수가 되었다. 또 데이비는 대중 강연으로도 선풍적인 인기를 얻었는데, 실험을 곁들인 그의 순회강연은 언제나 만석이었지만 1812년에는 실험실에서 일어난 사고로 손가락 두 개와 눈 하나를 잃었다.

1814년 험프리 데이비 경(2년 전에 작위를 얻었다)은 연구실에서 편히 쉬던 중 1812년에 뉴캐슬 근처의 펠링 탄광에서 일어난 사고가 생각났고, 지하 갱도를 환하게 비춰 광부들의 안전을 지킬 방법을 고민하기 시작했다. 그리고 1815년에 데이비는 광부들이 메탄 등의 가연성 기체가 있는 깊은 광산 층에서 작업할 수 있는 안전 램프를 만들었다. 당시 광산에서는 가리개 없는 불꽃으로 앞을 비췄는데, 그에 따라 폭발 사고의 위험이 항상 뒤따랐다. 데이비는 (폭발성이라고 알려진) 위험한 기체에 접해도 불이 붙지 않는 구멍이 작은 철망으로 불꽃을 감쌌다. 공기가 철망을 따라 지나가면서 불꽃이 계속 일어나지만, 철망의 눈이 너무 작아서 불꽃이 반대편으로 빠져나오지 않아 폭발성 기체 때문에 불이 붙지는 않는다. 더군다나 안전 램프 안쪽의 불꽃은 주변에 폭발성 기체가 있으면 푸른색으로 변한다. 또한 램프는 지면 가까이에서 눈에 보이지 않지만 사람을 죽일 수 있는 일산화탄소 같은 기체의 농도가 높아지는 것을 감지하는 데 쓰일 수 있었다. 만약 공기중에 산소가 충분하지 않으면 불꽃이 꺼지기 때문에 이것을 보고 광부들은 대피할 수 있었다. 데이비의 혁신적인 발명품 덕분에 광부들뿐 아니라 카나리아 애호가들도 기뻐했을 것이 분명하다 (새장에 든 카나리아 역시 예전부터 조기 경보 시스템으로 활용되었기 때문이다. 갱도에서 카나리아가 죽으면 독성 기체가 존재한다는 뜻이었다).

비록 데이비는 다른 여러 중요한 과학적 발견도 했지만, 광부들을 위한 안전 램프를 만들어 광산에서 일하는 사람들의 복지에 기여한 공로를 가장 인정받고 있다. 그리고 오늘날까지 영국 전역에서 예전에 광산이었던 지역의 술집은 사람의 목숨을 살리는 이 발명품의 이름을 따서 지어진 곳이 많다.

유산탄: 피해를 최대화하기

유산탄을 뜻하는 영어 단어 'shrapnel'은 마치 역사가 오래된 듯한 멋진 발음을 갖고 있다. 확실히 어원이 북유럽 어딘가에서 온 것 같은 느낌이다. 하지만 불행히도 이런 인상은 완전히 틀렸다. 이 단어의 기원은 훨씬 최근이다.

이 단어는 의미가 진화해 왔다. 현대 영어사전에서는 'shrapnel'를 '폭발하는 폭탄의 파편들'이라고 정의하지만, 원래 1차 세계대전 시기에는 '폭발 장치 전체'를 뜻했다. 유산탄은 인명 살상용 대포로 설계되었는데, 목표물 가까이 다가가면 안에 싸인 총알들이 방출되어 확실히 가능한 많은 적을 죽이거나 불구로 만들 목표를 가진 무기였다. 유산탄은 기존의 폭탄보다 훨씬 효과적이었지만 1차 세계대전이 끝날 즈음에는 폭발력이 더 강한 폭탄으로 대체되면서 한물 간 무기가 되었다. 이 폭탄들은 거의 비슷한 작업을 했지만

내부에 치명적인 파편이 들어 있는 폭탄은 계속 '유산탄'이라고
불렸다.

1차 세계대전 당시에 쓰였던 원래 유산탄은 영국의 육군
장교이자 나폴레옹 전쟁(1803~1815)에서 왕립 포병대로 복무했던
헨리 쉬라프넬(Henry Shrapnel) 소장의 이름을 따서 그 이름이
붙여졌다. 그는 속이 빈 대포알에 포도탄을 채워 로켓에 부착시켜
공중에서 터뜨리는 무기를 개발했는데, 많은 사상자를 내기 위한
목적이었다. 쉬라프넬은 적군 병사들을 죽이기보다는 불구로
만들고자 했는데, 그 이유는 죽은 병사는 즉각 처치가 필요하지
않지만 부상당한 병사는 그를 전장에서 옮기는 데만 적어도
두 명의 다른 병사가 필요하기 때문이었다. 이 무기를 개발한
공로로 쉬라프넬은 1814년에 1,000파운드를 상금으로 받았는데,
당시 가치로는 상당한 액수였다. 또한 1827년에는 왕립 포병대
여단장으로 승진했다.

미국 국가의 첫 번째 절은 1812년 중요한 볼티모어 전투에서
영국군의 유산탄 맹공격에 저항한 미국군에 대해 자랑스럽게
기술한다. "포탄의 붉은 빛과 공중에서 터지는 폭탄이 밤새 우리의
깃발이 휘날린 증거이니."

디젤 엔진

루돌프 디젤(Rudolf Diesel)은 독일 제본업자의 아들로
파리에서 태어났다. 1870년에 프로이센-프랑스 전쟁이 터지자
디젤 가족은 고향으로 돌아가야 했는데, 프랑스에 살던 대부분의
다른 독일인들처럼 이들도 동쪽의 고향으로 돌아가는 대신

런던으로 피신했다. 하지만 당시 12살이었던 루돌프만은 독일의 고향 아우크스부르크에 보내 숙모, 삼촌과 같이 지내도록 했다. 삼촌은 수학과 교수인 크리스토프 바니켈(Christoph Barnickel)이었다. 루돌프는 학교를 반에서 1등으로 졸업한 뒤, 런던으로 돌아와 취직해 가족을 부양해 달라는 부모의 바람과는 달리 뮌헨의 왕립 바이에른 기술학교에 들어갔다. 그리고 냉장 기술의 선구자인 독일의 공학자 칼 폰 린드(Carl von Linde)의 지도 아래 공부했지만 장티푸스에 걸려 시험을 보지 못해 졸업하지 못했다. 하지만 루돌프는 여기에 좌절하지 않고 실용적인 공학을 틈틈이 공부해 마침내 1880년 22세의 나이로 학교를 졸업했다.

이후 루돌프는 당시 파리에 냉장, 냉동 시설을 직접 짓던 폰 린드에게 합류해 일을 도왔다. 그로부터 1년이 채 되지 않아 루돌프 디젤은 관리 감독자로 승진했고, 그가 내린 첫 번째 결정은 당시의 산업계가 의존했던 증기기관보다 더 효율적인 엔진과 전원 공급 장치를 개발하는 것이었다.

증기기관이 가졌던 큰 문제는 작동 과정에서 열과 에너지를 손실한다는 점이었는데, 이것은 가능한 에너지의 10퍼센트 밖에 내지 못한다는 사실을 의미했다. 그래서 디젤은 엔진의 에너지를 가능한 한 상당 부분 유용한 작업으로 전환하는 새로운 엔진을 만들기 시작했다. 디젤은 현재의 엔진을 개선할 방법을 찾고자 실험을 시작했다. 폰 린드는 디젤의 연구를 지원했고 그 과정에서 린드의 회사는 많은 특허를 등록했다. 하지만 초기의 여러 시도들은 결과가 형편없었고, 시험용 엔진이 폭발하는 바람에 디젤이 크게 다쳐 죽을 뻔했을 정도였다. 루돌프 디젤은 여러 달을 병원 신세를 지다가 새로운 아이디어를 갖고 다시 현장에 복귀했다. 그는 어린 시절 자전거펌프에서 압축 공기가 피스톤 방식으로 타이어 안에 들어가면 밸브 부위가 뜨겁게 달아오른다는 사실을 기억해 냈고, 이 원리를 응용하기로 했다.

하지만 1891년, 폰 린드는 자신의 제자를 더 이상 인내심을 갖고 지켜봐 줄 수 없었고 그와 디젤은 결별했다. 디젤은 자기 작업을 계속하기 위해 새로운 자금원이 필요했고, 1893년에서 1897년 사이에는 디젤 가족의 고향인 아우크스부르크 출신의 공학자 하인리히 폰 버즈(Heinrich von Buz)가 시설을 제공해 주었다. 마침내 1895년, 루돌프 디젤은 압축 점화 피스톤 엔진으로 독일과 미국에서 특허를 얻는 데 성공했다. 이 엔진은 여러 면에서 자전거펌프와 비슷했는데, 피스톤에 의해 공기가 뜨거워지면 연료가 점화되어 폭발하고 그 힘이 피스톤을 밀어 내는 식으로 주기가 반복되었다.

이 엔진은 200년부터 쓰였던 증기기관에 비해 엄청난 진보를 이뤘다. 더 중요한 것은 디젤이 당시에 막 성장하던 자동차 산업과 이후에 발달할 항공 산업에 딱 맞는 시기에 영향을 주었다는 사실이다. 디젤의 인내심과 용기, 그리고 자전거펌프가 없었다면 두 분야는 발전하지 못했을 것이다. 그리고 디젤 자신도 그 사실을 알고 있어서 아내에게 다음과 같은 글을 남겼다. "나는 그동안 지구상의 엔진 제작 분야에서 성취되었던 모든 업적보다 앞서 있다. 이제 나는 대서양을 사이에 두고 유럽과 미국에서 이 분야를 이끌고 있다."

그리고 특허 덕분에 37세의 이 발명가는 아주 부자가 되었으며 그의 엔진은 곧 산업계 전반에서 제작되어 활용되었다. 하지만

디젤의 부는 수명이 짧았는데, 특허를 지키기 위해 법정 싸움을
하느라 돈이 많이 들었고 투자 실력도 형편없었던 데다 그의
가족이 흥청망청한 생활을 했던 때문이었다. 그래서 돈이 빠르게
사라진 것을 알아채자 디젤은 런던의 제조 본사와 본인을 담당하는
금융업자와 여러 번 위기 대응 회의를 했다.

1913년 9월 29일 저녁, 디젤은 우편선 드레스덴 호를 타고
런던으로 가는 중이었고, 저녁 식사를 마친 뒤 밤 10시에 다음날
새벽 6시 15분에 깨워 달라는 말을 남기고 자기 객실로 들어갔다.
하지만 다음날 아침, 선원들은 선장에게 유명한 발명가가 흔적도
없이 사라졌다는 보고를 해야 했다. 객실은 비어 있었고 침대에는
누가 잠들었던 자취가 없었으며 잠옷은 그 위에 깔끔하게 정리된
채였다. 디젤의 회중시계는 침대 옆에 있었고 모자와 오버코트는
단정히 정리되어 있었다. 이후로 루돌프 디젤은 세상에서 모습을
감췄다. 그리고 10일 뒤 네덜란드의 한 증기선이 북해에서 시체
하나를 건져 올렸지만 부패 상태가 너무 심해 누구인지 알아볼
수는 없었다. 승무원은 그 시체의 개인 소지품을 모두 꺼낸 채
시체는 바다에 버렸다. 며칠 뒤 루돌프 디젤의 아들 오이겐은 그
물건이 아버지 것이라고 확인해 주었다. 모든 정황상 디젤은 자살한
것처럼 보였는데, 그가 그날 일기장에 적어 넣은 것이 검은색
십자가였다는 점이 특히 그랬다. 또 디젤은 아내에게 가방 하나를
주고 다음 주까지 열어 보지 말라고 말했다. 그 안에는 잔고가
사실상 0인 여러 개의 은행 통장과 현금 20만 독일 마르크가 들어
있었다. 하지만 디젤이 군수산업 등에 흥미가 있었던 것으로 보아
그것이 계기가 되어 살해를 당했을 가능성도 배제할 수는 없었다.

공장의 설비와 기관차, 자동차, 트럭, 비행선, 비행기, 잠수함, 선박이 돌아가는 엔진을 만든 인물의 미스터리한 최후였다. 1세기가 지난 오늘날까지도 루돌프 디젤의 엔진은 공장을 돌리는 중요한 공급원 가운데 하나다.

텔레비전은 결코 라디오의 심각한 경쟁상대가 될 수 없다.
텔레비전을 보려면 사람들이 제자리에 앉아
화면에 눈을 계속 고정해야 하기 때문이다.
평균적인 미국 가족은 그럴 만한 시간이 없다.

《뉴욕 타임스》, 1939년.

식탁 위에 펼쳐진
음식에 얽힌
사연들

요리 스파이 다이아몬드 짐

니콜라스 마르게리(Nicolas Marguery)는 요식업계의 전설이다. 그의
레스토랑인 오 프티 마르게리는 19세기 프랑스 파리에서 가장 인기
있는 곳이었으며, 프랑스 사회에서 내로라하는 인물들이 이곳을
하루가 멀다 않고 드나들었다. 사실 오늘날에도 이 레스토랑은
손님들로 붐비는데, 거의 150년 전 유명한 요리사가 주방에서
바쁘게 한 접시씩 요리를 내놓던 시절부터 거의 바뀌지 않은 가게의
외관을 즐기기 위해서다.

니콜라스 마르게리의 요리, 특히 '솔 마르게리'라는 음식은 전
유럽과 미국에까지 명성을 떨쳤다. 이 음식은 화이트 와인 소스와
생선 육수를 계란 노른자, 버터와 섞어서 내놓는 것이었다. 프랑스의
요리는 세계 최고였던 만큼 프랑스 요리사는 자기만의 요리법을
빈틈없이 지켰다. 솔 마르게리가 그런 요리였기 때문에 이 요리가
프랑스에서 미국으로 전해진 경위는 무척 수상쩍고, 상상하기 힘든

뻔뻔함과 대단한 헌신이 필요했다.

햄버거와 핫도그를 뉴욕에 전파한 유럽 이민자들이 미국 전역에 정착하며 경제가 활성화되었는데, 그것은 주로 철도망의 성장을 따라 이뤄졌다. 매닝, 맥스웰, 무어 철도회사의 영업사원이던 짐 브래디(Jim Brady)도 그중 한 명이었다. 브래디는 꽤 성공을 거뒀다. 미국뿐만 아니라 전 세계로 그가 판매한 철도 선로의 총매출은 막대했고, 이후 브래디는 다이아몬드 같은 귀금속에 투자를 시작하면서 '다이아몬드 짐'이라는 별명을 얻었다.

호들갑을 떠는 성격이었던 브래디는 대단한 대식가이기도 했다. 1갤런(3.7리터)의 오렌지 주스와 스테이크, 감자, 빵, 두툼한 팬케이크, 머핀, 달걀, 돼지 갈빗살을 아침식사로 꿀꺽 할 정도였다. 그리고 점심을 먹기 전에 간식으로 30개는 족히 될 굴과 조개를 먹었으며, 점심때가 되면 다시 굴을 30개쯤 해치운 다음 속을 채워 요리한 게 3마리와 바다가재 4마리, 소고기 한 덩이와 샐러드를 먹었다. 그 다음 낮잠 자기 전까지 여섯 캔의 탄산음료와 해산물 맛 과자를 뱃속에 넣은 다음 저녁식사에 돌입했다. 저녁으로는 36개의 굴, 6마리의 바다가재, 녹색 순무 수프 두 그릇, 스테이크, 야채, 페이스트리 한 접시를 먹었다. 하지만 여기서 끝이 아니었다. 저녁을 먹고 그는 으레 극장에 들렀는데 여기서 설탕에 절인 과일 1킬로그램을 먹었다. 그러고는 야참으로 대여섯 마리의 야생 조류 요리와 함께 큰 잔으로 맥주를 마시며 하루를 마무리했다.

이 모든 것이 다이아몬드 짐이 하루에 먹는 양이었다. 그의 친구이며 뉴욕 브로드웨이에서 렉터 레스토랑을 경영하는 찰스 렉터(Charles Rector)가 짐을 위해 튼실한 굴을 매일 볼티모어에서 여러 통 공수해 주었다. 그러니 언젠가 찰스가 이 철도업계의 거물을 두고 "내가 지금껏 만났던 최고의 고객 25명 안에 든다"라고 꼽았던 것도 전혀 놀랍지 않았다.

한 번은 오후에 친구들과 거한 식사를 하던 중 다이아몬드 짐이 사람들에게 근사한 솔 마르게리 요리에 대해 이야기를 꺼내기 시작했다. 최근 파리에 출장 갔다가 오 페티 마르게리 식당에서 맛보았다는 것이었다. 렉터에게 조리법을 설명할 수 없었던 짐은 솔 마르게리를 먹을 수 있는 또 다른 레스토랑을 찾아보겠다며 그를 애태웠다. 그러자 렉터는 그 자리에서 자기가 뉴욕에서 최초로 이 요리를 내놓겠다는 결심을 했고, 정당한 수단이든 반칙이든 가리지 않고 조리법을 구하기 시작했다. 렉터는 코넬 대학교에 다니던 아들 조지를 부른 다음 솔 마르게리의 비밀 재료를 알아오라고 파리에 보냈다. 파리에 도착한 조지는 마르게리의 레스토랑에 불쑥 들어가 조리법을 알아낼 수는 없겠다고 판단하고, 일단 설거지 담당으로 들어간 다음 부엌의 요리사로부터 뭔가를 알아내고자 했다. 하지만 요리사는 부엌의 허드렛일 하는 일꾼에게도 조리법이 새어나가지 않도록 조심하는 사람이었고, 그로부터는 아무것도 알아낼 수 없다는 점이 확실해졌다. 결국 조지는 견습 요리사 자리에 지원했다.

조지가 충분히 경험이 쌓여 전설의 마르게리 소스 조리법을 알아내기까지는 장장 2년의 고된 노동이 따랐다. 조지는 조리법을 얻자마자 일을 그만두고 뉴욕으로 가는 가장 빠른 배를 탔다. 전해오는 바에 따르면 그의 아버지와 다이아몬드 짐은 배가 들어올 때 부둣가에서 조지를 기다렸고, 조지는 "드디어 얻었어요!" 라 외치며 부두에 내렸다고 한다. 젊은 요리사는 바로 주방으로 달려가 솔 마르게리를 만들었다. 그리고 그것을 다이아몬드 짐에게 가져가자, 한 접시 맛본 그는 이렇게 선언했다고 한다. "이 소스를 목욕용 수건에 뿌려도 전부 먹을 수 있겠구나!" 바로 이것이 유명한 요리 '다이아몬드 짐 방식의 솔 마르게리'가 탄생한 사연이다.

짐 브래디는 1910년 잠자다가 숨을 거뒀고 그때서야 의사들은 그가 일반 남성보다 거의 여섯 배는 큰 위장을 가졌다는 사실을 발견했다. 조지 렉터는 아버지의 레스토랑 사업을 물려받았다. 그는 요리책을 쓰고 신문에 요리 칼럼을 연재했으며, 〈조지 렉터와 함께하는 만찬〉이라는 라디오 프로그램을 진행했다. 조지는 자기가 미국에 마르게리 소스를 어떻게 가져왔는지에 대해 이야기하면서 여생을 보냈다.

샌드위치 백작이 샌드위치를 발명했을까?

놀랍게도 '샌드위치'는 적절하게 생겨난 단어가 결코 아니다. 물론 고유명사이기는 하다. 샌드위치 마을이라는 지명이 처음 기록에 남은 것은 642년이었는데, 이곳은 영국 켄트의 경치 좋고 유서 깊은 마을이었다. 그 이름은 고대영어로 'sand'와 'wic'을 합쳐서 만들어졌으며 '모래 마을' 또는 '모래 위의 마을'이라는 뜻을 담고 있었다. 오늘날에는 해변에서 3킬로미터 정도 떨어진 곳에 있지만 한때 이곳은 번성하는 항구 도시였다. 1255년에는 이곳을 통해 사로잡힌 코끼리가 최초로 영국 땅에 상륙해 헨리 3세에게 선물로 배달되었다. 또 이곳은 에드워드 몬터규 (Edward Montague) 경의 지휘 아래 찰스 2세의 해군 함대가 머무는 장소이기도 했다. 1660년에는 왕이 몬터규에게 백작 지위를 내리자,

그는 큰 항구의 이름을 따 새로 얻은 작위 앞에 붙이기로 했다. 브리스톨과 포츠머스가 물망에 올랐지만 마침내 이 해군 지휘관은 샌드위치라는 이름을 골랐고, 그에 따라 그는 샌드위치 백작이 되었다.

이 가문에는 지금껏 열한 명의 백작이 있었지만 그중 가장 유명한 사람은 서구세계에 빵에 끼운 점심 도시락을 전파한 네 번째 백작 존 몬터규(John Montague)였다. 그는 증조부와 마찬가지로 해군 대신을 지냈지만, 증조부와는 달리 무능하고 타락한 사람이었다. 영국 해군은 당시 미국 독립전쟁(1775~1783)을 치르느라 완전히 혼란 상태였다. 그리고 마침내 영국군이 패하자 그 책임은 상당 부분 존에게 돌아갔다. 이 백작이 바깥 활동, 특히 도박에 훨씬 더 흥미가 많았던 것도 놀랍지 않았다. 그리고 그의 이름을 영원히 요리계의 전설로 떠오르게 한 것도 이 습관이었다. 유명한 이야기에 따르면 1762년, 그는 친구들과 오랫동안 카드 게임을 하다가 막간에 잡담을 나누게 되었다. 연달아 승리를 거뒀고 술도 마셨던 샌드위치 백작은 음식이 좀 필요하다고 생각했고, 하인에게 고기를 "빵 두 쪽에 끼워서" 가져오라고 지시했다. 이것은 손가락에 기름이 묻어 카드에 자국이 남으면, 그의 적수들이 그가 카드를 선택하는 습관을 알아챌 거라 염려했기 때문이었다. 이 전략은 성공적이었고, 이 간식은 곧 영국의 도박 클럽과 도박 테이블에서 인기를 끌었다. 그리고 이 간식 '샌드위치'는 빠르게 영국 생활방식의 일부가 되었다.

샌드위치가 조직화된 종교를 조롱하기 위해 만들어진 신사들의 집단인 악명 높은 헬파이어 클럽의 구성원이었다는 사실은 그의

평판에 도움이 되지 않았다. 아무도 그들의 모임에서 어떤 일이
벌어지는지 몰랐고 구성원들도 모임에 대해 논의하지 않았지만,
난잡한 유흥과 사탄숭배 의식이 벌어진다는 소문만 무성했다.
소문에 의하면 이 모임에서 샌드위치 백작은 역사상 가장 대단한
짧은 농담의 희생자가 되었다. 먼저 샌드위치가 새뮤얼 푸트(Samuel
Foote)에게 "당신이 단두대에서 죽을지, 매독으로 죽을지 둘 중의
하나이겠군요."라고 험한 말을 하자 푸트가 이렇게 반격했다는
것이다. "백작, 그것은 내가 당신의 신념을 따를지, 아니면 당신의
정부를 품을지에 따라 다르다오." 이 이야기는 샌드위치 백작의
여러 적들에 의해 런던 전역에 빠르게 퍼졌다.

1792년 사망할 무렵 샌드위치 백작은 영국에서 가장 인기 없는
사람이었다. 친구들마저 그의 묘비명에 이렇게 적었을 정도였다.
"이렇게 많은 공직을 맡고서 이렇게 적은 공을 세운 사람도 드물다."
그럼에도 그가 역사에 남긴 유산은 샌드위치 하나가 아니었다. 해군
대신으로 재직할 때 샌드위치 백작은 제임스 쿡(James Cook) 선장이
1778년 뉴올리언스로 항해하도록 지원을 해 주었다. 1월 14일, 쿡은
하와이의 섬을 방문한 최초의 유럽인이 되었고, 자신을 지원해 준
사람의 이름을 따서 처음에는 섬의 이름을 샌드위치 섬이라 불렀다.
비록 1세기가 지나 이름이 바뀌었지만, 아직도 사우스샌드위치 섬과
샌드위치 해협에는 샌드위치의 발명자인 늙은 도박꾼의 이름이
남아 있다. 그리고 두 개의 물체 사이에 끼었다거나 두 개의 사업
약속에 끼었다고 할 때 '샌드위치 되었다'라는 표현을 흔히 쓴다.
하지만 백작 가문의 이름으로 샌드위치라는 단어가 선택된 것은
참 다행이다. 치즈 '브리스톨'이라든지 콘비프와 토마토를 넣은

'포츠머스'는 먹고 싶지 않을 것 같다. 여러분은 어떤가?

마르게리타의 탄생

마르게리타는 전 세계에서 가장 유명한 나폴리식 피자일 것이다. 이 피자는 토마토와 모차렐라 치즈, 바질, 올리브유를 얹어서 먹는다. 이 음식은 이탈리아의 여왕을 자기 나라에서 가장 가난한 도시와 연결했다. 사보이의 마르게리타 마리아 테레사 조반나(Margherita Maria Theresa Giovanna)는 1851년 11월 20일 이탈리아 투린에서 태어났고, 제노바의 공작 페르디난트와 아내인 작센의 엘리자베스 사이에서 태어났다. 이런 특권층에서 태어났던 만큼 마르게리타의 인생은 앞으로 이미 계획되어 있었고, 그에 따라 1868년 4월 21일 겨우 16살의 나이로 이탈리아 왕가의 계승자 움베르토와 결혼했다. 마르게리타는 1878년에 움베르토가 이탈리아의 2대 국왕이 되어 새로 통일한 나라를 이어받음에 따라 여왕 자리에 올랐다. 바로 전까지 이탈리아는 여러 공국과 왕국으로 찢어져 있던 상태였다. 새로 여왕이 된 마르게리타는 열성적으로 예술을 후원했고, 적십자 같은 단체를 노골적으로 지원해 신생 국가에 대한 존경을 이끌어냈다.

사실 그녀는 아프리카에서 세 번째로 높은 산에도 마르게리타 봉(이탈리아 이름이니 영어식으로 바꾸면 '데이지 봉'쯤 될 것이다)이라는 이름이 붙여질 정도로 사랑을 받는 인물이었다. 그뿐만 아니라 요리에도 그녀의 이름을 딴 것이 있다. 1889년 이 인기 있던 여왕이 나폴리를 방문했을 때 피제리아 디 피에트로 식당의 소유주였던 라파엘 에스포시토(Raffaele Esposito)는 여왕을 위해 특별한 음식을 준비했다. 새로 만들어진 나라의 국기에 사용된 녹색, 흰색, 빨간색을 활용하기로 한 에스포시토는 치즈와 토마토(흰색과 빨간색)에 바질(녹색)을 곁들여 세계에서 나중에 가장 많이 팔리게 될 피자를 만들어 냈다. 그리고 이 조합은 다른 대부분의 피자에도 기본 재료가 되었다. 에스포시토는 여왕의 이름을 따 이 음식을 마르게리타 피자라고 불렀다(영어식으로 바꾸면 '데이지 피자'인데 그러면 좀 맛이 없게 들리긴 한다). 사람들 모두가 인생에서 언젠가는 맛있게 먹게 될 요리를 발명한 것이다.

사우전드 섬의 고전적인 발명품

어딘지 색다르게 들리는 사우전드 섬이라는 지명은 미국과 캐나다 사이의 국경을 흐르는 세인트 로런스 강에 있는 여러 섬들을 말한다(사실 1,793개의 섬이 있다). 뉴욕이 습한 찜통이 되는 7월과 8월이면 도시 사람들은 예전부터 이곳으로 피서를 왔고, 그래서 사우전드 섬의 많은 집은 이런 외지 사람들 소유이다. 막 20세기로 접어들 무렵, 잘 알려진 사우전드 섬 출신 어부인 조지 라론드 주니어(George LaLonde Jr.)는 섬에서 뉴욕 출신의 여배우인 메이 어윈(1862~1938)에게 낚시를 가르치는 중이었다. 어느 날 저녁, 이들의 낚시 출정에 따라 나선 라론드의 부인 소피아는 자기만의 '강가 저녁 요리'를 만들었다. 어윈은 이 요리의 샐러드드레싱에 특별히 감탄했다. 이 드레싱은 마요네즈와 토마토케첩에 잘게 썬 녹색 올리브와 피클, 양파, 완숙 달걀을 섞은 것이었다. 결과적으로는 감탄을 자아냈지만 사실 이 드레싱은 손에 잡히는 구할 수 있는 재료로 만든 결과물이었다.

당시 이 섬에서는 신선한 재료를 구하기 힘들었기에 사람들은 식료품점에서 기본적인 재료를 사다가 끼니를 준비했다. 메이 어윈은 부인에게 조리법을 물었고, 즉시 자기의 친구이자 같은 사우전드 섬의 피서객인 조지 C. 볼트(George C. Boldt)에게 알려 주었다. 뉴욕의 월도프 호텔의 소유주였던 볼트 또한 이 드레싱에 감탄했고, 호텔 지배인이었던 오스카 스처키(Oscar Tschirky)에게 이것을 가다듬어 자기 호텔의 저녁 식사에 내라고 지시했다. 오늘날 사우전드 아일랜드 드레싱은 전 세계적으로 유명하며 이것 자체가 슈퍼마켓에서 쉽게 구할 수 있는 기본 식료품이 되었다. 이 드레싱은 순전히 사우전드 섬 어부 아내의 발명품이다.

아침 식사용 시리얼을 발명한 사람

누구나 아침 식탁에는 화려하게 포장된 시리얼이 하나쯤 있기 마련이다. 요즘 시리얼은 초콜릿이나 설탕 옷을 입고 만화에 나오는 엘프나 미소 짓는 호랑이가 그려진 박스에 담겨 나온다. 하지만 사실 이 시리얼은 19세기 미국에서 채식주의자들과 물-치료 광신도, 제7일 안식일 재림파 신도라는 별난 조합 사이에서 벌어진, 기묘하고 오래 끄는 싸움의 결과 태어난 특이한 산물이었다.

이것은 신체의 기능을 조절한다는 집착이 커진 결과였다. 당시 대부분의 미국인들은 영국식으로 조리된 아침 식사를 먹었는데, 돼지고기를 비롯한 다른 고기에 야채 함량은 아주 부족한 위에 부담을 주는 무거운 식사였다. 그 결과 많은 사람들이 변비에 시달리거나 다른 고통스런 위장 질환으로 고생했다.

하지만 19세기 사람들은 일을 어중간히 하는 법이 없었다.

건강한 음식으로 혁명을 일으켜야 한다고 주장한 최초의 인물은 목사였던 실베스터 그레이엄(Sylvester Graham)이었다. 정식으로 의학을 공부하지 않은 채식주의자였던 그는 통밀가루가 답이라 생각했고, 통밀로 만든 그레이엄 빵과 그레이엄 크래커로 많은 돈을 벌었다. 한동안 채식주의와 금주가 크게 인기를 얻게 되었다. 고기를 먹는 습관은 건강을 해치며, 당연히 성욕 또한 나쁜 것이고 커피와 차는 모두 독이라는 주장이 떠돌았다. 얼마 지나지 않아 그레이엄의 지지자들은 곡물과 시리얼에 바탕을 둔 '건강한' 대체 음식을 찾는 일이 공공선을 위한 것이라고 선언했다. 그 과정에서 그들이 돈을 많이 벌어 지갑을 '건강하게' 만들 것이라는 점은 당연히 논외였다.

1858년, 제임스 케일럽 잭슨(James Caleb Jackson) 박사는 뉴욕에서 성공적이지 않았던 물-치료 리조트를 인수해 이곳을 '우리의 가정적인 위생 연구소'라고 다시 이름 붙였다. 환자들은 극도로 힘든 목욕 요법, 불쾌한 치료와 함께 농장에서 가축이 먹는 것과 비슷한 여러 곡물을 기초로 한 제한적인 식이요법을 받았다. 1863년에 잭슨은 최초로 '그래뉼라'라고 불리는 아침식사용 시리얼을 만들었지만 이것은 간편하게 먹을 수 있는 음식이 아니었다. 밤새 우유에 적셔 두어야 했고 가끔은 돌처럼 단단한 부스러기가 씹혔다. 그런데도 그래뉼라는 인기가 높아졌고, 잭슨은 개발 비용의 열 배 가까운 돈을 벌었다.

그러는 동안 미시건 주 배틀크릭에서 제7일 안식일 재림파 신도들은 배틀크릭 요양원이라는 건강 연구소를 운영하고 있었다. 이곳은 최신식 식이요법 개혁이 도입되는 현장이었다. 하지만 그 요법이 유행을 탄 것은 존 하비 켈로그(John Harvey Kellogg)

가 요양원을 이끌면서부터였다. 켈로그 박사는 자신의 의학적, 영적인 훈련이 재림파 신도들에 의해 모든 단계에서 감독을 받도록 신중하게 일을 했다. 그가 훈련을 하는 동안 하숙집에서 생활했을 때는 요리도 불가능했고 종교적인 이유로 식단도 채식에 한정되었기에, 굶주렸던 젊은 시절의 켈로그는 별다른 준비 없이 손쉽게 조리할 수 있는 아침식사용 시리얼이 필요하다는 것을 깨달았다. 그에 따라 1880년 켈로그는 밀과 귀리, 옥수수를 옅은 갈색이 될 때까지 구워 혼합한 것을 팔았다. 그는 이 상품에 뻔뻔하게도 '그래놀라'라는 이름을 붙였고, 그래놀라는 하룻밤 사이에 대단한 성공을 거뒀다.

그로부터 몇 년이 지난 1893년, 덴버 주의 변호사였던 헨리 D. 퍼키(Henry D. Perky)는 자신의 소화불량을 고치기 위해 '슈레디드 휘트(잘게 자른 밀)'라는 완전히 다른 상품을 개발했다. 이것을 만들려면 밀이 완전히 부드러워질 때까지 찐 다음, 홈이 있는 롤러 사이에서 가닥 형태로 짜 내고 두 개를 붙여 압력을 가해 비스킷 모양으로 잘랐다. 퍼키는 이것을 "내 작은 통밀 매트리스"라고 불렀다. 하지만 불행히도 이 공정에는 단점이 있었는데, 밀 안의 수분 때문에 비스킷이 금세 상한다는 점이었다. 이때 실망한 퍼키에게 켈로그가 다가와 10만 달러를 주면 자기가 시리얼을 생산하는 데 활용했던 특허 공법을 알려 주겠다고 제안했다. 하지만 퍼키는 선뜻 믿지 못하고 그 제안을 거절했다. 나중에 그는 자신의 결정을 후회했지만, 그래도 켈로그와 대화를 나누던 중 켈로그가 제품을 생산할 때 천천히 열을 가해 장기간 두어도 완벽하게 보존되도록 잘 말린다는 비밀을 알게 되었다. 퍼키는 이 지식을 바탕으로 자신의 설비를 개량해 슈레디드 휘트를 말리기 시작했고, 그 결과 상품이 많이 팔려 순식간에 돈방석에 앉았다.

이 소식을 들은 켈로그는 자연스레 부러워했고, 오랜 기간 실험을 거쳐 밀을 익힌 다음 납작하게 얇은 조각으로 만들어 말리는 공법을 개발했다. '그래노스 플레이크'라 불린 이 제품은 곧 대단한 상품임이 증명되었지만, 의사로서 권할 만하지는 않았다. 켈로그는 사업적인 수완이 없었고 요양원 운영에만 거의 관심을 가졌기에, 한동안 그의 제품을 구매할 수 있는 손님은 그의 환자들뿐이었다.

손쉽게 완성할 수 있는 아침식사용 시리얼을 맨 처음 식료품점에 가져다 판매한 사람은 찰스 윌리엄 포스트(Charles William Post)였다. 그가 시리얼 사업에 뛰어든 것은 연이은 사업 실패 끝에 건강이 안 좋아졌던 것이 계기였다. 1891년, 켈로그가 운영하는 요양원의 환자였던 그는 몸이 완전히 낫지는 않았지만 건강식품, 특히 커피의 대용품이 잠재력이 대단하다는 사실을 깨달았다. 그 아이디어 하나만으로 포스트는 어느 정도 기운을 차렸다. 요양원을 나온 뒤, 그는 배틀크릭에 자기만의 건강 연구소를 세웠고, 그로부터 4년이 지나지 않아 포스트는 밀과 당밀을 기본으로 한 뜨거운 음료인 '포스텀'을 개발했다. 포스트는 영업에 대한 모든 지식을 동원해 광고를 시작했고, 이 상품은 성공을 거뒀다.

이 광고에 따르면 커피 때문에 생기는 육체적, 도덕적 해악은 (심지어 이혼이나 청소년 비행까지 포함되었다) 수도 없었으며, 이 모든 것이 "피를 더 붉게 해 주는" 음료인 포스텀에 의해 깨끗이 사라졌다. 2년 뒤 포스트는 더욱 큰 인기를 누릴 제품을 하나 더 개발했다. 바로 '그레이프 너츠'였다. 이 제품은 처음에 곡물 음료로 시장에 선보였을 때는 실패작이었지만 나중에 아침식사용 시리얼로 다시 나오자 빠르게 큰 인기를 얻었다(포스트가 그레이프 슈거라 불렀던 엿당으로 단맛을 냈고 견과류 향이 첨가되었기 때문에 '그레이프 너츠'라는 이름을 얻은 것이었다). 1902년 한 해 동안 포스트는 100만 달러 넘게 벌었다. 오늘날의 기준에서도 대단한 금액인데, 당시에는 이루 말할 수도 없이 큰돈이었다.

그러던 중 켈로그의 남동생이자 켈로그 요양원의 보조 관리를 맡고 있던 윌리 키스 켈로그(Willie Keith Kellogg)는 상품을 더 발전시켜 기존의 그래노스 플레이크를 옥수수로 만들었다. 하지만 나중에 켈로그 형제는 사이가 틀어졌고, 1906년에는 윌리가 구운 옥수수 플레이크(콘플레이크)로 거대한 켈로그 아침식사용 식품 제국을 건설했다. 윌리의 서명은 오늘날까지도 켈로그 사에서 나온 모든 시리얼 상자에 들어가 있다. 원래 배틀크릭의 구운 콘플레이크 사라고 불리던 회사 이름도 1922년에는 켈로그 사로 바꾸었으며, 회사의 바탕이 되었던 제품은 오늘날 전 세계에서 가장 유명한 아침식사용 시리얼이 되었다. 제품 구상 단계일 때부터 선구자가 될 만한 여러 시리얼 제품들이 시장에 뛰어들었고, 상당수가 사업을 시작하려고 배틀크릭에 오기도 했다. 얼마 지나지 않아 30곳의 시리얼 플레이크 회사가 생겼지만, 대다수는 이 틈을 타 한몫 잡으려는 회사들이었고 이런 회사들이 작은 도시에 북적댔다. 미국인들은 여러 가지의 시리얼 상표를 선택할 수 있게 되었으며, 각각은 거의 만병통치약 수준으로 광고를 했다.

하지만 건강식품 운동에서 시작되었음에도, 아침식사용 시리얼은 그 재료인 곡물 자체의 영양가를 넘어서는 특별한 효과가 있지는 않았다. 바로 그 때문에 오늘날 판매되는 제품들은 인공적으로 비타민을 추가하고 있는 상황이다. 사실 시리얼은 같이 타서 먹는 우유 덕분에 부족한 영양분 대부분을 보충하는 제품일 뿐이다.

손님의 불평에 대처하는 법

1853년 8월 24일, 뉴욕 새러토가 스프링스의 '문스 레이크 하우스'라는 레스토랑의 총괄 요리사로 일하던 조지 크럼(George Crum. 원래 이름은 조지 스펙이었음)은 한 손님의 항의를 들었다. 프렌치프라이가 너무 두꺼워 '제대로 된 프렌치프라이'가 아니라는 것이었다. 크럼은 그 불평을 듣고 마음이 언짢아서 심술이 난 나머지, 손님이 해 달라는 방향으로 최대한 감자를 얇게 썰어 뜨거운 기름에 튀겼다. 하지만 놀랍게도 그 손님은 몹시 만족했고, 이 새러토가 감자칩(영국에서는 오늘날 '크리스프'라고 불리는)은 다른 손님들에게도 인기를 얻기 시작했다. 그리고 크럼은 곧 이 발명품을 통해 번 돈으로 자기만의 레스토랑을 차렸다.

샐러드를 만들어 낸 시저는 누구인가?

'시저 샐러드'라고 하면 사람들은 당연히 괴팍한 토가 차림의 로마 황제를 떠올릴 것이다. 기독교 교인 한둘을 고대 로마 사람들 앞에서 사자 우리에 재미 삼아 집어넣고 점심식사를 하는 황제 말이다. 하지만 이런 통념과는 달리 시저 샐러드가 처음 만들어진 것은 100년도 채 되지 않았고 발명된 장소도 꽤 예상 밖의 곳인 멕시코다.

시저 카디니(Caesar Cardini)는 이탈리아에서 태어나 1차 세계대전이 시작될 무렵 세 명의 형제와 함께 미국으로 이주했다. 당시는 미국에서 '고결한 실험'이라 불리던 금주법이 시행되던 시대라 알코올의 제조와 유통이 금지되었다. 이 법의 목적은 미국인의 도덕성과 행동을 개선하기 위함이었지만, 실제로는 조직화된 불법 행위가 대규모로 기승을 부리도록 부채질했을 뿐이었다. 술 한두 잔을 마시려고 먼 거리를 이동한다는 사실을 본 시저와 남동생 알렉스는 합법적인 사업 기회가 있음을 깨닫고는 그 기회를 붙잡기로 했다. 1924년에 이들은 로스엔젤레스에서 멕시코 국경 쪽으로 짧은 거리를 이주해 티후아나에 레스토랑을 차렸다. 이 도시가 남부 캘리포니아 사람들이 주말 술 파티를 즐겨 찾는 지역이 된 이후였다.

　　카디니 형제는 알코올 도수가 높은 술과 맛좋은 이탈리아 음식을 팔았다. 이들이 7월 4일에 벌인 기념행사에는 사람들이 너무나 많이 신청해, 시저의 딸 로사에 따르면 술 취한 손님들에게 대접할 안주 재료가 금방 떨어졌다고 한다. 그래서 시저는 급한 김에 주방에 있는 기본 재료를 보이는 대로 집어넣어 샐러드를 만들었다. 양상추, 크루톤, 파마산 치즈, 달걀, 올리브유, 레몬즙, 까만 후추, 우스터소스를 섞었던 것이다. 그러고는 요리가 너무 단순해 보여 양심에 찔렸던지 손님의 식탁에 샐러드를 직접 가져다주며 과장된 동작으로 걸쭉한 드레싱을 야채에다 잔뜩 뿌렸다.

　　이 요리는 주말에 비행기를 타고 날아와 파티를 즐기는 할리우드 영화 스타들에게 큰 인기를 끌었고, 알렉스는 여기에 착안해 이 요리를 '비행사 샐러드'라고 불렀다. 나중에 시저 형제가 커머셜

호텔의 1층에 레스토랑을 옮기게 되자 카디니는 그때서야 샐러드의
유래에 대해 솔직히 밝히고 형제의 성 시저를 샐러드의 이름에
붙였다. 이후에도 당시의 영화 스타들은 이 샐러드를 무척 좋아했고
전 세계 방방곡곡으로 이동을 할 때마다 이 요리를 주문했다.
샐러드에 드레싱을 넣는 독특한 방식을 즉석에서 개발한 덕에
시저 카디니는 부자가 되었고, 1948년에는 마침내 자신의 유명한
샐러드에 대해 상표를 등록했다. 오늘날까지도 카디니 회사는
오일과 드레싱을 끊임없이 개발하는 미국의 유명한 생산 회사로
남아 있다.

치킨 키예프 요리가 훌륭한 이유

아마도 전 세계에서 가장 유명한 닭 요리법이 있다면
이탈리아에서 '폴로 소르프레사(놀라운 닭고기)'라고 불리는 치킨
키예프일 것이다. 이 요리에서 놀라움을 일으키는 것은 빵가루를
입힌 닭가슴살에 포크를 찔러 넣는 순간 분출하듯 나오는 녹은 갈릭
버터이다. 이 요리의 프랑스식 버전은 '쉬프렘 드 볼라이유(최고의
닭고기)'라고 불린다. 이 요리에서도 놀라움을 주는 요인은 요리
속에서 무엇이 나올지 모른다는 점이다(이 요리는 풍부한 흰색 소스와
함께 조리한 닭가슴살 요리라고도 부를 수 있다). 이 요리의 맛을 전 세계에
전파한 것은 이 프랑스 버전이고, 그 주역은 다름 아닌 나폴레옹
보나파르트(Napoleon Bonaparte)였다. '군인도 잘 먹여야 행군한다'는
말을 남긴 것으로 유명했던 나폴레옹은, 자기 군대에 먹일 식량의
보존법을 개발하는 사람에게 1만 2,000프랑의 상금을 주겠다고
했다. 이 상금은 결국 니콜라 아페르(Nicolás Appert)에게 돌아갔는데,

그는 14년 동안 실험한 끝에 1810년 1월, 이 상금을 탔다. 아페르는 진공으로 포장한 병에 식품을 보존하는 기술을 개발했다.

아페르는 치킨 쉬프렘 요리를 이 방식으로 보존하는 데 처음으로 성공을 거뒀고, 그 결과 이 요리는 전례 없이 빠른 속도로 전 유럽에 퍼졌다. 아페르는 그 해에 『고기와 채소를 보존하는 기술(L'Art de Conserver les Substances Animales et Végétales)』이라는 책을 출간했고, 이 책은 현대적인 보존법을 다룬 최초의 요리책이었다. 그로부터 10년 안에 아페르의 방법을 기초로 통조림 기술이 개발되었고, 그에 따라 아페르는 '통조림의 아버지'라 불리게 되었다. 그리고 그의 기술은 '아페르법'이라 명명되었다.

하지만 이 치킨 쉬프렘이 치킨 키예프가 된 것은 어떤 연유일까? 러시아의 음식 역사학자 윌리엄 포클레브킨(William Pokhlebkin, 그의 성은 스튜라는 뜻의 'pokhlebka'라는 단어에서 유래했는데, 그의 아버지가 1917년 혁명 때 반체제 활동을 하면서 얻었던 별명이다)에 따르면 이 요리의 러시아 버전은 20세기 초반 모스크바의 머천트 클럽에서 개발되었다. 당시 러시아의 공산주의자들은 외부 세계의 모든 문물을 거부했고 오직 러시아식 이름만 허락되었다. 그러자 이 클럽의 한 약삭빠른 요리사가 치킨 쉬프렘을 '치킨 키예프'라는 이름으로 고쳐서 팔았고, 곧 엄청난 인기를 얻게 되었다. 20세기는 박해를 피해 고향을 떠나 이민 가는 러시아 사람들이 아주 많았던 시절이기도 했다. 이때 많은 이주자들이 미국으로 왔고, 동부 해안에 레스토랑을 많이 개업하면서 새로 오는 손님을 맞을 때도 치킨 쉬프렘을 자기 고향식으로 치킨 키예프라 불렀던 것이다. 그리고 1, 2차 세계대전을 거치면서 이 새로운 이름은 거꾸로 유럽에 전파되었다. 1976년, 치킨 키예프는 마크 앤 스펜서 사에 의해 최초의 즉석 조리 식품으로 개발되었다. 이것 또한 대단한 혁명이었는데, 치킨이 패스트푸드가 되었던 것이다.

하지만 이 과정에는 언제나 그렇듯 아이러니가 있었다. 비록 니콜라 아페르의 성공이 통조림의 대량생산을 이끌었지만, 그 후로 통조림 따개를 누군가 발명하기까지는 거의 50년이 걸렸던 것이다. 생각할수록 묘한 사실이다('통조림 깡통의 진화' 참고).

형편없이 빗나간 예측

파울 에를리히 박사는 빗나간 예측을 무척 많이 한 사람이다. 예컨대 1970년 지구의 날 기념 연설에서 에를리히는 다음과 같이 자신 있게 선언했다. "앞으로 10년 안에 바다에 서식하는 주요 생물들은 멸종을 맞을 것입니다. 썩은 물고기 냄새 때문에 바닷가에 사는 많은 사람들이 대피해야 할 거예요."

이스트앵글리아 대학교 기후 연구소의 선임 과학자인 데이비드 바이너(David Viner) 박사는 2000년 3월 20일 『인디펜던트(Independent)』지와의 인터뷰에서 다음과 같이 주장했다. "어린이들은 앞으로 눈이 무엇인지 모르게 될 것이다. 이제 겨울에는 눈이 거의 내리지 않을 테니, 만약 눈이 오면 깜짝 놀랄 만큼 신기한 일이 될 것이다."

북극 전문가 베른트 발헨(Bernt Balchen)은 1972년 6월 8일, 『크리스천 사이언스 모니터(Christian Science Monitor)』에서 북극의 전반적인 온난화 경향으로 인해 만년설이 녹고 있으며, 2000년에는 북극에 만년설이 하나도 없을 것이라 주장했다.

지금은 당연한 것들의 흑역사

온갖 혹평과 조롱을 받았던 혁신에 얽힌 뒷이야기

1판 1쇄 발행 2016년 4월 30일
1판 5쇄 발행 2022년 9월 30일

지은이   앨버트 잭
옮긴이   김아림
펴낸이   전길원
책임편집   김민희
디자인   최진규

펴낸곳   리얼부커스
출판신고   2015년 7월 20일 제2015-000128호
주소   04593 서울시 중구 동호로 10길 30, 106동 505호(신당동 약수하이츠)
전화   070-4794-0843
팩스   02-2179-9435
이메일   realbookers21@gmail.com
블로그   http://realbookers.tistory.com
페이스북   www.facebook.com/realbookers

ISBN 979-11-955880-0-8 03900

이 도서의 국립중앙도서관 출판예정도서목록(CIP)은 서지정보유통지원시스템
홈페이지(http://seoji.nl.go.kr)와 국가자료공동목록시스템(http://www.nl.go.kr/kolisnet)에서
이용하실 수 있습니다. (CIP제어번호 : CIP2016008283)